사냥하기, 친구 되기, 고기 먹기

미국문학에 형상화된 동물/인간 관계의 생태비평적 조망

국민대학교 출판부
KOOKMIN UNIVERSITY

이 저서는 2014년 정부(교육부)의 재원으로 한국연구재단의 지원을 받아 수행된 연구임 (NRF-2014S1A6A027298)

목 차

머/리/말

생태비평에서 동물 주제가 차지하는 중요성에도 불구하고, 동물 문제의 생태비평적 조망은 타 영역에 비해 상대적으로 소홀했던 것이 현실이다. 아직 초동단계에 있는 국내 여건은 물론이고, 미국 등 해외에서 진행되는 생태비평적 동물 연구도 동물권리와 동물재현의 두 분야에서 개별적으로 진행되고 있지만, 통합적인 담론 생산이 요구되는 상황으로 여겨진다.

본 연구서는 사냥, 낚시, 도살 등의 동물의 생명박탈 행위가 동물권리뿐 아니라 동물재현적 의미망으로도 통합적으로 조망될 수 있다는 믿음에서 출발한다. 동물권리 담론 자체가 인간적 관점이 동물에 투사되는 양상과 분리하여 검토될 수 없을뿐더러, 사냥과 낚시의 의미는 사냥꾼/낚시꾼이 사냥과 낚시의 대상을 어떻게 바라보느냐의 문제와 긴밀히 관련되어 있다. 산업화 이후 실체로서의 동물이 일상에서 사라지고, 애완동물, 이미지, 식용고기로 소비될 뿐이지만, 리얼리티로서의 동물을 타자화하며 무한한 인간 욕망을 계속 충족시키는 일이 언제까지 가능할지 의문시된다.

본 연구서는 이러한 문제의식에 입각해, 목가적 이상으로 시작되고 지속되어 온 미국문학이 동물과 인간의 복합적 의미를 심도 있게 탐색할 수 있는 가장 역동적인 영역 중의 하나임을 확인하며, 소로우(Henry David Thoreau)로부터 해리스(Thomas Harris)에 이르는 9명의 미국문학 작가와 텍스트를 집중적으로 검토하게 될 것이다. 이 과정에서 동물 생명박탈과 동물의 리얼리티에 관련된 여러 생태비평적 문제가 다양한 관점에서 입체적으로 조망되어 특히 통제되기 어려운 전염병의 끊임없는 반복으로 대규모 소각과 매립이 자행되는 집단 사육의 문제와도 관련되며 향후 생태비평적 동물 연구가 새로운 지평으로 확대될 가능성을 열어놓게 된다는 점도 확인될 수 있을 것으로 기대한다.

「인간과 동물 사이: 아동문학의 동물 형상화」(『영어영문학』 56.1), 「『월든』 다시 읽기: 문학생태학의 새로운 모형」(『영어영문학』 49.3), 「산업화의 진전과 자연 훼손: 생태학적 사유의 태동」(『미국학』 32.2), 「포크너와 문학생태학: 『모세여 내려가라』를 중심으로」(『영어영문학』 48.2), 「『샌드 카운티 연감』의 생태학적 비전: 앨도 리어폴드의 대지윤리 재조명」(『문학과환경』 13.1), 「동물권리와 자연의 언어: 생태비평적 접근」(『미국학』 29), 「동물 생명박탈의 생태비평적 조망: 미국의 전원에서 낚는 자연합일의 가능성과 자연파괴의 위험성」(『문학과환경』 12.1), 「『흐르는 강물처럼』의 강에서 낚는 자연의 리듬과 회상의 스토리텔링」(『미국학논집』 48.1), 「인간중심과 동물의 리얼리티: 『돼지가 한 마리도 죽지 않는 날」과 『샬롯의 거미줄』 가르치기」(『영미문학교육』 21.1), 「『샬롯의 거미줄』에 형상화된 어린이와 동물의 세계」(『문학과환경』 10.2) 등 기왕의 필자 연구를 디딤돌로 삼아 이를 보완 및 수정하고, 그 동안 숙제로만 남겨두었던 논의를 새로이 부각시킴으로써, 생태학적 동물 담론을 하나의 체계 하에 일관되게 담아보려는 본 연구서가 우리 시대의 동물에 함축된 제반 문제에 대한 생태비평적 조망의 결과물로 이해될 수 있기 희망한다.

1부

동물 담론의 생태비평적 접근: 동물/인간의 경계와 인위적 관점의 투사

I

이성을 가졌기 때문이라기보다 고통을 느낄 수 있기 때문에 도덕적인 고려의 대상이 되어야하며 따라서 동물에 대한 잔인한 행동은 노예에 대한 그러한 행동과 기본적으로 유사하다는 19세기 공리주의 철학자 벤담(Jeremy Bentham)의 주장은 동물 담론의 의미 있는 시작점이 된다. 싱어(Peter Singer)는 벤담 논의에 기초하여, 여성이나 아프리카인들이 도덕적으로 무의미한 생리적 차이에 의해 차별받아왔듯이, 동물 역시 '중요한' 것과 그렇지 않은 것을 임의적으로 구별하는 "대체할 수 없는 선"(8)의 잘못된 편에 놓여 있기 때문에 고초를 당해오고 있다고 강조하며 동물권리 담론과 운동을 전면적으로 부각시킨다.

이처럼 인간에 대한 인종차별(racism)과 성차별(sexism)이 받아들여질 수 없듯이 비인간이라는 이유로 동물을 차별화하는 종차별(speciesism) 또한 받아들여질 수 없으며, 따라서 동물이 인간의 불필요한 간섭과 통제에서 벗어나 자신의 삶을 영위할 수 있는 권리, 특히 자신에게 주어진 잠재적 수명 이전에 자신의 생명을 박탈당하지 않을 생명권이 보장되어야 한다는 것이 동물권리 주장의 핵심 명제를 이룬다. 동물권리 담론에 따르면, 동물과 인간을 차별적으로 구분하는 "대체할 수 없는 선"이란 자연에 의해 부과된 본질적 기준이 아니라, 인위적으로 그어진 양자 사이의 임의적이고 자의적인 경계에 불과하기 때문에 해체되어 마땅하다.

그러나 고통을 감지할 수 있느냐의 여부가 도덕적 고려 대상의 기준이라고 했을 때, "대체할 수 없는 선"의 경계가 정확히 동물과 인간의 경계와 일치하는지는 확실치 않다. 모든 동물이 고통의 감지 능력을 가지고 있을까 라는 의문에 대해 싱어가 설정하는 기준선은 "갑각류와 연체동물 사이의 어디쯤"(Garrard 139)이다. 이러한 기준에 입각하자면, '동물'권리라는 개념은 보다 정확히는 갑각류 또는 연체동물 이상에게만 해당되는 권리로 수정되어야할지 모른다.

애초에 인간에게만 제한적으로 적용될 수 있을 속성을 동물들에게도 무차별적으로 적용하는 일은 오히려 '인간중심적인' 오류라는 주장은 동물권리 담론에 대한 보다 근본적인 비판을 제기한다. 미드그리(Mary Midgley)는 인종적 차이를 제거하는 것은 합리적이지만 생물학적 차이를 제거하는 것은 상대를 얕잡아보는 모욕이며, 고릴라나 침팬지를 숲이나 종족으로부터 제거하여 인간 사이에서 자라게 하는 것은 특권이 아니라 불행이라고 강조한다(99).

일반적으로 사냥은 인간처럼 자신의 생명을 보유할 권리를 가지고 있는 다른 개체의 생명을 빼앗는 인간중심적 행위로 이해될 수 있다. 이렇게 이해될 경우, 사냥은 인간의 생명을 빼앗는 것과 사실상 동일한, 무분별하고 잔인한 살상 행위로밖에 파악될 수 없을 것이다. 그러나 마이클 짐머먼(Michael E. Zimmerman)이 지적하고 있듯이, 애초에 인간에게만 제한적으로 적용 될 수 있는 범주를 모든 생명체에 무차별적으로 적용하는 것은 오히려 제한적 인간 모형을 비인간 존재에게 일방적으로 덧씌우는 그야말로 '인간중심적인' 처사가 될 수 있다(174). 이러한 '인간중심적' 관점에서 벗어나 생태계 전체의 관점에서 본다면, '먹이사슬'의 개념이 시사하듯이 한 개체가 다른 개체의 생명을 빼앗는 것 자체가 생태계를 작동시키는 자연의 원리라고 할 수 있으며, 따라서 사냥이란 그 자체가 '먹이 사슬'의 일부를 이루는, 자연에 입각한 행위로 새롭게 이해될 수 있게 된다.

이처럼 동물권리 담론은 인간의 간섭으로부터 자유로운 동물의 생명권을 주장하지만, 인간의 관점에서 정의된 권리의 개념을 비인간 동물세계에 일방적으로 적용하는 '인간중심적' 처사의 문제점이 내포될 수 있다는 점에서, 생존을 위해 사냥을 하면서도 사냥감에 대한 깊은 존중을 보여주는 원주민 또는 원시시대의 사냥문화에 대한 캘리콧(Baird Callicott)의 분석은 주목할 만하다. 캘리콧에 따르면, 이들 사회에서 행해지는 사냥 의식(ritual)은 사냥이 사냥꾼에 의한 사냥감의 일방적인 생명박탈행위가 아니라, 먹이사슬이 작동하는 자연 순환의 생명 원리에 의해 양자가 본질적으로 연결되어 있음을 보여주는 자연적 행위로 이해될 수 있음을 보여준다.

II

목가적 이상으로 시작되고 지속되어 온 미국과 미국문학의 황야와 전원에서 펼쳐지는 사냥의 현장이야말로 자연에서 펼쳐지는 동물생명박탈의 복합적 의미를 심도 있게 탐색하는 가장 역동적인 영역 중의 하나이다. 특히, 본 연구서의 II장에서 확인될 수 있듯이, 생태비평의 시원이라는 호칭에 어울리게 사냥의 본능뿐 아니라 그것의 절제 필요성을 설득력 있게 담아내는 소로우(Henry David Thoreau), 올드벤으로 대변되는 야생 정신과 파괴로 치닫는 황야의 운명을 생생하게 극화하는 포크너(William Faulkner), 생명중심적 대지윤리에 입각해 늑대를 단지 사슴 파괴자가 아니라 생명공동체를 구성하는 또 다른 일원으로 새롭게 파악하는 리어폴드(Aldo Leopold)는 미국의 황야에서 펼쳐지는 사냥의 의미를 복합적으로 제시하는 대표적인 작가들이다.

소로우는 『월든』(*Walden*)의 「보다 높은 법칙」(Higher Laws)장에서 인류가 수렵단계를 거쳐 현재의 문명단계에 이르렀듯이 한 개인으로 볼 때도 사냥꾼이었던 젊은 시절 이후에는 '보다 높은 법칙'에 의한 성숙을 이루어 사냥의 단계에서 벗어나야 한다고 주장하고 있다. 그러나 이와 동시에, 자연의 원리가 온전히 작동되는 황야에서는 사냥이 그 자연의 원리에 부합하는 자연스러운 행위이며, 따라서 사냥꾼은 자연을 해치는 침입자가 아니라 바로 "자연의 일부"(141)일 수 있음이 시사되고 있다. 사냥에 대한 이러한 이중성은 사슴 사냥을 혐오스럽게 생각하면서도 사슴고기 섭취를 사양하지 않는 것(Main Woods 118-19)이나 사냥의 총성에 반감을 품으면서도 그 총성이 경쾌하고 유쾌하게 들릴 때도 없지 않다(1859년 1월 22일 일기)는 고백에서도 확인된다.

『월든』에서 월든 숲 인근까지 침입하여 자연의 '소리'를 압도하기 시작하는 기차의 '소리'는 황야까지 도달하여 결국은 그것을 송두리째 파괴하고 말 산업화와 과학기술의 인위적 위력을 상징적으로 경고하고 있다. 이렇듯 막강한 산업화와 과학기술이 황야에 투입될 때, 먹고 먹히는 관계망으로서의 생태계의 원리는 심각히 교란될 수 있다. 즉 사냥을 통한 동물의 살해가 기본적으로는 먹이사슬에 입각한 자연의 행위일 수 있어도, 전적으로 인위적일 수밖에 없는 산업화와 과학기술의 막강한 위력으로 무장해 있는 경우 이러한 막대한 힘을 바탕으로 자신의 욕망이 시키는 대로 다른 비인간 존재들의 생명을 빼앗는다는 것은 생태계의 균형을 심각하게 훼손하는 일이 될 것임에 틀림없다.

사냥이 자연 원리에 부합하는 자연스러운 행위로 받아들여질 가능성을 타진하면서도, 과학기술의 위력이 코앞까지 밀려들어와 있는 상황에서 자신의 사냥 본능을 억제하는 소로우의 '인위적인' 노력은 반자연적인 행위라기보다는 대자연의 원리에 다가가기 위한 귀중한 실천적 미덕으로 이해될 수 있다. 기차의 굉음과 함께 개인의 충동이 자연의 질서와 어우러질 수 있었던 시대가 가버렸을 때, 소로우는 자신의 본능(nature)이 자연(nature)에 부합될 수 없음을 알고 절제의 기율로 사냥 본능을 다스리며 대자연의 원리에 다가갈 수 있었다.

포크너 텍스트, 특히 『모세여 내려가라』(*Go Down, Moses*)에 형상화된 숲이 인위적 질서가 온전히 불식된 순수한 황야의 공간인지에 관해서는 논란의 소지가 있다. 숲에서 벌어지는 사냥의 행위에 이미 계급적, 인종적 '차이'가 삼투되어 있으며, 사냥꾼들은 순수한 자연인들의 집합이라기보다 철저한 위계집단으로 구성되어 있기 때문이다. 이런 점에서, 포크너의 숲은 '있는 그대로'의 자연 상태라기보다 사냥꾼들의 문명적 질서가 투사된 인위적 공간으로 이해될 소지도 없지 않다.

그러나 '황야대학'에서 샘 파더즈(Sam Fathers)의 교육을 통해 도달하게 된 아이크(Ike McCaslin)의 인식의 성장이 『모세여 내려가라』가 전달하는 핵심적 의미에 해당된다고 할 때, 문명의 질서를 잠시 캠프에 옮겨 놓을 뿐인 일반 사냥꾼 대신, 아이크와 그의 스승 샘이 구현하는 사냥과 황야의 원리가 작품의 주조를 이어가는 중심이라고 할 수 있다. 실제로, 인디언의 후예답게 야생 상태 그대로의 숲에 기거하는 샘이 수행하는 사냥이야말로 숲의 내적 질서에 입각해 있는 진정한 의미의 사냥에 가깝다고 할만하다. 아이크의 사냥꾼 성인식은 샘이 대변하는 사냥의 의미를 생생하게 극화한다. 명실상부한 사냥꾼의 표지로 처음 잡은 사슴의 뜨거운 피를 이마에 바르는 의식은 사냥하는 개체와 사냥 당하는 개체 간의 본질적 연결에 대한 인식이 진정한 사냥꾼의 전제 조건임을 암시한다. 사냥꾼의 덕목으로 인내와 겸허가 반복적으로 강조되는 것 역시 이 작품에서 조명되는 사냥이 개체간의 살해 행위로 국한되지 않고 개체와 개체를 이어주는 자연적 행위로 부각되고 있음을 재확인시켜준다.

포크너 텍스트에 담겨 있는 것은 황야 그 자체의 기록이라기보다 그것의 변모과정에 대한 향수어린 기록이라고 할 수 있다. 실제로, 황야가 결국 파괴되어 버릴 운명이라는 암시가 지속적으로 반복된다. 우선 "야생 정신"(146)의 상징인 올드 벤(Old Ben)이 기관차로 연결됨으로써 철로를 달리는 기관차처럼 벤과 황야도 정해진 숙명의 길을 따르게 되지 않을 수 없을 것임이 암시된다. 더욱이, 올든 벤이 사냥개 라이언(Lion)과 인디언 후예 분(Boon)과 뒤엉켜 사투를 벌이다 쓰러지는 장면은 종말에 다다른 "야생 정신"의 운명을 한 장의 그림으로 압축적으로 제시한다. 거대한 곰의 불가사의한 정체가 라이언의 이빨과 분의 칼에 의해 포착되고 고정되었을 때 그것의 신비함이 거세될 수밖에 없는 것이며, 벤의 죽음과 더불어 황야의 불가항력적인 야생성은 역사의 이면으로 사라지게 되는 것이다. 벤이 다니던 길에 실제로 철도가 놓여있고 기차의 기적 소리에 놀란 곰이 나무 위로 도망가는 「곰」("The Bear")의 마지막 대목은 살아 있는 야생성 대신 인위적 통제와 지배하에 놓인 자연의 현 상태를 상징적으로 대변한다.

리어폴드에 따르면, 사냥꾼들이 "늑대를 잡을 수 있는 기회를 결코 놓치지 않는 것"(13)은 사슴을 친구, 그것을 잡아먹는 늑대를 적으로 간주하는 인간중심적 관점을 견지하고 있기 때문이다. 이러한 인간중심이 지속될 경우, 늑대의 감소에 따라 증가하게 된 사슴의 수만큼 사슴의 먹이인 나무 잎과 풀이 감소하게 되고, 결국 산 전체의 생태학적 균형이 파괴되어, 급기야 애초의 의도와는 달리 먹이가 고갈된 사슴마저 앙상한 해골로 남게 될 것이다. 이렇듯 천적의 감소에 따른 사슴의 급격한 증가로 사슴 높이까지의 모든 목초가 고갈되고, 산등성이가 온통 사슴들이 만들어 놓은 미로로 뒤덮이게 될 때 편협한 인간중심 관점의 위험성이 부각된다.

산에 울려 퍼지는 늑대의 울부짖음이 사냥꾼에게는 사냥하고자 하는 도전을 불러일으키지만, 사슴에게는 죽음의 공포, 코요테에게는 죽은 고기가 자신의 먹이가 될 것에 대한 기대 등 개체마다 다른 것을 의미할 수 있다. 각 개체는 자신의 주관적인 입장에서 듣고 있는 것이며, 오직 산만이 늑대의 울부짖음을 객관적으로 듣고 있는 셈이다. 늑대를 사슴의 적으로만 생각하는 사냥꾼의 편협한 시각과 늑대의 울부짖음을 객관적으로 듣는 '산처럼 생각하기'의 차이는 편협한 인간중심적 관점과 생명공동체 전체의 관점의 차이에 해당된다. 리어폴드에 따르면, 윤리의 범주가 인간간의 관계와 인간과 사회의 관계를 넘어 인간과 자연의 관계로 확대되어, 인간중심적 윤리에서 생명공동체 중심의 대지윤리로 신장되는 것은 생태학적 필연성이자 진화론적 가능성이다.

"생명공동체의 통합성, 안정성, 아름다움에 기여하는 것이면 옳은 것이고 그 반대면 그른 것"(224-25)이기 때문에 "인간의 역할은 생명공동체의 정복자로부터 그것의 평범한 시민으로 전환"되어야 하며 "생명공동체를 구성하는 다른 동료 개체 및 생명공동체 그 자체가 존중의 대상이 되어야 한다"(204)는 것이 대지윤리의 요구이다. 이러한 요구에 입각할 때 인간/사냥꾼은 늑대/사냥감을 사슴 파괴자라는 좁은 영역에서 벗어나 생명공동체를 공유하는 동료라는 커다란 맥락 하에서 이해할 수 있게 되며, 이렇게 형성된 새로운 사냥꾼/사냥감 관계에 의해 자연의 생명원리에 입각한 사냥이 가능하게 되어 그 결과 "복원에 수십 년 걸리는"(130) 생태계 파괴를 피해 갈 수 있을 것이다.

III

소로우, 포크너, 리어폴드가 미국 황야에서 벌어지는 사냥의 의미를 탐색하고 있다면, 본 연구서의 III장이 보여주는 것처럼, 헤밍웨이(Ernest Hemingway)에 의해 극화되는 고기잡이는 자연과 하나가 되는 합일의 경지를 암시하는 동시에 그것에 잠복해 있는 비극성의 단초를 시사하는데, 브라우티건(Richard Brautigan)에 이르게 되면, 헤밍웨이 여정에 내재되어 있던 어두운 그림자는 목가적 이상으로서의 미국의 꿈이 가공할 자연 파괴의 악몽으로 변모될 위험성으로 구체화된다. 「두 마음을 가진 커다란 강」에서 암시되었고 『미국의 송어낚시』에서 확대되었듯이 『흐르는 강물처럼』

에서 실제로 형상화된 것도 송어낚시를 통한 미국 목가적 이상의 구현 그 자체라기보다 그것의 지난함과 불가해성일 수 있다. 이와 동시에, 송어낚시 강가에서 자연의 리듬을 포착하며 자연과 하나로 어우러졌던 목가적 이상의 가능성이 현실에서는 술꾼/싸움꾼/노름꾼의 비극적 최후로 귀결되는 불가해성을 복합적으로 모색하는 곳도 바로 송어낚시의 현장이라는 것은 의미가 적지 않다.

「두 마음을 가진 커다란 강」("Big Two-Hearted River")은 비록 그 규모에 있어 축소되었다할지라도 자연을 통한 현대판 아이크와 소로우의 교육과 훈련이 가능할 수 있음을 보여준다. 닉은 자연과의 풍요로운 긴밀한 유대를 되찾으며 전쟁으로 찢겨진 내면의 상처를 치유하는 회복의 여정을 떠나는데, 그가 성취해가는 치유와 회복은 자연을 '대상'으로 관조함으로써 얻어지는 것이라기보다는 실제로 그것에 '참여'함으로써 이룩된다. 마른 손으로 비늘을 만지면 "하얀 곰팡이"가 송어의 "보호되지 않는" 비늘을 침범하기 때문에 그런 일이 없도록 조심하는 장면(149)은 닉이 얼마나 자연의 생명원리에 가까이 있는지를 보여준다. 또한, 그날 낚시의 결과인 송어를 칼로 베어 내장과 아가미 등을 긁어 낸 후 도려낸 부분을 밍크 먹이로 강가에 던져 놓음으로써(155), 낚시로 잡은 송어로부터 자신이 먹을 수 있는 부분은 직접 섭취하고 그렇지 못한 부분은 그럴 수 있는 다른 생태계 구성원에게 기회를 준다. 이런 점에서, 닉의 송어 낚시는 송어의 생명을 박탈하는 일방적인 인위적 행위라기보다, 생명의 메커니즘에 입각한 자연적 행위로 이해될 소지가 크며, 따라서 닉의 미끼에 걸려 벗어나려는 송어의 발버둥과 이것을 거두어들이려는 닉의 안간힘이 연출해내는 힘겨룸은 "두 마음을 가진" 양자가 어느새 서로를 분리할 수 없을 만큼 하나가 되어 추는 한바탕의 춤, 자연의 질서에 함께 녹아들어간 제의적 춤으로 해석될 여지도 적지 않다.

그러나 기본적으로 현대 서구인인 닉이 치유와 회복을 찾아가는 여정에 항상 밝은 전망만 드리워져 있는 것은 아니다. 작품의 후반부, 늪지를 묘사하며, "늪의 낚시는 비극적 모험이어서, 닉은 원치 않았다."고 기술되어 있는 대목(155)은 자연과의 여정이 상처와 상실의 비극적 모험일 수 있음을 암시한다. 「두 마음을 가진 커다란 강」에 암시된 이러한 비극적 모험은 헤밍웨이의 역작 『노인과 바다』(*The Old Man and the Sea*)의 마지막 장면을 통해 보다 구체적이고 전면적으로 극화된다. 앙상한 청새치의 뼈만 싣고 돌아오는 산티아고의 귀환은 닉이 "늪의 모험"을 계속했을 경우 마주하게 되었을 비극적 경험을 보여주는 셈이다. 이러한 비극은 『노인과 바다』에서 시사 되듯이, 자연이 정한 범위를 벗어나 "너무 멀리"(151) 나아갔기 때문에 봉착할 수밖에 없는 결과일 수 있으며, 따라서 자연의 원리에 내포된 범위를 넘어서는 '반자연적인' 인간 행위에 잠복되어 있는 위험성에 대한 형상화로 이해될 소지가 충분하다.

다른 한 편, 젊은 어부들처럼 모터보트로 무장되지도 않고, 심지어 나침반도 없이, "여러 번 누빈"(44) 돛만 단 채, 바람이 불고 물결이 이는 대로 청새치를 쫓아 나서는 산티아고는, 그가 목격하는 돌고래와 새의 날치 추적처럼, 자연 생태계 전체의 일부로 이해될 소지가 크다. 필사적으로 도망가는 날치가 뒤쫓는 돌고래로부터 벗어날 가능성은 별로 없어 보이고, 바다 새 역시 날치를 쫓기는 하지만 날치가 자신의 먹이가 될 가능성이 높지 않은 것으로 묘사되는 돌고래와 바다 새의 날치 추적 장면이 자연에서 작동되는 먹이사슬의 단면을 한 장의 그림으로 생생하게 제시하고 있다면, 바람과 물결에 따라 청새치를 쫓아가는 산티아노 역시 이 그림의 일부분라고 할 수 있기 때문이다. 이런 점에서, "너무 멀리"까지 나아가려는 산티아고의 모험이 러브(Glen Love)의 지적처럼 "비극적 개인주의"(127)로 받아들여질 수도 있겠지만, 산티아고가 참여하는 청새치 추적은 미커(Joseph Meeker)의 표현대로, 생태계 원리가 지속적으로 작동하는 "생존의 희극"(29) 중의 일부에 해당되는 것일 수 있다.

헤밍웨이 텍스트가 자연에서 이루어진 닉과 산티아고의 여정 그 자체의 의미만이 아니라 거기에 드리워져 있는 상실의 조짐까지 담아내고 있다면, 『미국 송어낚시』에 그려진 것은 상실의 단계를 넘어 반복적으로 거듭되는 좌절의 기록이라고 할 수 있다. 『미국의 송어낚시』의 작중 화자가 「내가 마지막 본 미국의 송어낚시」에서 '미국의 송어낚시'를 마지막 본 것이 헤밍웨이가 죽은 직후로 설정되어 있는 것은 이런 점에서 흥미롭다. 헤밍웨이의 죽음과 함께 닉과 산티아고를 통해 제시되었던 자연과의 연결고리로서의 낚시의 가능성이 종식되었을 때(Seib 64-5), 진정한 의미의 미국의 송어낚시는 불가능하게 되는 셈이며, 따라서 낚으려는 시도는 있을지언정 성취는 늘 좌절되게 마련인 것이다.

『미국의 송어낚시』(*Trout Fishing in America*)에서 자연과 어우러지는 송어낚시의 형상화가 발견되지 않는 것은 아니지만, 이미 지나간 과거에 있었던 일로 기록될 뿐이다. 「나무 두르려 보기 1」("Knock on Wood Part One")에서 화자가 기쁜 마음으로 기억하는 "새벽에 낚시 하는 삼각모자 쓴 사람들"(5)은 '미국 건국의 아버지'들에 해당되며, 「내가 마지막 본 미국의 송어낚시」에서 루이스(Meriwether Lewis) 일행이 몬타나 주 그레이트 폴즈의 "엄청난" 폭포 아래에서 "16인치에서 23인치만큼이나 되는 월척 송어"를 여러 마리 잡았던 것은 "1805년"으로 기록되어 있다(148). 이처럼 자연과의 일체를 통해 목가적 이상을 구현할 수 있을 낚시의 가능성이 과거형으로만 제시되고 있다는 것은 시사하는 바가 적지 않다.

작중 화자가 기쁜 마음으로 기억하는, '미국의 송어낚시'로부터 들었던 초창기 미국의 풍성한 송어낚시와는 달리, 『미국의 송어낚시』에 실제로 담겨있는 것은 송어낚시의 성취가 아니라 그것의 실패와 좌절에 대한 기록뿐이라고 할 수 있다. 특히, 「클리블랜드 폐선장」("The Cleveland Wrecking Yard")에서 송어낚시를 위한 하천과 폭포를 피트 당으로 판매하는 충격적인 장면(168-74)은 낚시의 공간인 자연까지 인공화하여 판매진열대 위에 올려놓는다는 점에서, 낚시 행위가 자연의 영역과 생명의 질서에서 유리된 채 단지 개체 동물의 살상 수준으로 전락하게 되는 가공할 위험성을 생생하게 증언한다. 이제 낚시는 더 이상 생명의 리듬에 따라 자연 안에서 이루어지는 자연적인 행위가 아니라, 자연처럼 만들어 놓은 세트장에서 송어의 목숨을 낚아채는 철저히 인위적인 행위로 변질된다.

『흐르는 강물처럼』(*A River Runs Through It*)의 송어낚시 강가에서 자연의 리듬을 포착하며 자연과 하나로 어우러졌던 폴(Paul)이 미국 목가적 이상의 가능성을 구현하면서도 현실에서는 술꾼/싸움꾼/노름꾼으로 비극적인 최후를 맞이할 수밖에 없었다는 것은 목가적 이상이 현실에 적용될 때의 한계 또는 목가적 이상에 내재한 모순의 가능성을 시사한다. 「두 마음을 가진 커다란 강」에서 암시되었고 『미국의 송어낚시』에서 확대되었듯이 『흐르는 강물처럼』에서 실제로 형상화된 것도 송어낚시를 통한 미국 목가적 이상의 구현 그 자체라기보다 그것의 지난함과 불가해성일 수 있다.

따라서 이해하기 지난한 폴을 "온전히 이해할 수는 없어도 온전히 사랑할 수 있게"(104) 되는 과정이 이 작품에 내포된 핵심 의미에 해당된다면 이러한 과정은 송어낚시를 통한 목가적 이상의 단순 구현이라기보다 그것에 대한 복합적 접근의 형상화로 이해될 소지도 충분하다. 아울러, 이해하기 힘든 폴의 불가해성을 자기중심 대신 '있는 그대로' 받아들이게 되는 과정이 송어낚시 강가에서 이루어지고 있듯이, 송어낚시의 목가적 이상에 관련된 불가해성을 복합적으로 모색하는 곳이 바로 송어낚시의 현장이라는 것은 이 작품의 의미를 배가시킨다. 지금까지 자신의 관점이 견지되어왔기에 "이해할 수 없었던" 것이라면, 이제 강과 하나가 되며 포착한 강의 패턴에 입각할 때, 이해할 수 없는 것 자체가 '있는 그대로' 받아들여져 그 결과로 "온전히 이해할 수는 없어도 온전히 사랑할 수" 있게 되는 것은 그 의미가 적지 않다.

IV

이렇듯 미국의 황야와 전원에서 벌어지는 사냥과 낚시가 자연 순환에 참여하는 자연합일의 과정으로 받아들여질 긍정적 가능성과 함께, 자연의 생명 원리를 벗어남으로써 자연 생태계를 파괴하는 인위적 행위로 전락할 위험성도 동시에 제시되어 있다면, 이러한 가능성과 위험성은 사냥과 낚시 행위의 인간 주체가 그 행위의 대상인 동물을 어떻게 바라보는가 라는 문제와 깊이 관련될 수 있다. 이런 면에서, 자신의 알몸을 응시하는 고양이의 시선을 통해 동물에 대한 의미 있는 사유를 개진하는 데리다(Jacques Derrida)의 동물론은 흥미롭다. 데리다가 고양이의 시선으로부터 창피함을 가리기 위해 자신의 알몸에 옷을 걸치듯이, 인간은 타고난 알몸 상태를 있는 그대로 놔두지 않는다. 자신의 몸에 옷을 두를 뿐 아니라, 자신의 생각에 개념과 사유의 덮개를 두르며, 이러한 개념과 사유의 틀을 비인간 대상에 투사한다. 이런 점에서, 아담이 동물에게 이름을 부여한 이후, 인간에게 있어서 동물이란 "살아있는 생명체"(392)로서의 개별적인 복수적 실체라기보다 인간 개념과 사유에 의해 걸러진 인위적인 단수적 개념의 상태로 존재하고 있는 셈이다.

데리다는 벌거벗은 것에 대한 자의식으로 자신이 동물이 된 것 같은 수치심을 느끼는 반면, 애초에 알몸 상태에서 이에 대한 어떠한 느낌도 가지고 있지 않은 고양이는 오히려 "벌거벗지 않은"(374) 상태임을 받아들인다. 이처럼 인간적 수치심으로부터 자유로운, 살아있는 "실제의 고양이"(374)가 자신이 고양이를 바라보기 이전부터 자신을 바라보고 있었다는 점을 발견하며, 데리다는 동물이 인위적 개념으로 묶이기 전에 이미 실체로서 존재하고 있을 가능성을 타진한다.

살아있는 실체적 동물과 인위적 개념으로서의 동물 사이에서 발견되는 이러한 간극은 인간적 도덕의 개념을 비인간 동물에게 그대로 투사하는 동물권리 담론에도 적용될 수 있다. 이런 점에서는 동물권리 담론이 "대체할 수 없는 선" 바깥의 타자를 진정으로 만나기 위한 시도의 결과라기보다, 그 기준선을 해체함으로써 타자를 흡수 및 자기화하려는 욕망의 발로로 이해될 소지도 적지 않다. 인간 자아의 관점을 동물 타자에 일방적으로 투사하는 위험성은 가축 노동력의 불필요에 의해 목축이 일반인들의 삶으로부터 분리되고, 제도화된 도살 체계에 의해 식용고기 생산이 일상생활에서 사라진 산업화 이후 더욱 두드러지게 된다. 사냥감이었든 친구였든 실물성을 동반했던 실제 동물이 사라지고, 가정용 애완동물이나 책과 영화 등에 등장하는 동물 이미지가 그 빈자리를 채워가면서, 리얼리티로서의 동물과 이미지로서의 동물 사이의 간극은 그만큼 더 커지게 된다. 자기응시를 반영하는 거울/꼭두각시/인형으로서의 애완동물 그리고 보고 싶은 것만 보려는 응시가 만들어낸 동물 이미지는 모두 인간의 제국주의적 시선과 자아중심적 욕망이 산출한 인위적 결과물인 셈이다.

동물의 리얼리티가 사라지고 그것의 식용고기와 이미지가 대량으로 소비되는 소비중심사회로의 변모는 동물에 대한 호감과 그것을 인간의 식량으로 삼는 일을 함께 받아들일 수 있었던 이전 시대의 통합적 감수성이 소실되는 과정과 맞물려 있다. 동물에 대한 호감과 그것의 도살이 불러들이는 양자 간의 충돌과 긴장은 아직 어른/인간의 현실성으로 진입하기 이전인 어린이의 내면에서 더욱 생생하게 극화되게 마련이다. 동물 친구를 식용고기로 바꾸어버리는 어른/인간의 현실에 직면하여 문제해결을 모색하며 성장을 도모해가는 과정은 동물의 리얼리티를 제거한 채 그것의 소비만 가속화시키는 우리 시대의 이면에 은닉되었던 문제가 전면으로 부각되는 과정이기도 하다.

본 연구서의 IV장에서 검토되듯이, 친구로서의 동물과 고기로서의 동물 사이의 충돌과 긴장은 펙(Robert Newtown Peck)에서처럼 청소년성장서술을 통해 현실적인 동물/인간 관계를 받아들이는 어른/인간으로 입문하거나, 화이트(E. B. White)에서처럼 아동판타지를 통해 주어진 동물의 운명을 벗어나거나, 해리스(Thmoas

Harris)에서처럼 스릴러 범죄수사 서사를 통해 어린 시절부터 지속되어 온 악몽에서 벗어나게 되는 등 다양한 양상의 문제해결 및 성장의 과정으로 이어질 수 있지만, 이러한 다양성에도 불구하고 이 과정을 통해, 이면으로 사라졌던 동물의 리얼리티가 입체적인 실물성을 띠며 가시화된다는 점에서는 크게 다르지 않다.

『돼지가 한 마리도 죽지 않을 날』(*A Day No Pigs Would Die*)에서 인상 깊게 묘사되는 까마귀의 개구리 포획 장면이나 매의 토끼 사냥 장면 등은 자연에서 냉엄하게 구현되고 있는 생명과 죽음의 원리를 제시한다. 반면, 족제비를 잡아낼 능력을 키우기 위해 인위적으로 마련한 개와 족제비의 싸움은 양자 모두 잔인한 죽음을 맞이하는 처참한 결과를 낳는다. 이 작품은 로버트의 아빠 헤이븐(Haven)이 평생 동안 해 온 돼지 잡는 일이 양자의 어디에 해당될지 묻고 있는 것일 수 있다. 예배를 위해 목욕한 이후에는 예외지만, 로버트는 주중 내내 아빠의 몸에서 돼지 도살의 냄새를 맡는다. 핑키(Pinky)가 죽어가던 날 팩은 핑키의 살을 자르는 아빠가, "수많은 돼지를 죽인 아빠가 미웠다"(137)고 기록한다. 그러나 아빠의 장례식을 마치고 도살 작업에 사용되었던, "금빛으로 빛나는"(144) 아빠의 연장들을 어루만진다. 헤이븐이 쉐이커 교본대로만 살아가는 독실한 쉐이커 교도였다는 점을 감안하면, 자신의 직분에 충실한 그의 도살 작업은 베리(Wendell Berry)의 표현처럼, 신의 섭리에 입각한 "신성한 행위"(5)로 이해될 수 있을지 모른다. 다른 한 편, 아빠 헤이븐은 로버트는 반드시 학교에 다녀 자신과는 달리 "농부보다 훌륭하게"(118) 되어야 한다고 믿는다. 로버트 자신도 이웃 태너에게 자신은 "농부보다 훌륭한" 사람이 될 것이라고 말한다.

로버트가 목격하는 헤이븐의 도살의 의미가 어떠하든, 확실한 것은 그 현장에는 살아있는 개체로서의 동물이 있다는 점이다. 핑키가 씨받이에 성공하여 암돼지가 될 수 있었다면, 그리고 아빠의 사냥총 성능이 사슴 한 마리 잡을 만큼만 되었더라도, 그리하여 겨울을 날 최소한의 준비가 마련되었더라도 핑키가 식용고기가 되는 일은 없었을 것이다. 아빠가 핑키를 자르는 사이 그것을 들고 있어야했던 로버트의 눈에서 하염없이 흐르는 눈물과 팩이 일을 마친 아빠의 눈에서 난생 처음 보게 되는 눈물은 죽음을 당하는 동물과 죽이는 인간 사이의 교감을 확인시켜주기에 충분하다.

청소년성장 서술의 사실적 플롯 진행을 따르는 『돼지가 한 마리도 죽지 않을 날』의 핑키에게 '봄 돼지' 운명을 벗어나는 '기적'은 일어나지 않는 반면, 『샬롯의 거미줄』(*Charlotte's Web*)의 윌버(Wilbur)는 아동 판타지를 통해 도살을 모면할 수 있게 된다.

또한, 『돼지가 한 마리도 죽지 않을 날』의 주인공 로버트 팩이 둘도 없는 친구 핑키의 도살을 고통스러워하면서도 '어른스럽게' 이겨내며 그것에 참여함으로써 아빠를 대신하는 어른/인간으로 성장한다면, 『샬롯의 거미줄』의 경우 헛간의 동물 세계와 윌버에 대한 펀의 깊은 애정이 카운티 주최 장터 이후 남자 친구 헨리(Henry)를 향하게 되는 것은 의사 도리안(Dorian)이 진단했듯이 어린이로부터 어른으로 성장해가는 자연스러운 과정일 수 있다. 핑키의 희생에 기반 할 수밖에 없는 현실에 발 디디고 있는 『돼지가 한 마리도 죽지 않을 날』의 청소년 주인공 로버트가 내적 극복 과정을 통해 어른/작가 팩의 현실 세계로 성장 및 전이 되는 반면, 판타지 장치가 마련되는 『샬롯의 거미줄』에서는 윌버 구하기의 실제 과업이 헛간 세계와 거미인 샬롯에게 부과된다.

죽음의 고비로부터 어떻게 돼지-윌버의 생명이 구해질 것 수 있을 것인지가 『샬롯의 거미줄』에 펼쳐지는 이야기 전체를 지탱하는 중심축이라고 할 수 있다. 어른/인간인 애러블(Arable)이 볼 때 윌버를 살려주는 것은 "말도 안 되는 일"(4)이지만, 작품의 첫 두 장에서는 어린이-펀에 의해, 이후부터는 동물-샬롯에 의해 윌버의 구조가 진행된다. 작품의 첫 장면 펀은 아빠의 도끼에 매달려 윌버를 구하고 짧은 기간 젖병과 유모차로 키우지만, 윌버가 '봄 돼지'의 운명을 벗어날 수 있을 것인가의 여부는 저커먼

(Zuckerman)의 헛간으로 옮겨간 이후 본격적으로 검증된다. 헛간에서 펀은 적극적 참여자 대신, 동물들이 엮어가는 판타지를 관람하는 관객의 입장이 되어, 샬롯이 거미줄에 글자를 써내려가 저커먼을 속이는 과정을 지켜본다. 말하자면, 윌버는 아동이 관람하고 동물들이 만들어가는 헛간의 판타지 세계를 통해 도살을 모면하고 목숨을 건질 수 있었던 셈이다.

작품 전반에 걸쳐있는 판타지적 성격에도 불구하고 인간적 편견으로부터 자유로운 동물의 리얼리티를 담고 있다는 것이야말로 『샬롯의 거미줄』을 의미 있게 주목해야 하는 이유 중의 하나이다. 예컨대, 외로움에 지친 윌버는 마침내 찾아온 친구의 목소리로 밤잠을 설치지만, 막상 만나 본 거미가 벌레의 피를 빨아먹는 "흡혈귀"(41)임을 알고 낙담한다. 그러나 이 흡혈귀가 벌레를 잡아먹지 않는다면 세상은 온통 벌레로 들끓게 될 것이라는 예측, 그리고 이 무시무시한 거미가 결국 윌버의 목숨을 구하기 위해 끝까지 신의를 지키는 '아름다운' 친구임이 입증되는 과정은 거미에 덧씌워진 통상적인 부정적 이미지가 얼마나 일방적인 선입관일 수 있을지를 단적으로 대변한다.

『돼지가 한 마리도 죽지 않을 날』과 『샬롯의 거미줄』에서 아동문학 텍스트의 형태로 제기된 식용고기를 위한 동물 생명박탈 즉 도살의 문제는 『양들의 침묵』(*The Silence of the Lambs*)에서 범죄 스릴러 소설의 형태로 심화된다. 『양들의 침묵』은 FBI 견습 수사관 클래리스(Clarice Starling)가 어린 시절 어린 양의 도살장면 목격의 악몽에서 벗어나 양들의 울부짖음이 더 이상 들리지 않는 심리적 안정을 찾는 과정에 초점이 맞추며 플롯이 전개된다. 드미(Jonathan Demme)가 각색한 영화본에서는 렉터 한니발(Hannibal Lecter)이 클래리스 그리고 관객과 형성하는 유대를 강조함으로써 보다 더 문제적인 메시지를 전달한다. 렉터는 문명사회에서 용납될 수 없는 식인 범죄자이지만, 클래리스를 이용하려할 뿐인 제도권의 칠튼 박사와는 달리, 그녀가 트라우마에서 벗어날 수 있도록 도와준다. 클래리스가 악몽에서 벗어날 수 있었던 것이 버팔로 빌(Buffalo Bill)의 구덩이에 감금되어 있는 캐써린(Catherine Martin)을 구함으로써 심리적 대상물을 찾았기 때문이라고 할 때, 현대 소비사회 역시 욕망의 대리 해결을 위해 동물 희생양을 필요로 하는 것일 수 있다. 이런 점을 꿰뚫고 있는 렉터가 클래리스에게 "부수적인 것"(208)에 매달리지 말고 그것의 "본질"을 보라고 조언하는 장면은 의미심장하다. 문명의 존립은 동족을 먹으려는 욕망이 희생양의 도살과 소비로 대체되는 것을 전제로 하지만, 렉터가 보여주듯이 그 뿌리는 같은 것일 수 있다. 더욱이, 아무리 가두려 해도 감금을 벗어나는 렉터가 극화하듯이,

인간의 욕망은 언제든 금기의 감금을 뚫고 문명 밖으로 비집고 나올지 모른다.

여성의 피부를 입고자 하는 버팔로 빌과 인간고기를 먹고자 하는 렉터는 밖과 안의 서로 다른 방향이긴 하지만, 양인 모두 타자를 소비하여 자기 것으로 만들려는 욕망을 극화하고 있다. 두 인물의 타자에 대한 이러한 욕망은 물론 금기를 넘어서는 것이지만, 칠튼(Frederick Chilton) 박사의 합법적인 욕망과 렉터의 금기적 욕망이 아이러니컬하게 대비됨으로써, 법과 질서라는 사회적 규약을 지키면서 합법적으로 소비적 욕망을 충족시키는 것이 언제까지 지속될 수 있을지의 문제가 제기되는 셈이다. 양들의 울부짖음이 침묵됨으로써 클래리스는 안정을 찾았고, 그것을 통해 문명도 유지될 수 있을 것이지만, 감금을 벗어난 렉터를 앵글에 담는 작품의 마지막 장면은 침묵을 강요당한 울부짖음이 온전히 사라진 것이 아니라 단지 잠복해있을 뿐이라는 경고를 전달하고 있는 것일 수 있다.

V

이처럼 동물친구와 식용고기의 간극에서 기인하는 문제를 해결하며 성장을 도모하는 『돼지가 한 마리도 죽지 않을 날』, 『샬롯의 거미줄』, 『양들의 침묵』의 서사는 제국주의적 시선과 자아중심적 욕망에 의해 소실되었던 살아있는 실체로서의 동물을 환기시킨다는 점에서 그 의의가 적지 않다고 할 수 있다. 그러나 이와 동시에, 동물의 리얼리티가 일상에서 제거된 상태에서도 그것의 고기를 지속적으로, 아니 더욱 풍부하게 소비할 수 있게 하는 공장제 집단사육의 문제를 상기시키는 것 또한 이 텍스트들에 함축된 핵심 의미 중의 하나이다. 실제로, 끊임없이 들려오는 집단사육 현장의 전염성 질병과 그것에 이어지는 반복적인 집단 소각과 매립의 이야기는 인간의 인위적 통제를 벗어나 무한히 퍼져나가는 불길함(Garrard 149)을 전달하며, 『돼지가 한 마리도 죽지 않을 날』, 『샬롯의 거미줄』, 『양들의 침묵』의 어린이 주인공들이 공유했던 실제 동물의 경험이 생략되고, 동물들의 실제 목소리가 침묵된 채 그것의 식용고기만 소비하는 일상의 앞날에 어두운 그림자를 드리운다.

이렇듯 제국주의적 시선과 자아중심적 욕망에 의해 억눌린 타자로서의 동물 그 자체를 만나려는 진정성의 미학이야말로 생태비평적 동물 논의의 핵심에 해당될 수 있다. 그러나 미드그리가 보여주듯이, 인간중심을 온전히 벗어나 동물을 묘사하고 이해하려는 시도는 사실상 불가능하며, 마슨(Jeffrey Masson)과 맥카시

(Susan McCarthy)가 제시하듯이, 심층적 차원으로 심화될수록 중첩되게 마련인 기계적 과정과 생물학적 과정의 경계처럼 인간과 비인간의 궁극적 구별 자체가 모호할 수 있다면, '타자로서의 동물'에 전제되어 있는 인간과 동물의 암묵적인 이분법은 손쉽게 결론에 도달하기보다는 끊임없이 검토될 사안일지 모른다. 인간 욕망에 의해 타자화된 동물의 정체성을 탐색하는 이러한 과정도 의미가 적지 않겠지만, 통제되지 않는 병원균에 의한 집단 소각과 매립으로 점철되는 집단사육 현장 등 인간 욕망에 의해 야기된 엄연한 현실을 맥락적으로 이해하고 그것의 문제해결을 복합적으로 탐색하는 과정이야말로 우리에게 요구되는 과업일 수 있다. 이런 점에서, 본 연구의 마지막 장에서 타진하고 있듯이, 동물 타자와의 진정한 만남을 향해 지난한 노력을 경주하는 진정성의 미학뿐 아니라, 주어진 문제를 복합적, 창의적으로 이해하고 해결하려는 책임의 미학 역시 생태비평적 동물 연구의 향후 진행 방향을 제시하는 잣대가 될 수 있을 것이다.

2부

사냥감/사냥꾼의 황야

1 『월든』: 소로우의 사냥 본능과 절제의 미덕

I

소로우(Henry David Thoreau) 시대의 미국은 여느 유럽의 여느 나라에서도 유례를 찾아볼 없을 정도의 획기적인 산업화의 현장이었다. 남북전쟁으로 서부 이동의 통로였던 미시시피 강이 봉쇄되자 동부와 서부를 잇는 철도가 각광을 받기 시작하여, 1869년 최초의 대륙횡단 철도가 건설된 이래로 1885년까지 4개의 대륙횡단 철도가 완공되었다. 석탄, 철, 석유 등의 풍부한 천연자원과 이를 안전하고 빠르게 수송할 수 있는 철도의 개발이 산업화를 촉진시켰으며, 이민을 통한 풍부한 노동력의 유입 역시 급속한 산업화가 추진될 수 있는 배경이 되었다. 남북전쟁 이후 제1차 세계대전까지 약 2500만 명의 이민자가 미국으로 들어와 1870년에 3850만 명이던 미국의 인구가 1910년 9200만 명, 1920년 1억 2300만 명으로 증가했다는 통계수치는 이 시기의 미국에서 전개된 급속한 산업화를 단적으로 보여준다(Baym 1223-24).

급속한 산업화와 도시화가 이루어지던 남북전쟁 이후의 미국은 표면적으로는 경제적 발전과 번영을 누리는 듯하였으나, 그 이면에는 빈곤과 부패 그리고 계층 간의 갈등이 내재해 있는, 이른바 '도금의 시대'(the Gilded Age)1)를 겪고 있었다(이보형 165-66). 이 시대는 고상한 취미와 교양의 시대, 말하자면 제퍼슨으로 대변되는 '황금시대'와는 전적으로 다른 시대였다. 이 시대는 진보와 발전을 지향하지만 실제로는 무자비한 이기주의가 활개 치던, 겉만 번지르르 한 모조품의 시기였으며, 끊임없이 성장하는 부유한 세계에 대한 꿈을 실현하기 위해 천연자원의 착취를 조금도 개의치 않았던 탐욕의 시기이기도 했다. 즉, 이 시대의 미국은 무한히 거대하고 부유하게 성장하는 세계를 꿈꾸었지만, 이러한 물질적 성공의 꿈을 실현하려는 이기주의의 기승으로 극심한 빈부의 격차가 노정되었을 뿐 아니라, 무엇보다도 무자비한 자연의 파괴가 자행되었다.

목축을 위해 방대한 숲이 초원으로 변모하였으며, 철로 가설을 가로막는 숲은 여지없이 제거되었을 뿐 아니라 철로에 필요한 침목을 위해 지속적인 벌목이 이어졌고, 기차가 닿는 어떤 곳이라도

---

1) 남북전쟁 이후부터 19세기말에 해당되는 시기를 '도금의 시대'로 명명한 것은 마크 트웨인이다. Mark Twain and Charles Dudley Warner, *The Gilded Age: A Tale of To-Day* (New York: The Bobbs-Merrill Company, 1873-1874) 참조

연료 등의 생활필수품 자원으로 제공될 수 있도록 울창한 숲들이 대규모로 벌목되었다. 1620년대 백인의 신대륙 정착부터 철제품이 도입되는 1870년대에 이르기까지 집, 가구, 배, 철도의 침목은 물론, 사소한 생활용품도 모두 목재로 만들어졌기 때문에 목재 공급을 위해 숲의 파괴가 급속하게 대규모로 이루어졌다. 매사추세츠 주의 경우, 1880년대에 이르면 총 면적의 약 40%만이 숲으로 남아 있게 되고, 1840년대에 이미 메인 주, 뉴욕 주로부터 목재를 수입하기 시작했다는 기록(Worster 67-9)은 얼마나 빠른 속도로 대규모 파괴가 진행되었는지를 보여주기에 충분하다.

이처럼 산업화의 열기가 불가피하게 자연의 훼손과 파괴를 초래하게 됨에 따라 진보와 발전이 오히려 자연과 긴밀히 연결될 수밖에 없는 인간의 온전한 삶을 위협한다고 역설하는 비판적 관점이 시대의 저변에 형성되어가기 시작하였다. 무분별한 벌목이 자연에 미치는 영향을 세밀히 관찰함으로써 자연 생태계를 훼손하는 인간 문명의 파괴적 폐해를 설득력 있게 제시했던 마쉬(George Perkins Marsh)는 이러한 입장을 대변한다. 마쉬는 인간 문명의 필요에 의해 강 연안의 나무를 무작위로 벌목했을 때 가뭄, 홍수, 침식, 불순한 기후 등의 폐해를 피할 수 없음을 역설한다. 따라서 자연 생태계를 보존하기 위해 가능한 한 숲이 원시림 상태로 유지될 필요성을 강조하는 한 편, 대규모 벌목으로 이미 벌어진 폐해에 대해 나무심기, 배수 및 관개 시설, 댐 건설, 관련된 공공정책 등 다양한 대안을 제안한다.

마쉬는 자신의 실제 경험과 당대 농업과 임업에 대한 면밀한 관찰에 기반 해 인간 문명이 자연에 미치는 영향을 구체적으로 입증하고 있다는 점에서 후대 생태학 연구의 선구가 되고 있다 (Oelschlaeger 107, Worster 104-5 참조). 그러나 숲과 미국의 토양을 원시 상태로 보존하자는 자신의 주장이 무엇보다 그것의 '경제적인' 정당성 때문이라고 할 때, 그리고 무엇보다도, 자연을 관리하여 그 훼손을 복원시키는 일이 다른 모든 생물체보다 우월한 인간에게 특별히 부여된 의무이자 권리라고 강조할 때(Lowenthal xxxiii 참조), 마쉬는 자신의 연구와 논의가 어디까지나 인간의 편의를 위해 개진된, 그런 의미에서 제한적인 의미의 생태학적 성과 이상일 수 없음을 스스로 확인해주는 셈이다.

이렇듯 자연 문제에 대해 인위적으로 접근하는 마쉬류의 대증적 처방과는 달리, 소로우의 자연에 대한 관심은 자신이 놓은 덫" 에 걸려 "삶의 본질적 사실들"(Thoreau 61-2)[2]을 망각하게 만드는 당대 사회에 대한 그의 비판과 저항에 긴밀히 연결된다는 점에서 주목된다. 당대 사회가 진보와 향상을 이룬다고는 하지만 그

2) 이후 *Walden*의 인용은 면수만을 표시함.

것은 걷잡을 수 없이 비대해지기만 하는 외부적·피상적 성장일 뿐, 실제로는 "사치와 무모한 낭비로 파산지경에 이르렀다"(62)는 것이 소로우의 분석이다. 삶을 영위하는 데 필요한 "진정한 필수품"(6)은 아주 적은 양으로도 충분함에도 불구하고 그것을 벗어나는 "사치와 무모한 낭비"로 당시 뉴잉글랜드 사람들 대부분이 "걱정과 근심"(7)의 "고행"(2)을 자청하고 있다는 것이다. 즉, 유산으로 물려받은 농장, 농토, 집, 가축, 농기구의 저당 잡힌 빚을 갚아 자신의 소유로 만들려는 "부질없는 근심과 필요 이상의 고된 노동으로"(3) 저당이 풀리기도 전에 몸과 마음이 먼저 피폐하게 되어 "삶의 아름다운 열매"를 딸 수 없게 되고 만다는 것이다.

소로우는 당시의 대부분 사람들은 문명의 바다에서 추측항해법으로 불명료하게 살아가고 있기 때문에 언제 좌초할지 모르는 위기가 지속되고 있다고 역설한다. 따라서 필수적인 것이 외의 부수적인 쓸모없는 것들, 말하자면 "삶이 아닌 것"들을 제거하고 "단순화시켜"(62) 예측가능성과 명료성을 높임으로써 당대의 삶의 위기에서 벗어나야 한다고 소로우는 진단한다. 복잡하게 널려있는 문명의 세목들을 "단순화시켜" "삶의 본질적 사실들"에 대한 깨달음으로 진입하기 위해서는 동면을 깨우는 새벽의 정기, 즉 "도덕적 각성"(61)이 요청되었다. 이처럼 숲의 모험을 위해 "도덕적 각성"이 필요했던 것은 발전과 성장을 지향하며 거침없이 비대해졌지만 겉만 번지르르 할 뿐 "삶의 본질적 사실들"은 점점 더 멀어져갔던 당대 미국 사회의 산업화와 관련이 깊다.

『월든』(Walden)에서 "문명 발전의 최근 산물"(23)로 제시되는 것이 바로 철도이다. 자신이 살던 매사추세츠 주의 어디에서도 기차 기적 소리가 들리지 않는 곳이 남아있지 않았다는 소로우의 관측(77)이 뒷받침하듯이, 철도는 이미 방방곡곡으로 뻗쳐져 있어서 그 위를 달리는 기차 소리를 월든 숲 속까지 전달한다. 책 속의 인간 언어에 몰두하기 보다는 자연의 언어인 숲 속의 소리를 들으며 빠져 들어간 소로우의 명상에 새 소리와 함께 기차 소리가 끼어들게 된다. 처음에는 기차 소리가 새의 소리로 연결되다가 이내, "발굽으로 대지를 뒤흔들고, 콧구멍에서 불과 연기를 내뿜는" 철마, 그리고 "증기 구름을 깃발처럼 휘날리는" 새로운 신으로 비유된다(78). 새로운 신화로서의 기차의 이미지는 "[기차를] 시속 30마일로 달리는 것이 꼭 필요한 일이라고 생각하며 그것에 대해 추호도 의아해 하지 않는"(62) 당대의 주류적 믿음을 표현하고 있는 셈이다.

당대의 주도적 담론이 제시하듯이, 추운 겨울 들판을 밤새 달리고도 지치는 일이 없이 끊임없이 사람과 물건을 나르는 기차야말로 새로운 시대를 이끌어가는 신화적 존재일 수 있겠지만, 소로우는 기차가 "지치지 않은 채 끊임없이 지속되는 것만큼이나 영웅적이고 당당하다면 얼마나 좋을까?"(79) 라고 반문하여 기차가 진정한 의미의 영웅이 될 수 있을지에 대해 의문을 제기한다. 소로우에 따르면, 기관차가 내뿜는 증기와 농부의 이마에 맺히는 땀방울은 겉으로 보기에는 유사하지만, 본질적인 작동원리에 있어서 차이가 난다. 소로우가 농부의 경우처럼, 기관차에도 "대자연이 동반되었으면" 하는 아쉬움을 표하는(78-9) 것도 이러한 맥락에서이다.

일정한 길을 달린 이후에는 어김없이 쉬어야하는 여느 말과는 달리, 불 뿜는 말로서의 기관차는 기관사가 쉬지 않는 한, 멈추는 일이 없이 눈이 오나 비가 오나 낮이나 밤이나 끊임없이 달린다. 지치는 일 없이 영원히 지속될 것 같은 이러한 엄청난 힘이야말로 기차에 내재한 막강한 위력이지만, 텍스트에서 주목되고 있는 것은 이러한 위력이 자연의 원리에 부합하지 않는 메커니즘의 소산이라는 점이다. 주지하다시피, 『월든』은 봄에서 시작하여 여름, 가을, 겨울을 거쳐 다시 봄을 맞이하며 결말을 맺는 계절적 순환 구조, 그리고 겨울잠에서 막 깨어난 뱀(28)에서부터 수 십 년 식탁에 갇혀 있다가 재생한 곤충(222-23)에 이르기까지 수많은 생명의 탄생-성장-죽음-재생의 과정을 다루는 생명의 순환 구조 등 자연의 순환 원리에 기반하고 있는 텍스트이다. 이처럼 자연의 순환 메커니즘이 『월든』 텍스트 전체를 지배하는 핵심원리인 반면, 석탄을 부어주는 한, 어떠한 변화도 없이 끊임없이 작동하는 기관차의 메커니즘은 순환적으로 작동하는 자연의 원리에 정면으로 배치되는 인위적 작동원리를 단적으로 대변하는 셈이다.

끊임없이 지속되는 기관차의 반복운동에서 산출되는 막대한 위력은 당연히 세상에 엄청난 변화를 불러일으키게 마련이지만, 이 변화가 자연의 원리에 역행하는 인위적 작동원리에서 발원한다는 점에서 자연의 순리에 부합하는 조화로운 결과를 맺을 가능성은 그 만큼 희박 하게 될 것이다. 계곡을 메우고 언덕을 깎아 평평하게 만든 다음 그 위에 철로를 올려놓을 침목(sleepers)을 깔지만, 침목은 마치 몽유병에 걸린 사람처럼 수시로 제자리를 박차고 일어나 기차의 운행을 막게 된다. 침목을 처음 놓을 때나 올라온 침목을 제자리로 돌려보내야할 때마다 수많은 인부들의 손길이 필요하게 된다. 따라서 "우리가 철로 위를 달리는 것이 아니라 철로가 우리 위를 달리는 것"(62)이라고 할 수 있다. 즉 기차는 침목 위를 달릴 뿐 아니라, 그 아래의 수많은 '잠자는 사람들'(sleepers) 위를 달리고 있는 셈이다.

수많은 사람들의 희생으로 건설된 철도는 막강한 운반력을 가능케 함으로써 대규모 벌목의 토대를 마련하게 된다. 철의 사용 이전까지 연료를 위해서든 가구를 위해서든 나무가 인간생활의 주된 에너지원이었지만, 인근 지역의 에너지원으로만 사용되었다면 벌목 자체는 커다란 문제가 되지 않았을 것이다. 문제는 기차를 통해 대규모 운반이 가능해져 그 지역만이 아니라 철도가 닿는 어떤 지역을 위해서라도 벌목이 자행되기 시작했다는 점이다. 결국 "악마 같은 철마"(129) 때문에 빽빽한 숲들이 점점 사라지게 되었던 것이다.

따라서 기본적인 삶을 영위하는데 필요한 "진정한 필수품" 이상의 편의를 도모하려는 "사치품들"은 "삶의 본질적 사실들"을 만나는데 불필요할 뿐 아니라 커다란 방해가 되기도 한다. 호사와 기호를 만족시키는 "사치품"과의 교환을 위해 자신이 직접 먹을 양 이상의 농작물을 경작하게 되면 스스로 하는 삽질만으로 부족하게 되어 소를 외양간에 가두고 그것의 힘을 농사에 이용하지 않을 수 없게 된다. 자연 상태에서는 스스로 자신의 먹이를 찾았을 소를 외양간에 가두는 순간, 그에게 먹이를 제공해야할 의무가 생기게 된다. 말하자면, 농사에 이용하기 위해 소를 외양간에 가두게 되자마자 소의 여물을 만들기 위해 건초를 마련해야 하는 고된 작업에 묶이게 되는 셈이다. 결국, 외면적으로는 사람이 소의 고삐를 잡고 있지만, "가축이 사람보다 더 자유롭고... 사람이 가축의 주인이 아니라 가축이 사람의 주인인 셈"(38)이라고 할 수 있다.

사람이 가축에 묶이는 "고행"을 자초했던 것은 자신에게 필요한 "필수품" 이상의 작물을 경작하여 "사치품"으로 "교환거래"하려 했기 때문이었다. 자족적 필요를 넘어서는 대규모 농업의 폐해를 실감나게 보여주는 인근 플린트 농장에 관한 다음 대목은 "교환거래와 관련되는 모든 것"이 피해갈 수 없는 "저주"(47)를 환기시킨다.

> 나는 그[플린트]의 노동을, 모든 것에 가격이 매겨져 있는 그의 농장을 높이 평가하지 않는다. 조금이라도 얻을 수 있다면, 그는 경치라도, 아니 그의 하느님이라도 시장에 내다 팔려 할 것이다. 사실 그는 하느님을 만나러 시장에 가는 셈이다. 그의 농장에는 공짜로 자라는 것은 아무 것도 없다. 그의 밭에서는 곡물이 아니라 돈이 자라나고, 그의 초원에서도 꽃이 아니라 돈이 피어나고, 그의 나무에서도 과일이 아니라 돈이 열린다. 그는 과일의 아름다움을 사랑하지 않으며, 그의 과일은 돈으로 교환거래 되고 나서야 익은 것이 된다.

> I respect not his labors, his farm where every thing has its price; who would carry the landscape, who would carry his God, to market, if he could get any thing for him; who goes to market for his god as it is; on whose farm nothing grows free, whose fields bear no crops, whose meadows no flowers, whose trees no fruits, but dollars; who loves not the beauty of his fruits, whose fruits are not ripe for him until they are

turned to dollars. (132)

곡물, 꽃, 과일, 심지어 경치나 하느님 그 어느 것도 교환거래를 위해 시장으로 보내지는 한, 그것의 "가장 본질적인 특성들을 잃어"(Gilmore 111) 버리게 되는 "저주"에서 자유로울 수 없게 되는 셈이다.

산딸기가 장사꾼의 수레에 실려 시장으로 옮겨지는 순간, "그것의 진짜 맛... 본질적 부분"(116-17)이 소실되고 마는 것도 "교환거래와 관련되는 모든 것들"에 "저주"가 개입될 수밖에 없는 과정의 일환이라고 할 때, 소로우가 "일체의 교환거래와 물물교환을 피하면서"(43) "자본도 없이"(14) 시작하는 새로운 "사업"은, 한때 머릿속으로 상상했던, 산딸기를 따다가 "약간의 이익"(47)을 붙여 되파는 "사업"과는 달리, 산딸기의 진가가 음미될 수 있도록 "삶의 본질적 사실들"을 찾아 나서는 일이 될 것이다. 월든 숲 속에서 몸소 구현하는 이 "사업"을 통해 소로우는 얼마나 적은 "필수품"만으로도 얼마나 뜻깊은 삶의 진면목이 경험될 수 있는지를 실천적으로 제시한다.

특히, 월든 숲 통나무집을 짓는데 소요된 총 경비 28달러 12.5센트의 여러 항목들을 상세하게 기록해 놓은 내역서(33)는 얼마나 적은 지출만으로도 실제로 거주할 집이 마련될 수 있을지를 구체적으로 보여준다. 이 집은 비전문가인 자신의 손으로 직접 만든 초라한 오두막이긴 하지만, 아니 바로 그렇게 때문에, 회반죽으로 외부와 철저한 단절된 여느 집과는 달리 새벽의 여신이 옷자락을 끌며 기꺼이 방문할 수 있는 신비스러운 공간이 된다. "사치품"에 얽매이지 않으려는 "자발적 가난"(9)에 의해서 대지의 기운과 교감하는 신비한 새벽의 경험이 가능하게 되는 셈이다.

이러한 새벽의 경험은 정신적인 새벽, 즉 문명의 폐해와 껍데기를 뚫고 자연으로부터 삶의 본질을 찾아 나서기 위한 각성의 중요성에 대한 인식(60-1)으로 이어진다. 산업 문명과 시장경제 체제의 진척으로 비본질적 "걱정과 근심"이 실체를 대체하기 시작한 당대 사회의 한 복판에서 "삶의 본질적 사실들"을 직면하려는 소로우의 뜻 깊은 모험은 바로 이러한 인식의 소산이다. "삶의 본질적 사실들"을 만나기 위한 월든 숲의 실험을 통해 소로우는 문명을 떠나 숲 속에 기거하며 자연을 세밀하게 관찰할 뿐 아니라, 인간과 교감하는 살아있는 자연을 경험한다. 소로우의 숲 속 생활은 인간 사회와는 절연된 "고독"(87)의 시간이었지만, 우리에게 무한히 지속되는 건강과 활기를 가져다 줄뿐 아니라, 우리가 슬플 때는 함께 한숨짓고, 눈물 흘리고, 상복을 입는 순수하고 자애로운 자연과 동행하는 "공감"의 시간이기도 하였다(93).

숲 속 생활 내내 자연과의 공감과 교류가 지속、확대됨에 따라 소로우는 마침내 “나 자신의 일부가 바로 잎사귀, 그리고 그것을 키우는 부식토가 아니겠는가?”(63) 라고 반문하며 대지와의 일체감을 확인하게 된다. 또한, 자신의 어깨에 내려앉은 참새가 어떠한 훈장보다도 더 영광스럽다는(184) 천명은 자아를 내세워 성공을 달성하려는 세속적 욕망의 포기 선언이나 다름없다(신문수 177 참조). 인간과 자연이라는 인위적 이분법 대신, 자연의 품안에서 잎사귀 그리고 부식토와 하나가 되고, 인간이 만든 훈장보다 자연 속의 참새에 더 큰 친밀감을 느끼는 이러한 지점은 편협한 인간중심주의를 버림으로써 “본질적” 생명원리에 다가가는 “포기의 미학”(Buell 143)을 효과적으로 대변하고 있다. 뷰얼이 지적하고 있듯이, 『월든』에서 자아를 지칭하는 “I”의 사용이 점차 줄어든다는 점은 이 텍스트가 자아주장과 인간중심으로부터 그것들의 “포기”를 거치며 생태중심 자연관으로 확대되고 있음을 실증적으로 보여준다.[3] 인간중심적 자아를 “포기”함으로써, “삶의 본질적 사실들”을 망각하게 하는 문명의 껍데기에서 벗어나 대자연의 품에서 대지와의 일체감을 확인하게 되는 이러한 과정이야말로 『월든』에서 이루어진 가장 값진 성취 중의 하나임에 틀림없다.

---

3) 『월든』의 1장과 2장에 “I”는 페이지 당 평균 6.6회 등장하지만, 3,4,5,6,7,8장에서는 페이지 당 평균 5.5회 등장하고, 9,10,11,12,13장에서는 평균 5.2회, 14,15,16,17,18장에서는 평균 3.6회 등장한다(Buell, 122).

II

소로우는 많은 생태비평 연구가들에 의해 모든 생태사상이 발원된 원천이자 빛나는 생태적 비전을 구현하는 미국 생태비평의 '수호성인'으로 받아들여지고 있다. 특히 그의 대표작 『월든』은 생태비평이 운위되는 자리에서는 거의 항상 포함되게 마련인 논의의 기준점으로 이해되고 있는 듯하다.

소로우가 처음부터 일급 작가로서의 명성을 누렸던 것은 아니다. 생전에는 거의 에머슨(Ralph Waldo Emerson)의 문하생 정도로밖에는 알려져 있지 않았을 뿐 아니라, 몇몇 문인들과 출판사에 의해 조명되기 시작한 이후에도 적어도 20세기 초까지는 미국문학의 주요 작가의 반열에 끼이지 못했다.

사실상 무명 작가였던 소로우가 일반인에게 얼마간 알려지기 시작한 것은 휴튼 미플린(Houghton, Mifflin) 출판사의 '판매 전략'에 의해 그의 자연 작가로서의 면모가 부각되기 시작하면서부터였다. 그러나 『월든』이 5년간 2천권도 채 팔리지 않았다는 점에서도 알 수 있듯이, 휴튼 미플린의 전략이 경제적 성공으로 이어진 것은 아니었다. 사실, 소로우가 휴튼 미플린 등에 의해 급격히 부상하게 되었던 것은 그의 상업적 투자가치가 새롭게 입증되었기 때문이라기보다는 브리스 페리(Bliss Perry), 블레이크(H, G,

O. Blake) 등 자연 작가로서의 소로우의 긴가를 알아보고 그것을 널리 알리고자 했던 적극적인 소로우 추종자들의 오랜 역할이 결실을 맺게 되었기 때문이라고 할 수 있다. 이러한 노력의 결과 소로우의 진면목이 제대로 평가되는 계기가 마련됨으로써 핸리 롱펠로우(Henry Wadsworth Longfellow), 제임스 로웰(James Russell Lowell), 올리버 홈즈(Oliver Wendell Holmes), 죤 휘티어(John Greenleaf Whittier) 등의 기존 작가보다 소로우를 더 적극적으로 조명할 수 있는 가능성이 제기되기에 이르렀다.4)

이처럼 자연 작가로서의 면모가 부각되면서 소로우가 재평가되기 시작했지만, dl Eo 까지만 해도 그가 차지하는 미국문학 내의 실제 위상이 기존 작가를 능가했다고는 말할 수 없다. 소로우의 미약한 판매부수에 비해, 롱펠로우가 수 십만, 에머슨의 경우도 수 만 권의 판매부수를 기록했다는 점은 당시 미국문학의 주류가 어디에 있었는지를 시사해준다. 소로우가 본격적으로 미국문학의 주류 작가에 포함되기 시작했던 것은 역설적이게도 소로우를 '자

4) 이처럼 소로우가 적극적으로 평가되기 시작함으로써, 호쏜(Nathaniel Hawthorne), 에머슨, 롱펠로우, 로웰, 홈즈, 휘티어 등으로 구성되어 있던 당시의 미국문학 정전이 새로운 방향으로 재조정되는 계기가 마련되었다. 즉, 이후의 미국문학은 호쏜, 에머슨을 포함하되 소로우를 위하여 휘트먼(Walt Whitman), 마크 트웨인(Mark Twain) 등을 논의의 전면으로 부각시키는 새로운 정전의 형성으로 성큼 다가서게 된다(Buell 343-45).

연 작가' 이상으로 평가할 수 있는 단초가 마련된 이후이다.

계절의 변화에 정신적 각성의 관계를 중심으로 『월든』의 은유적 구조를 밝혀내고 텍스트를 구성하는 아름다운 표현과 수려한 문장에서 높은 예술성을 읽어낸 메씨슨(F. O. Matthiessen)등에 의해 소로우 작품에 함축되어 있는 미학적 가치와 예술성이 밝혀짐에 따라 소로우는 더 이상 자연친화적인 소박한 작가로 그치지 않고 복합적 미학을 구현하는 심미적 예술가로 이해되기에 이른다. 또한, 당대 산업 사회 체제의 제한성을 비판하는 급진적 사회 개혁가로서의 소로우를 읽어 낸 버넌 패링턴(Vernon L. Parrionton) 등의 새로운 해석에 의해 소로우를 자연에 둘러싸여 자연의 아름다움을 노래하는 음유 시인이라기보다는 산업 문명의 근원적 모순에 실천적으로 저항하는 사회개혁가로 새롭게 조망할 수 있는 길이 열리게 된다. 이처럼 단순한 자연 작가를 넘어 심미적 예술가나 실천적 사회개혁가 등으로 폭 넓게 평가될 수 있게 됨에 따라 소로우는 복합적 미학과 사회성을 요구하는 당대 미국문학 정전의 주류에 편입되기에 이르며, 그 결과 에머슨 추종자 정도의 소극적 평가에서 벗어나 에머슨과 비견되는 미국문학의 대표적인 주요 작가로 발돋움하게 된다.

이렇듯 '자연'이상의 복합적 면모가 발견됨으로써 소로우가 에머슨과 동급의 주류 작가로 이해될 수 있었지만, 소로우를 에머슨을 능가하는 아니 미국 문학상의 여느 작가보다 탁월한 빛나는 비전을 구현하는 작가로 받아들일 수 있게 되었던 것은 오히려 문학생태학의 부상과 함께 소로우 텍스트의 자연의 의미와 자연 작가로서의 '녹색의 소로우'가 새롭게 재조명된 이후라고 하겠다. 비자연에서 자연 자체로 강조점이 변화되는 추이를 생생하게 보여주는 전형적인 예로 조셉 크러치(Josheph Wood Krutch)를 들 수 있다. 크러치는 자연과의 유대가 소로우를 지탱시키는 근원적 힘임을 간파하면서도 줄곧 예술가, 사상가로서의 소로우를 부각시킴으로써 자연이 그 자체로 목적이 될 수 없음을 강하게 시사한다. 그러나 『위대한 미국 자연 글쓰기』(Great American Nature Writing, 1950)를 편찬 할 무렵의 크러치는 이미 소로우에서 자연세계와의 일체감과 인간중심주의 비판을 읽어냄으로써 인위적 목적을 위해 봉사하는 자연 대신 그 자체로 온전한 살아 있는 자연을 찾아내기 시작한다(Buell 361-64). 이러한 크러치의 변화는 이후 문학생태학의 강력한 부상과 함께 소로우 비평에 형성된 새로운 조류를 상징적으로 보여주고 있는 셈이다.

소로우에 대한 문학생태학적 접근은 소로우 비평의 궤적 내에서도 비교적 뒤늦게 이루어졌는데, 그 중에서도 소로우를 환경보전운동과 생태사상의 시조로 파악함으로써 소로우 비평과 문학생태학을 직접 연결시킬 수 있는 근거를 제시했던 로드릭 내쉬

(Roderick Nash)의 『자연의 권리』(The Rights of Nature: A History of Environmental Ethics)와 도널드 워스트(Donald Worster)의 『자연의 경제』(Nature's Economy)는 특히 주목할 만하다. 또한 미국문학내의 목가전통을 개관하면서 소로우의 자연을 깊이 있게 고찰하고 있는 리오 막스(Leo Marx)의 『정원 속의 기계』도 소로우에 대한 탁월한 연구를 포함하고 있다고 평가될 수 있다. 그러나 막스는 소로우의 저항적 실천을 목가주의 그 자체라기보다는 사회경제적 맥락에서 이해하고 있다는 점에서 소로우의 목가주의로 급진적 황야의 윤리로 연결시키는 맥스 오울슈레이거(Max Oelschlaeger)의 연구(The Idea of Wilderness: From Prehistory to the Age of Ecology)와 대조를 이룬다. 오울슈레이거의 논의에 따르자면, 소로우의 자연은 더 이상 관념의 대상이 아니며 따라서 그의 사회개혁적 관심은 그가 실천으로 보여주는 자연에 대한 헌신과 분리될 수 없는 것이 된다. 인간 사회의 배경 대신 자연 자체의 독자성을 강조하는 오울슈레이거의 이러한 입장은 이후 미국 문학과 환경학회를 중심으로 확립된 주도적 생태비평의 원리에 매우 가깝다.

미국 문학과 환경학회(ASLE)의 설립(1992년)은 지금까지 다양한 형태로 지속되어 온 문학과 환경 관련 연구가 문학생태학이라는 하나의 이름으로 공식화되고, 이전까지 여러 측면에서 생태학적 젖근 가능성을 타진하던 움직임들이 하나의 축을 중심으로 구체적인 결실을 맺기 시작하는 계기가 되었다. 이 학회 설립 이후 학회의 핵심 연구가들에 의해 편집된 『생태비평논집: 문학생태학의 이정표』(*The Ecocriticism Reader: Landmarks in Literary Ecology, 1996년*)는 문학생태학의 지금까지의 발전 과정뿐 아니라 앞으로의 방향을 제시하고 있다는 점에서 제목 그대로'문학생태학의 이정표'라고 할만하다. 이처럼 문학과 환경학회의 설립과『생태비평논집의 발간 이후 확립되기 시작한 문학생태학은 '인간중심주의'의 제한성을 비판하며 자연의 생명 원리를 포괄하는 폭넓은 '생태의식'의 필요성을 강조하는 방향으로 진전되기에 이른다. 특히, 생태비평논집에 의해 문학생태학에 관한 가장 영향력 있는 논문으로 평가되고 있는(xxx) 그렌 러브(Glen Love)의 논의는 자연에서 실제로 작동하고 있는 복잡한 생명의 원리를 사상하여 그것을 인간 행위의 배경으로 전락시키는 "편협한 인간중심주의"를 비판하며 제한적인 "자아의식"에서 보다 폭넓은 "생태의식"으로 진전될 필요성을 역설하고 있는데(229), 이러한 입장은 쉐럴 그랏펠티(Cheryll Glotfelty)나 닐 에번든(Neil Evernden) 등이 논문집에 기고한 다른 학자들에 의해서 반복되고 있을 뿐 아니라, 『대지 읽기: 문학과 환경 연구의 새로운 방향』(Reading the Earth: New Directions on the Study of Literature and Environment)

등 『생태비평논집』 이후에 출판된 연구서와 논문집에서도 큰 윤곽이 바뀌지 않은 채 지속되고 있다.[5)]

'반인간중심주의'와 '생태의식'이 문학생태학의 중심'이론'으로 강조됨에 따라 문학생태학이 다루는 '실제'작품 분석 역시 자연을 배경과 주제로 삼는 '자연 글쓰기'장르에 치중하게 된다. 반인간중심주의와 생태의식에 대한 집중적인 조명은 인간 세계를 벗어나 자연을 주된 대상으로 삼는 '자연 글쓰기'장르의 부상으로 자연스럽게 연결되게 마련이기 때문이다. 실제로, 생태비평논집에서는 논문집 전체를 통해 '자연 글쓰기'에 대한 언급이 자주 발견될 뿐 아니라 특히 후반부의 논문들은 전적으로 소로우를 위시한 '자

---

5) 『대지 읽기』는 전체적으로 문학과 자연, 인간과 비인간의 불가분의 관계를 지적하며 인간적 세계관에서 모든 생명과 무생물체를 포함하는 생태학적 세계관으로, 즉 자아-비평(ego-criticism)에서 생태-비평(eco-criticism)으로 변화될 필요성을 역설하고 있다는 점에서 『생태비평논집』의 논지를 계승, 발전시키고 있다고 할 수 있다. 『대지 읽기』 이듬해에 출간된 『야생동물과 가축』(*The Wild and the Domestic: Animal Representation, Ecocriticism, and Western American Literature*)의 경우도 주로 자연 글쓰기 작가를 논의의 대상으로 삼아 야생동물에서 가축성, 가축에서 야생성을 읽어 내며 야생동물과 가축을 인위적으로 구분하는 편협한 인간중심주의를 비판하고 있다. 또한, '생태비평의 새로운 논문들'이라는 부제를 달고 있는 『자연의 기호 아래에서 읽기』(*Reading Under the Signs of Nature*)라는 논문집도 생태비평을 미국 주류 작가에서 변두리 작가 특히 인종적-문화적 타자로 확대할 것을 제안하고는 있으나, "자연 글쓰기" "황야" "심층생태학"등 『생태비평논집』의 주요어들이 여전히 이 연구서 전체를 관류하는 핵심어로 남아 있다는 점에서 적용대상이 넓어졌다고는 해도 기본적인 비평원리는 이전과 크게 다르지 않다고 할 수 있다.

연 글쓰기' 작가에게 바쳐져 있다. 또 3년 후에 출간된 『문학과 환경』(Literature and the Environment: A Reader on Nature and Culture)이라는 앤쏠로지에서는 기존 작가에 대한 새로운 생태학적 접근이 포함되어 있기도 하지만, '자연 글쓰기' 작가들의 경우는 거의 빠짐없이 수록됨으로써 문학생태학에서 '자연 글쓰기' 작가들이 차지하는 비중을 확인시켜 주고 있다.

이처럼 '자연 글쓰기'장르가 문학생태학의 주된 양식으로 굳어짐에 따라, 자연 속에서 기거하며 체득한 생태학적 비전을 자신이 확립한 '자연 글쓰기'장르에 담았던 소로우가 문학생태학의 '수호성인'으로 이해되는 것은 당연한 귀결일지 모른다. 실제로 로런스 뷰얼(Lawrence Buell)은 문학생태학의 관점에서 소로우의 전 작품을 깊이 있게 다루고 있는 그의 대표적 연구서인 『환경적 상상력』(The Environmental Imagination: Thoreau, Nature Writing, and the Formation of American Culture)에서 "자연 글쓰기의 시조"인 소로우를 문학생태학의 전범이자 시원으로 부각시키고 있다.[6] 이렇듯 기왕의 연구서와 논문들은 연구방향과 세부적 논의

---

6) 그 밖의 많은 문학생태학 연구서나 앤솔로지도 한 결 같이 소로우를 비중 있게 다루고 있으며 생태비평 관련된 논문집들도 거의 예외 없이 '녹색의 소로우'를 조명하는 다수의 논문들을 포함하고 있다. 예컨대, 문학생태학의 범주에 아도르노(Theodor W. Adorno), 하이데거(Martin Heidegger), 료따르(Jean-Francois Lyotard) 등도 포함시키고 있는 『녹색 연구 모음집』(*Green*

의 차이에도 불고하고 대체로 소로우를 실제로 자연에 기거하며 자연을 그의 작품 속에 생생하게 담았던 탁월한 자연 작가로 파악하며 소로우에서 여느 작가를 능가하는 빛나는 통찰과 비전이 발견될 수 있는 것도 바로 이러한 자연적 면모 때문이라는 입장을 견지하고 있다.

확실히 소로우는 자연을 그 자체라기보다는 인간 정신의 상징으로 파악하는 에머슨과 달리, 구체적인 자연에 기거하며 인간 정신의 밖에 존재하는 살아있는 자연을 만나 그것을 그의 '자연 글쓰기'로 기록했다고 할 수 있다. 특히 『월든』은 2년 이상 그 속에서 살며 직접 관찰하고 확인한 월든이라는 자연에 대한 구체적인 기록인 셈이다. 『월든』이 '자연의 실체를 파악하려는 프로젝트'로 이해될 수 있는 것도 이러한 맥락에서이다.

이런 점에서, 『월든』은 "중간 매개 없이 실체를 직접 표현하는 언어"(Oelschlaeger 156)로 살아 있는 자연을 구체적으로 담아내려는 시도로 이해될 수 있다. 2년 이상 그 속에서 살며 직접 관찰하고 확인한 월든이라는 자연의 실체를 구체적으로 파악하려는 프로젝트라고 할 수 있을 『월든』에는 '있는 그대로'의 자연의 전

Studies Reader: From Romanticism to Ecocriticism)의 경우조차 소로우 자신의 글과 소로우에 관한 논문을 모두 수록하고 있는 등 소로우가 여전히 논의의 중심으로 남아 있음을 발견할 수 있다.

모를 드러내려는 세밀한 관찰과 정확한 묘사로 가득 차 있다. 월든 호수의 모양, 깊이, 색깔, 수온, 결빙, 수초 그리고 그 둘레에 서식하는 갖가지 나무와 동물에 대한 객관적이고 과학적인 묘사는 마치 살아 있는 것처럼 월든 호수의 면모를 우리 앞에 생생하게 부각시키기에 부족함이 없다. 이처럼 자연을 '있는 그대로'의 객관적 실물로 묘사할 수 있다는 것은 인간적 개입에 의해 굴절되지 않는 자연 그 자체의 존재를 상정하는 셈이 된다. 인간세계를 떠나 숲 속에서 지내기 시작하면서 소로우는 자신이 "자연과 연결되어"(118) 있음을 점점 깊이 인식하게 되어 동물과 대화를 나눌 정도로 자연과 가까워지게 되며, 결국 자연의 여러 동물들이 대지의 진정한 주인일 수 있다는(187) 자각으로까지 발전하게 된다.

확실히, 『월든』은 소로우 자신이 인간 사회를 떠나 2년 이상 월든 호수라는 구체적인 자연에 실제로 거주하며 나름대로의 원리와 질서로 움직이는 살아 있는 자연을 실체로서 직접 만나 그것을 생생하게 기록하려는 노력의 산물로 평가 될 소지가 충분하다. 그러나 소로우가 관찰하고 경험한 월든이 '월든' 그 자체의 전모인지에 대해서는 쉽게 단정할 수 없다. 사실, 자연 그 자체는 너무도 광범위하고 유동적이어서 인간에게 허용되어 있는 것은 각자가 바라보는 자연일 뿐 자연의 전모는 아닐지 모른다. 즉 인간적 개입에 의한 굴절이 허용되기 이전의 자연이란 관념의 세계에만 존재할 뿐, 우리가 자연을 바라볼 때 그것은 어느새 자연 그 자체는 아니며 우리의 관점이 투사되어 형성된, 그런 의미에서 이미 '인위화된' 자연인 셈이기 때문이다. 즉 인간에게 허용된 자연은 그 자체가 아니라 그것의 인위화된 변형일 뿐이라고 해야할지 모른다.

예컨대 콩밭 일을 하며 괭이질하는 자신과 괭이질 당하는 콩 사이의 거리를 잊은 채 대지와의 교감을 확신할 때(112) 이러한 자각과 확신이 아무리 강렬하다할지라도 그것은 어디까지나 인간 소로우의 내면에서 바로 그 순간에 이루어진 자연에 대한 주관적 인식의 일환이지 자연 그 자체에 대한 완벽히 객관적이고 총체적인 이해라고는 말 할 수 없다. 소로우가 아닌 수많은 사람들의 관점에 의해 파악된 또 다른 수많은 자연이 있게 마련이며, 심지어 소로우가 바라보는 자연도 늘 일정한 한 가지 모습이 아니라 때와 장소에 따라 수시로 달라질 수 있기 때문이다.

설혹 소로우가 자연의 실체를 대면했다고 해도, 『월든』에 담겨 있는 자연이 여전히 '인위화된' 자연일 수밖에 없는 것은 그가 만났던 자연을 제한된 인간의 언어에 의지해 표현할 수밖에 없었기 때문이다(Meisner 12). 소로우는 자연이 자신의 언어가 되어 줄 것으로 믿으며 관습적 의미가 제거된 '숲과 들판의 언어'로 '있는 그대로'의 자연을 포착하려 했던 것이 사실이다. 그러나 인간이 자연의 실체를 기록하기 위해 사용하는 매체가 인간에게 허용된 언어 이상일 수 없으며 따라서 자연은 단지 인간 언어에 의해서만 추적될 수 있을 뿐이라고 할 때, 언어와 그것의 은유 작용이 인간과 자연이 만날 수 있는 유일한 방식이 되는 셈이다.

『월든』 텍스트는 실제로 온갖 은유로 가득 차 있다. 「소리」 장에서 새들이 내는 '자연의 소리'가 시인이나 동반 자살한 연인이 부르는 노래, 또는 세레나데 등의 '인간의 소리'로 은유되고 있으며, 무엇보다 『월든』의 중심 배경인 월든 호수 자체가 인간의 심오한 정신세계로 비유되고 있다. 더욱이나, 작품 전편에 걸쳐 수시로 도입되는 고전의 인유는 인위를 벗어난 자연의 세계를 지향하면서도 실제로는 언어와 은유의 영역으로 수렴되는 『월든』 텍스트의 특성을 단적으로 대변한다. 사실, 리오 막스(Leo Marx)가 지적하고 있듯이, 소로우가 월든을 떠날 때는 자연만 떠난 것이 아니라 그것을 형상화할 수 있는 언어와 은유의 세계도 떠난 것이 된다(264). 자연은 언어와 은유화에 의해서만 추적될 수 있는 것이기 때문에 자연을 떠난다는 것은 언어와 은유의 세계도 떠나는 것을 의미하게 되며, 반대로 언어와 은유화를 포기할 때는 그것이 담당할 자연의 형상화도 마찬가지로 포기될 수밖에 없는 것이 된다.

이런 점에서, 『월든』에서 실제로 행해진 프로젝트는 자연 그 자체를 기록하는 것이라기보다는 그것을 인간 언어로 번역하는(또는 언어를 통해 은유화 하는) 일이었다고 할 수 있다. 결국, 『월든』 텍스트는 인위의 영역을 벗어나 자연을 객관적으로 제시하는 공간이 아니라 인간 언어로 자연의 실체를 찾아가는 궤적으로 이해되어야 할 것이며, 이 텍스트에서 소로우가 성취한 의미 역시 인간중심을 완전히 불식시키는 자연 그 자체를 만났다는 것이라기보다는 그것을 만나기 위해 정직하고 지난한 탐색을 멈추지 않았다는 점으로 받아들여져야 할 것이다. 이렇듯, 『월든』이 자연 그 자체에 대한 한 치의 어김없는 기록이라기보다는 제한된 언어로 그것을 향해 끈질기게 추적한 결과물, 즉 인위(문화)에 의존할 수밖에 없지만 인위의 밖(자연)을 향한 지난한 추적을 멈추지 않는 역동적 공간으로 이해될 수 있다면, 이러한 인위와 자연의 역동적 관계야말로 사냥 문제에 대한 소로우의 탐구가 표면적 상이성에도 불구하고 본능/자연의 원리와 성숙/절제의 미덕을 '있는 그대로' 받아들이며 양자를 동일한 차원에서 의미 있게 포착할 수 있었던 토대라고 할 수 있다.

III

『월든』의 「보다 높은 법칙」("Higher Laws") 장에는 사냥의 문제에 관한 소로우의 탐색이 잘 드러나 있다. 「보다 높은 법칙」 장에서 소로우는 인류가 수렵단계를 거쳐 현재의 문명단계에 이르렀듯이, 한 개인으로 볼 때도 사냥꾼이었던 젊은 시절 이후에는 '보다 높은 법칙'에 의한 성숙을 이루어 사냥의 단계에서 벗어나야 한다고 주장하고 있다. 사냥은 젊은 시절 자연으로 입문하도록 도와주는 효과적인 매체지만, 더 높은 삶의 발아를 지닌 사람이라면 시간이 지날수록 사냥꾼-낚시꾼에서 시인-자연주의자로 발전하게 마련이라는 것이다. '보다 높은' 단계로 성숙하기 위해서는 다른 생명체를 살해하려는 '저급한' 본능이 억제되어야하는 셈이며, 따라서 사냥에 의한 생명약탈은 자신 내부의 동물성을 억제, 정화하지 못한 천박스러운 행위에 불과하게 된다. 그리하여 성숙한 관점에서 조망한다면 사냥당하는 토끼와 울음 우는 아이가 본질적으로 다르지 않다는 것이 소로우의 견해이다. 사냥당하는 토끼는 울음 우는 아이와 사실상 '동일한 생명보유권'을 가지고 있기 때문에 토끼 사냥은 살인과 마찬가지의 잔인한 살상행위로 이해될 수밖에 없다는 것이다(142). 소로우는 사냥에 함축되어 있는 이러한 잔인성에도 불구하고 대부분의 사람들은 실질적인 '성숙'을 이루지 못하고 다른 생명체의 생명을 빼앗는 행위를 오락으로 삼고 있다고 경고하고 있다. 예컨대 자신을 제외한다면 월든 호수에 모인 사람들 대부분이 '보다 높은' 단계에 이르지 못한 채 낚시로 소일하고 있다는 것이다.

사냥과 관련되는 섭생의 문제 역시 「보다 높은 법칙」 장에서 진지하게 검토된다. 신체, 몸 뿐 아니라 상상력과 정신도 채울 수 있는 음식이 필요한데, 간단하고 깨끗한 음식이야말로 상상력과 정신을 채워 주는 식사인 반면, 지나친 양념이나 육류와 지방질 음식은 상상력이나 정신과 조화를 이루기 힘들기 때문에 양념이 과하거나 기름기 많은 요리는 독이 될 수 있다는 것이다. 맑은 정신을 유지하기 위해, 음식뿐 아니라, 술, 커피, 차 등을 마시지 말 것을 권하기도 한다. 술, 커피, 차 대신 물만 마시는 것은 아편을 하는 대신 맑은 정신을 유지하고 싶어 하는 것과 같은 이유라는 것이다. 심한 노동을 피해야 하는 이유도 노동을 심하게 하면 거친 음식과 음료를 원하게 마련이기 때문이라는 것이 소로우의 설명이다.

동물을 잡아 그것을 먹으며 살아가는 것은 비참한 일이라고 소로우는 일갈한다. 식인종이 문명과 접촉하면서 식인을 그만두듯이 다른 동물을 먹는 것을 그만두는 것이 인류 역사 진보의 한 부분이라는 것이다. 소로우에 따르면, 설혹 대세가 아닐지라도 내면의 소리에 귀 기울인다면 그의 길이 거기에 놓여 있을 수 있는데, 그 이유는 이것이 설혹 몸의 허약으로 이끌지 몰라도 더 높은 법칙에 일치하는 삶이기 때문이다. 그럴 때 삶이 더 진한 꽃향기를 내뿜게 될 것이고 더 빛을 발하게 될 것이며, 모든 자연이 우리를 경축할 것이다. 최고의 가치는 쉽게 감정될 수 없듯이 최고의 리얼리티 역시 그러하다. 일상생활의 진정한 수확은 새벽과 황혼의 색조처럼, 별가루나 무지개처럼 포착될 수 없듯이, 가장 놀랄만하고 가장 리얼한 것은 결코 인간끼리 소통되지 못한다.

이렇듯 『월든』에서 사냥에 내포되어 있는 미성숙이 강조되고 있는 것이 사실이지만, 이와 동시에 자연의 원리가 온전히 작동되는 황야에서는 사냥이 그 자연의 원리에 부합하는 자연스러운 행위이며 일 수 있음이 시사되어 있기도 하다.

> …나는 선 못지않게 야성을 사랑한다. 고기잡이에 내포되어 있는 야성과 모험 때문에 나는 여전히 고기잡이에 끌린다. 가끔씩 나는 삶의 거친 끌림에 이끌려 동물처럼 하루하루를 보내고 싶은 욕망을 느낀다. 어렸을 때 자연과 친하게 되었던 것은 고기잡이와 사냥 때문이었던 것 같다. 고기잡이와 사냥은 그렇지 않았다면 별 달리 가까운 관계를 맺지 못했을 자연 경관을 어린 시절 우리에게 소개해주고 머물게 해준다. 들과 숲에서 살아가기 때문에 어떤 의미에서는 그들 자신이 자연의 일부인 어부,

사냥꾼, 나무꾼 등은 그들의 일을 하는 과정에 있어서, 어떤 기대를 가지고 자연에 접근하는 철학자나 시인보다도, 자연을 관찰하는 데 더 유리한 상황에 놓인다. 자연은 이들에게 자신의 모습을 드러내기 두려워하지 않는다.

...I love the wild not less than the good. The wildness and adventure that are in fishing still recommended it to me. I lie sometimes to take rank hold on life and spend my day more as the animals do. Perhaps I have owed to this employment and to hunting, when quite young, my closest acquaintance with Nature. They early introduce us to and detain us in scenery with which otherwise, at that age, we should have little acquaintance. Fishermen, hunters, wood-choppers, and others, spending their lives in the fields and woods, in a peculiar sense a part of Nature themselves, are often in a more favorable mood for observing her, in the intervals of their pursuits, than philosophers or poets even, who approach her with expectation. She is not afraid to exhibit herself to them. (Thoreau, Walden 140-141)

사냥꾼과 낚시꾼이 "자연의 일부"(141)라는 것은 이들이 수행하는 사냥과 고기잡이가 자연의 원리를 스스로 체득하는 자연과의 교감 행위일 수 있음을 보여준다. 자연을 기대하는 시인이나 철학자보다 그것을 직접 경험하는 사냥꾼과 어부가 자연에 더 가까운 것은 바로 이러한 이유 때문이다. "가장 좋은 친구"(141) 관계인 사냥꾼과 사냥감이 자연의 원리가 살아 숨 쉬는 황야에서 행하는 사냥이 소로우가 받은 "교육의 가장 값진 부분"(142)이며 "그것을 대체할 동등한 가치가 있을 어떠한 스포츠가 있을지 의문이 드는 것"(142)도 같은 이유 때문이라고 할 수 있다.

이런 점에서, "사냥꾼이 '최고의 인간'이던"(142) 황야와 야생의 시대에 대한 존중이 여전히 유지되고 있다는 점이 주목될 필요가 있다. 사냥을 하고 있지 않지만, 다시 황야에서 살게 된다면 사냥을 재개하지 않을 수 없을 것이라는 진술(143)은 이러한 맥락에서 그 울림이 자못 크다. 더 나아가, 세속과의 거리를 유지하며 자연 속에서 영적 정화를 이루도록 도와줄 수 있다는 점에서 사냥은 초월적 유희행위(Boudreau 78)로 받아들여 질 수도 있다. 사냥 행위를 사냥하고-사냥당하는 개체의 관점에서 파악한다면 한 개체가 다른 개체의 생명을 빼앗는 살상행위에 불과하게 되겠지만, 생태계 전체의 입장에서 조망한다면 '먹이 사슬'의 일부를 이루는 자연의 원리에 입각한 행위로 이해될 소지가 충분하다.

올써(Thomas L. Altherr)는 사냥에 의한 동물 살해를 강하게 반대하면서도 여전히 자연적 행위로서의 사냥을 찬양하는 소로우의 태도를 양가적이라고 명명한다(358). 사냥꾼이 "그늘 사이에서 살금살금 걸어 다니는 하찮은 살인자"인 동시에 "자연이라는 무대에 선 위엄 있는 배우"로 표현되고(Altherr 359) 있다거나 사슴 사냥을 혐오스럽게 생각하면서도 사슴고기 섭취를 사양하지 않는 것(Main Woods 118-19)은 모두 사냥에 대한 소로우의 양가적인 태도를 극명하게 보여준다는 것이다. 동물 살해에 사용되는 날카로운 총성에 반감을 품고 있으면서도 다른 한 편으로는 그 총성이 경쾌하고 유쾌하게 들릴 때도 없지 않다는(1859년 1월 22일 일기) 소로우의 고백이 주목되는 것도 바로 이러한 맥락에서이다.

이렇듯 자연의 원리에 입각한 자연적 행위로 이해될 수 있는 측면이 사냥에 내포되어 있다고 해도, 이러한 본능/자연을 따르는 대신, 이를 극복하는 성숙/절제의 미덕이 강조되고 있는 것은 어떻게 이해될 수 있을까? 자연의 시인 소로우가 "자연/본능은 극복되기 힘들지만, 극복되어야 한다"(148)고 선언하는 것을 어떻게 이해할 수 있을까?

소로우는 다른 생명체를 사냥하려는 '저급한' 본능을 억제하여 '보다 높은' 단계로 성숙해가야 한다고 요청한다. 사냥에 의한 동물의 생명 약탈은 자신 내부의 동물성을 억제, 정화하지 못한 천박스러운 행위이기 때문에 '더 높은' 삶의 발아를 지닌 사람이라면 시간이 지날수록 사냥꾼-낚시꾼에서 시인-자연주의자로 발전하게 마련이라는 것이다.

소로우에 따르면, 건강한 몸에서도 온전히 박멸될 수 없을 벌레처럼 동물성을 온전히 억누르는 것은 불가능하여, 고상한 법칙이 수그러들 때는 언제든 깨어나 활동하게 된다. 즉 동물성이 잠시 물러날 수는 있지만 그 본성을 온전히 바꾸거나 전적으로 제거하는 것은 어려울 수 있다. 그러나 매일 동물성은 줄어들고 순결성이 늘어나는 사람은 축복받은 것이다. 동물적 본성은 부끄러워해야 하는데, 관능은 사실상 하나이고 이것과 순수성은 결코 함께할 수 없다. 순수성은 근면에서 오며, 관능은 나태에서 온다. 몸은 정신의 신전이기에 새로운 금욕, 절제를 통해 정신이 신체로 들어오도록 하는 지난한 노력이 필요하다. 즉, 극복하기 어렵지만 본능/자연은 극복되어야 하는 것이다.

사냥하려는 자연적인 본능을 따르는 대신, 이를 극복하는 성숙/절제의 미덕이 강조되고 있는 것은 자연의 '소리'를 능가하기 시작하는 기차의 '소리'가 월든 숲 인근까지 침입해 있다는 점과 관련이 깊다. 새의 지저귐 대신 숲을 압도하는 기차의 기적 소리는 황야까지 도달하여 결국은 그것을 송두리째 파괴하고 말 과학기술의 위력을 상징적으로 경고하고 있다. 이처럼 막강한 과학기술이 황야에 투입될 때, 먹고 먹히는 관계망으로서의 생태계의 원리는 심각히 교란될 수 있다. 즉 사냥을 통한 동물의 살해가 기본적으로는 먹이사슬에 입각한 자연의 행위일 수 있어도, 전적으로 인위적일 수밖에 없는 과학기술의 막강한 위력으로 무장해 있는 경우 이러한 막대한 힘을 바탕으로 자신의 욕망이 시키는 대로 다른 비인간 존재들의 생명을 빼앗는다는 것은 생태계의 균형을 심각하게 훼손하는 일이 될 것임에 틀림없다.

결국, 사냥이 자연 원리의 일환일 수 있는 황야에서와는 달리 황야를 파괴하고 말 막대한 과학기술이 코앞까지 다가와 있는 상황에서 자신의 욕망대로 여타 생명체를 살해하는 행위는 생명 원리에 의한 자연 체계의 파괴로 귀결될 것임에 틀림없다. 따라서 "우드척을 잡아 날것으로 먹고 싶은 충동"(140)을 억제하는 소로우의 '인위적인' 노력은 반자연적인 행위라기보다는 대자연의 원리에 다가가기 위한 귀중한 실천적 미덕으로 이해될 수 있다. 이처럼 기차의 굉음과 함께 개인의 충동이 자연의 질서와 어우러질 수 있었던 시대가 가버렸을 때 소로우가 할 수 있었던 것은 자신의 본능(nature)이 자연(nature)에 부합될 수 없음을 알고 "억제되기 힘든...본능"(148)을 지난한 '절제'의 기율로 다스리며 대자연의 원리에 다가가는 일이었다.

2 『모세여 내려가라』: 포크너의 야생 정신과 황야의 운명

I

카우리(Malcom Cowley)에 의해 복잡하게 얽혀있는 의미구조가 밝혀지기 시작한 이후로 포크너(William Faulkner)의 텍스트는 실로 다양한 관점에서 폭넓게 조명되어 왔다. 신비평적 텍스트 분석을 필두로 하여 신화적, 심리적, 철학적, 언어적, 사회-정치적 비평 등이 포크너를 의미 있게 읽어내는 데 기여해 왔으며, 최근의 해체적, 신역사주의적, 여성주의적 접근도 풍성한 포크너 연구에 일익을 담당하고 있는 느낌이다. 이처럼 다양한 비평적 관점과 이론이 포크너 이해에 적용되어 왔지만, 포크너를 생태학적 관점에서 읽어내는 본격적인 비평을 발견하기는 쉽지 않은 듯하다.

물론 자연의 주제는 오랫동안 포크너 텍스트를 분석하는 주된 영역 중의 하나였으며, 특히 작품의 배경인 요크나파토퍼(Yoknapatawpha)를 중심으로 포크너에 있어서의 자연 환경의 문제에 천착하는 최근 연구들은 생태학이나 생태비평의 용어를 포함하고 있지는 않으면서도 생태비평의 가능성을 암시하고 있는 것이 사실이다. 그 중에서도 밀게이트(Michael Milgate)는 포크너 작품 세계의 근간이 되는 요크나파토퍼가 하디(Thomas Hardy)의 웨섹스처럼 기본적으로는 작가의 상상이 만들어낸 가상의 공간이지만 이와 동시에 구체적 리얼리티에 입각해 살아 있는 자연을 생생하게 담아내고 있다는 점에서 포크너를 "금세기의 가장 위대한 자연 작가" 중의 하나로 평가할 수 있다고 주장한다. 『촌락』(*The Hamlet*)에서 아이크 스놉스(Ike Snopes)가 암소를 쫓아 가는 장면, 「곰」("The Bear")에서 아이크 맥캐스린(Ike McCaslin)이 나침반과 시계를 버린 상태에서 마침내 곰을 조우하게 되는 장면 등은 포크너 작품이 자연과의 일체감을 극화하고 있음을 보여주는 대표적인 예라는 것이다(123).

그러나 이러한 밀게이트의 입장은 자연의 주제를 다루는 포크너 연구 중 예외에 속한다. 포크너의 주제는 "자연 그 자체가 아니라 인간적 자연"이라고 주장하며 밀게이트의 『포크너의 장소』(*Faulkner's Place*)를 비판적으로 조망하는 엄셔(Christoph Irmscher)의 논평은 포크너 비평의 주류를 보여주는 실례이다. 엄셔는 포크너의 동생 존(John)의 회고에 입각해, 포크너에서 "인간이 자연환경으로부터 정신적, 신체적으로 분리되어 있다는 환상"을 거부하며 자연과의 일체감을 회복하려는 소로우 식의 노력을 읽어내는 것은 무리임을 밝혀내면서, 포크너 텍스트는 야생의 자연 그 자체라기보다는 그것의 파괴 과정에 대한 기록으로 이해될 수 있다고 분석한다(512). 소로우(Henry D. Thoreau) 전문가인 동시에 대표적인 생태비평가인 로렌스 뷰얼(Lawrence Buell) 역시 포크너를 '위대한 자연 작가'라기보다는 황야의 파괴와 숲의 소멸 등을 담아내는 '환경 파괴에 대한 회의적인 관찰자'로 인식한다(3).

이처럼 전적으로 포크너에 바쳐진 본격적인 생태학적 연구가 드문 것은 사실이지만 생태비평 논의의 일부가 포크너에 할애되어 있는 경우는 더러 있는데, 생태학적 관점에서 미국문학을 전체적으로 조망하는 샌더즈(Scott Russell Sanders)의 논의는 그 대표적인 사례에 속한다. 샌더즈는 로렌스(D. H. Lawrence)를 인용하며 영국문학에서의 자연이 인간 드라마의 배경과 무대의 역할에서 크게 벗어나지 못하고 있는 반면, 브래드포드(William Bradford)의 프리머쓰에서 포크너의 미시시피로 이어지는 미국문학 내의 황야는 인간 삶과 에너지의 근원으로서의 자연의 존재를 구현하고 있다고 지적한다(183). 즉 미국 작가들은 표면적으로는 인간 세계에 관심을 표명하는듯하지만 그 이면에서는 어쩔 수 없이 황야의 강력한 자력에 흡인되고 있다는 것이다. 그런데 미국 작가들에 이어 내려오던 이러한 '자연-의식'(nature-awareness)이 포크너 이후 수십 년간의 최근 문학에서는 찾아보기 힘들게 되었다는 것이 샌더즈의 분석이다(184). 말하자면, 포크너 문학은 인간 행위의 배경으로 환원되지 않는 자연의 존재를 담고 있는 마지막 세대에 속하는 셈이며, 바로 이런 점에서 자연의 존재가 은닉되어 있는 최근의 영미소설들에서 쉽게 발견될 수 없는 생태비평적 성취로 이해될 수 있다는 것이다.

그러나 포크너 문학의 생태비평적 의의가 작품 전체에 대한 조망 대신 일부 자연친화적 장면을 확대하여 포크너를 '위대한 자연작가'로 치켜세우려는 밀케이트식의 입장이나 텍스트 안에 아직 황야가 남아있기 때문에 그 만큼의 문학생태학적 의의를 지닌다는 샌더즈 식의 평가에 국한되는 것인지 의문이다. 오히려 포크너 텍스트가 생태비평적으로 의미를 지니는 것은 이전 시대부터 내려오는 야생적 자연 즉 황야를 담고 있다는 사실 그 자체라기보다는 20세기 작가이면서도 황야에서 문명으로 전이되는 접경지대를 주무대로 삼아 황야의 변모과정을 설득력 있게 보여주고 있다는 점과 관련이 깊을 수 있다.

포크너 텍스트에서 황야의 변모가 이루어지는 주된 배경은 미국의 남부이다. 주지하다시피, 남부는 기본적으로 대지와 농장을 중심으로 한 농업 사회였지만 남북전쟁의 패배 이후 뒤늦게 북부의 산업주의가 유입되면서 상당 기간 문명으로 전이되는 접경지대로 남아 있었다. 여전히 넓은 지역이 '미개척' 상태로 남아있었지만, 끊임없이 문명화가 진행되어 농장은 계속 면화 공장으로 바뀌어 갔고, 대지에는 속속 철로가 놓여 갔던 것이다. 이처럼 전통적으로 '대지중심'적인 남부의 문화에 북부의 산업주의 문명과 테크놀로지가 수용되는 과정은 황야의 문명화에 대한 깊이 있는 통찰을 가능케 할 소지가 충분했던 셈이다.

실제로, 포크너 문학은 인디언 원주민으로부터 땅을 구입 또는 탈취하여, 흑인 노예의 노동력으로 그것을 경작하고, 그 소유권을 후손에게 상속하며, 남북전쟁의 결과 북부 문화가 유입되고, 기차로 대변되는 테크놀로지의 등장과 더불어 황야가 축소되며, 농업 노동력의 대부분을 차지했던 흑인들이 북부로 이주하는 등 사실상 남부 문명화 과정의 전모를 담아내고 있다. 그 중에서도 『모세여 내려가라』(*Go Down, Moses*)는 섯펜(Sutpen)이 인디언 추장 이케모투베(Ikkemotube)로부터 "돈이나 럼주 또는 어떤 다른 것" (194)을 주고 숲을 양도받고, 올드 캐로더즈(Old Carothers McCaslin)가 백인의 화폐를 주고 인디언으로부터 경작지를 사들였던 시대부터, 2차 세계 대전이 시작된 소설 집필 당시에 이르기까지의 넓은 화폭에 황야의 파괴에 의해 문명에 이르게 되는 남부의 변천사를 생생하게 담아내고 있다는 점에서 특별한 주목을 받을 만하다.

II

『모세여 내려가라』가 100여 년 동안 남부가 겪어온 변화를 실감나게 담아내고는 있지만, 이 작품에 묘사되는 사건들의 진행 순서와 실제 남부 사회의 변화 과정이 일치하는 것은 아니다. 이 작품은 한 편의 통일된 이야기라기보다는 일곱 편의 독립된 이야기들에 의해 전체가 구성되는 방식을 취하고 있으며, 게다가 단편들의 수록 순서가 연대기적 시간 순서를 따르고 있지도 않기 때문이다. 그러나 이처럼 연대기적 순서가 뒤바뀌어 있다고 해서 『모세여 내려가라』에 담긴 변천 과정에 대한 전체적인 조망이 차단되는 것은 아니다. 오히려 과거와 현재를 극적으로 대조시킴으로써 시간의 추이에 따른 변화의 결과와 의미가 효과적으로 제시되고 있다.

이러한 여러 가지 변화 중에서도 가장 심한 변화는 한 단편의 제목("The Old People")이 상징적으로 대변하고 있듯이 더 이상 '옛 사람들'이 아니라는 점일 것이다. 「곰」의 사냥 장면에서 올드 벤에 달라붙어 수차례 칼로 찔러 결국 벤의 목숨을 빼앗았던 인디언의 후예 분(Boon)은 숲이 제재소에 매각된 이후를 묘사하는 이 작품의 마지막 대목에 이르면 치졸한 소유욕을 드러내며 분해된 총을 내리치는 광기 어린 모습으로 변해 있다. 「델타 가을」

("Delta Autumn")에서 새로운 농장주로 묘사되는 로스의 경우도 이전 주인인 자신의 할아버지 캐스에 비한다면 정의감, 분별력, 도덕심 등의 미덕이 턱없이 부족한 인물로 그려져 있다. 그는 전쟁이 다시 벌어지면 용감히 싸우겠다는 정의감이나 어린 사슴 수렵 금지법을 준수하려는 분별력이 결여되어 있을 뿐 아니라 테니(Tennie)의 아들 짐(Jim)의 손녀로 밝혀진 흑인 정부와의 관계를 돈으로 청산하려는 부도덕함을 보인다. 또한 어머니의 사망 이후 몰리(Mollie)의 보살핌으로 헨리(Henry)와 같은 침대에서 형제처럼 지내 왔던 로스(Roth)가 어느 날 갑자기 헨리에게 바닥에서 담요 깔고 자도록 명령하는 장면은 피부색과 계급에 의해 인간을 평가하고 이용하는 남부의 허위의식이 소년 로스에게 내면화되었음을 시사한다. 더욱이, 이후의 디테일들은 그가 끝내 이러한 허위의식에서 크게 벗어나지 못했음을 보여준다. 이러한 로스가 농장주로 있는 사회에서는 이전 시대보다 인종, 계급간의 갈등이 훨씬 심화되어 있을 것으로 어렵지 않게 예상할 수 있다.

인종, 계급간 갈등의 심화는 첫 번째 단편 「워즈」("Was")와 두 번째 단편 「불과 벽난로」("The Fire and the Hearth")의 대조에 의해 가장 효과적으로 극화된다. 「워즈」가 노예해방 이전의 흑백의 문제를 다루고 있는 반면, 바로 이어지는 「불과 벽난로」에서는 그로부터 80여 년이 지난 작품 집필 당시의 달라진 흑백 관계의 양상을 극화시킴으로써 극적인 대조의 효과를 거두고 있는 것이다. 「워즈」는 쫓고 쫓기는 사냥의 모티프로 일관하고 있지만 작품 전체적으로 유머의 어조가 지배적이며 추적의 결과 '사냥감'을 획득하는 것은 오히려 흑인이다. 즉 표면적으로는 벅(Buck)이 자신의 이복형제인 도망 노예 터얼(Turl)을 추적하는 양상을 띠지만, 실상은 노처녀 소폰시바(Sophonsiba)가 독신주의자 벅을 쫓는 형세이며, 더 깊은 차원에서는 터얼이 테니와의 결혼이라는 목표를 달성해 가는 과정이라고 할 수 있다. 게다가 벅과 버디(Buddy) 자신은 허름한 오두막에 거주하고 있고 대저택은 흑인 노예들이 차지하고 있다는 대목은 남북전쟁 이전의 평화스럽고 자유스러운 흑백관계를 엿볼 수 있게 한다. 80여 년 후를 배경으로 하는 「불과 벽난로」는 터얼의 아들 루카스(Lucas)와 캐스의 아들 잭(Zack)의 대결 양상, 그리고 루카스와 잭의 아들 로스의 대립을 통해 인종, 계급간의 관계가 어떻게 왜곡되고 그 갈등이 얼마나 심화되었는지를 생생히 보여준다. 루카스와 잭은 형제처럼 자란 사이인데 잭은 그의 아내가 사망하자 신혼인 루카스의 아내 몰리를 데려다 로스를 키우게 했었다. 잭이 아내를 강탈했다고 믿었던 루카스는 잭과 결투를 벌이지만 결국 몰리 곁으로 돌아와 '벽난로의 불'로 상징되는 가정의 평화를 지킬 수 있었던 것이다. 그러나 로스의 시대인 현 시점에 이르면, 루카스를 충동질하는 물질에 대한 탐욕은 '벽난로의 불'을 거의 꺼지게 할만큼 거세기만 하다. 인디언 마운드의 금화 발굴 일화에서 확인되듯이 루카스가 집착하는 것은 돈이다. 그가 돈에 매달리는 것은 땅의 소유가 원천적으로 봉쇄되어 있는 상황에서 돈이야말로 백인에게 대결할 수 있는 유일한 무기이기 때문일 것이다.

이처럼 인종적, 계급적 갈등이 심화되는 과정은 숲의 파괴가 점증되는 과정과 병치되고 있다. 「델타 가을」에 묘사된 변화의 모습은 남부 사회가 황야에서 문명으로 변천되는 과정을 상징적으로 대변한다. 20마일의 지척에 있던 숲이 300마일이나 달려가야 도달할 수 있게 되었다는 것은 그 만큼의 숲이 농장이나 마을로 변했다는 것을 의미한다. 사슴과 곰이 뛰놀던 길은 고속도로로 변모했으며, 표범의 포효 대신 기차의 기적소리가 울리게 되었고, 사냥감이 줄어들게 되어 암사슴이나 새끼사슴의 수렵이 법으로 금지되었으며, 사냥에서 잡은 고기를 직접 먹던 시대는 가고 통조림과 인스턴트 음식을 먹게 되었던 것이다. 이러한 변화는 사실 「곰」의 마지막 부분에서 이미 예고되었던 것이기도 하다. 드 스페인(De Spain) 소령이 제재소에 팔아넘기게 된 숲을 마지막으로 방문한 아이크는 곰이 다니던 길에는 철로가 놓여져 있고 침목에서 먹이를 구하던 곰이 기차의 기적 소리에 놀라 나무 위로 올라가는 것을 목격한다. 숲을 누비던 야생의 상징 올드 벤(Old Ben) 대신 기차의 기적 소리에 쫓겨 나무 위로 도피해 있는 곰을 묘사하는 장면은 문명에 의한 황야의 파괴를 단적으로 제시하고 있다고 하겠다.

농장이 그것을 소유하고 있는 주인과 그에 의해 부림을 당하는 노예의 '차이'에 의해 유지되는 곳인 반면 숲이 이러한 인위적인 소유-피소유의 관계 대신 "백인도 흑인도 인디언도 아닌… 살아남기 위한 겸허와 기술을 지닌 사냥꾼들"(145)만이 존재하는 자연의 공간으로 묘사되고 있다고 할 때, 숲의 파괴가 인종, 계급적 갈등의 심화와 동시에 진행되고 있는 것으로 이해될 소지가 충분하다. 인위적인 '차이' 대신 자연의 원리가 작동하는 황야로서의 숲이 축소되어 가는 것은 결국 '차이'에 기초한 인위적 질서가 확대되고, 그 결과 인종, 계급간의 대립이 심화되는 것을 의미할 것이기 때문이다.

물론 『모세여 내려가라』의 황야를 인위적 질서가 완전히 불식된 순수한 자연의 공간으로 확정짓는 데에는 이론이 있을 수 있다. 예컨대, 인디언 혈통인 분(Boon)은 올드 벤의 죽음을 가능케 했던 라이언과 연인 이상의 관계였으며 그 자신 올드 벤 사냥에 큰 역할을 담당하게 되는데, 이러한 분의 가장 두드러진 특징이 "위스키"와 더불어 "드 스페인 소령과 [아이크의] 외숙부인 캐스에 대한 절대적이고 무조건적인 충성심"(173)으로 묘사되고 있는 대목은 황야로서의 숲에서 벌어지는 사냥의 행위에 이미 계급적, 인종적 '차이'가 삼투되어 있을 가능성을 시사한다. 즉 '충성심'을 매개로 한 주종 관계에 입각해 사냥 행위가 이루어지는 한, 사냥터로서의 황야 역시 온전한 자연 질서의 구현체라기보다는 인위적 '차이'의 질서가 작동하는 공간으로 이해될 소지가 없지 않다.

실제로, 에번즈(David Evans)는 사냥 행위는 문명적 규약의 대안이라기보다는 그것의 상징적 확장인 면이 더 크다고 주장한다. 그의 분석에 따르면, 살아있는 동물을 사냥감(game)으로 만든다는 점에서 사냥은 그야말로 하나의 게임 즉 자연적 행위라기보다는 지극히 인위적인 행위로 이해될 수 있으며, 사냥꾼들의 모임 역시 "익명적 형제애"로 연결된 순수 자연인들의 집합이라기보다는 드 스페인 '소령'과 캄슨 '장군'을 정점으로 에웰(Walter Ewell), 캐스, 아이크의 중간 계층, 그리고 분, 애쉬 영감, 테니의 짐 등의 하층 계층으로 구성된 철저한 위계적 집단이라는 것이다(186-88). 확실히, 사냥꾼들이 남북 전쟁 당시 드 스페인 '소령' 휘하에 있던 군대와 비교되는 대목이나 매 해 유월 사냥꾼들이 캠프에 모여 드 스페인 '소령'과 캄슨 '장군'의 생일을 기념하는 장면들은 사냥꾼 모임에 위계질서가 내재되어 있을 가능성을 시사하고 있다. 특히, 올드 벤 최후의 사냥 장면에서 그 전 해에 올드 벤을 지척에 두고도 한 발도 명중시키지 못했던 분 대신 아이크가 노새

케이티(Katie)를 타게 하는 결정이 분이나 샘 또는 애쉬(Ash) 영감 등이 아니라 드 스페인 '소령'과 캄슨 '장군'에 의해 이루어진다는 점은 사냥의 행위에 인위적인 위계질서가 개입해 있을 수밖에 없으며 따라서 사냥터로서의 황야에서 실제로 이루어지는 것이 자연 원리 그 자체라기보다는 인위적인 질서의 구현일 수 있음을 상기시킨다고 하겠다.

결국, 자연 내에 역동적으로 작동하고 있는 살아있는 움직임들이 관념적으로 무화되어 그 백지 상태 위에 자아의 의지가 효과적으로 투사될 수 있는 처녀지로 전화된 에머슨 식 '자연'의 전통을 이어받아, 포크너의 황야 역시 생명의 원리가 작동하는 '있는 그대로'의 자연 상태 대신 사냥꾼들의 문명적 질서가 투사된 인위적 공간으로 이해될 소지가 없지 않다. 이처럼 포크너의 사냥과 그것이 벌어지는 황야에 인위적 질서가 개입되어 있는 면이 분명히 있지만, 또 사실 이러한 인위성이야말로 황야의 야생성을 소멸시키는 근원이라고 하겠지만, 작품에서 극화된 진정한 의미의 사냥은 일상의 대부분을 문명에서 보내다가 일 년에 한 두 번 때가 되면 문명적 질서를 황야에 그대로 전이시키는 캠프 거주 사냥꾼들보다는 실제로 숲 속에서 거주하며 사냥의 의미를 몸소 체현하는 샘 파더즈(Sam Fathers)를 통해 구현되고 있다.

문명에 남겨 놓은 "어떠한 자식도 친척도 가족도 없이"(187) 인디언의 후예답게 야생적 상태 그대로의 숲에 기거하는 샘 파더즈가 수행하는 사냥이야말로 숲의 내적 질서에 입각해 있다는 점에서 진정한 의미의 사냥에 가깝다고 할만하다. 샘 파더즈가 대변하는 사냥의 의미는 그로부터 사냥의 진면목을 교육받은 아이크의 사냥꾼 성인식을 통해 생생하게 극화된다. 명실상부한 사냥꾼의 표지로 처음 잡은 사슴의 뜨거운 피를 이마에 바르는 의식은 사냥하는 개체와 사냥 당하는 개체간의 본질적 연결에 대한 인식이 진정한 사냥꾼의 전제 조건임을 암시한다. 즉, 샘이 아이크에게 전수하는 사냥이란 한 개체가 다른 개체의 생명을 일방적으로 빼앗는 살상행위라기보다는 여러 개체들이 함께 이루는 전체 생명 원리의 일환으로 이해될 소지가 충분하다. 사실, 개체 중심적 관점에서 벗어나 보다 넓은 관점에서 조망한다면, '먹이사슬'의 개념이 시사하듯이 한 개체가 다른 개체의 생명을 빼앗는 것 자체가 생태계를 작동시키는 자연의 원리라고 할 수 있으며, 따라서 사냥이란 그 자체가 '먹이 사슬'의 일부를 이루는, 자연에 입각한 행위로 이해될 수 있게 된다.

물론 작품 속에서는 년 중 극히 짧은 기간만 마을로부터 숲으로 옮겨와 인위적 질서를 그대로 유지하는 캠프 거주 사냥꾼이 수적인 우위를 차지하고 있는 것은 사실이다. 그러나 작품에서 진행되는 이야기들이 주로 아이크를 중심축으로 아이크의 관점에서

서술되고 있고, 특히 '황야대학'에서 샘의 교육을 통해 도달하게 된 아이크의 인식의 성장이야말로 작품의 핵심적 의미에 해당된다고 할 때, 문명의 질서를 잠시 캠프에 옮겨 놓을 뿐인 일반적인 의미의 사냥꾼들 대신 아이크와 그의 '스승' 샘이 구현하는 사냥과 황야의 원리가 작품의 주조를 이어가는 중심에 해당된다고 하겠다. 더욱이 작품의 여러 대목에서 사냥에 필요한 덕목으로 "인내"뿐 아니라 "겸허"가 빈번히 강조되고 있는 것은 이 작품에서 조명되는 사냥이 개체간의 살해 행위로 국한되지 않고 개체와 개체를 이어주는 생명 체계 전체에 대한 이해를 토대로 하는 자연스러운 행위로 부각되고 있음을 재확인시켜 준다.

이처럼 샘과 아이크를 통해 형상화된 사냥이 자연을 훼손하는 침입이 아니라 "자연의 일부"(Thoreau 141)로 이해될 수 있다고 할 때, 이러한 사냥이 이루어지는 황야는 일방적으로 인간 행위의 대상이 될 뿐 그 자체로서는 인위가 배제되어 있는 공간이라기보다는 인간 행위가 내적 질서에 긴밀하게 개입되어 있는 자연의 영역으로 이해될 수 있다. 자연에 인간 행위가 포함되어 있다는 것은 인간 행위가 자연 작동의 일부분으로 참여하고 있음을 의미할 뿐 아니라 인간의 개입에 의해 자연 그 자체가 변모될 수 있음을 시사한다. 즉 인간 행위는 자연 질서를 구성하는 전체 구조의 일부일 뿐 아니라 그것의 작동이 구조 전체의 변모를 가져올 수 있는 역동적 요인이기도 한 것이다.

사실, 위에서도 언급되었듯이 포크너 텍스트는 황야 그 자체에 대한 기록이라기보다는 인간에 의한 황야의 변모에 대한 기록이며, 특히 『모세여 내려가라』에 담겨 있는 100여 년간의 시간 추이는 숲의 파괴과정과 일치한다. 숲 파괴가 대규모 벌목에서 기인한다고 할 때, 목재를 대량으로 운반할 수 있는 기차야말로 대규모 벌목에 의한 숲 파괴의 직접적인 원인이라고 할만하다. 올드 벤 최후의 사냥 전 날 아이크와 분이 위스키를 사러 멤피스로 가면서 멤피스 행 정기 열차로 갈아타기 전 목재 운반용 기차를 이용하는 장면은 벌목된 목재를 실어 나르는 기차가 숲의 지척까지 침입해 있음을 생생하게 보여준다. 벌목된 목재가 멤피스로 향하는 간선 철도의 연결점에 도달되기만 하면 간선 철도가 펼쳐진 미국의 전역으로 손쉽게 운반될 것임은 물론이려니와, 목재회사는 이 간선 철도의 연결점과 숲을 잇는 지선 철도도 건설해 대규모의 벌목 운반을 보다 용이하게 하고 있었던 셈이다. 더욱이, 계속적인 대규모 벌목으로 숲이 축소되면 벌목된 목재의 손쉬운 운반을 위해 목재 회사가 건설하는 지선 철도는 그만큼 더 길어지게 되었음에 틀림없을 것이다.

숲 속에 인간이 거주하면 집을 짓거나 땔감 등의 필요에 의해 나무를 베는 것은 불가피할 수 있다. 또는 이렇게 벤 나무를 마차에 실어 그것을 필요로 하는 인근 옆 동네로 가져갈 수도 있을 것이다. 그러나 이렇게 나무가 베인 만큼 나머지 나무는 계속 자라나고 또 새로운 나무가 자라기도 하여 숲은 전체적으로 커다란 변화 없이 유지될 수 있을 것이다. 그러나 기차를 통해 숲에서 벌목된 목재를 그것을 필요로 하는 멀리 떨어져 있는 여러 지역까지 대량으로 운반하는 것이 가능하게 될 때, 대량 운반을 전제로 한 대규모 벌목이 이루어지게 될 것이고, 그 결과 숲에 잠재된 자생적 치유의 범위를 넘어서는 치명적인 숲의 파괴가 초래될 수도 있다. 즉, 숲의 자연 생태계는 그것을 구성하는 각 요소들의 변화를 자체적으로 소화하면서 숲 그 자체는 지속되게 할 수 있는 자생적 치유 능력을 가지고 있지만, 기차에 힘입은 대규모 벌목처럼 자체의 수용능력을 초과하는 인위적인 변화가 주어질 때 숲 생태계 전체의 파멸로 귀결될 위험성에 노출될 수 있는 것이다.

이런 점에서, 아이크가 총, 나침반, 시계 등의 인위적인 도구를 모두 버린 '자연 상태'에서 벤을 조우하는 대목은 시사하는 바가 적지 않다. 숲의 세계에 입문하기 이전부터 "불멸의 야생 정신"(146)을 상징하는 거대한 곰 올드 벤의 자력에 강하게 끌려왔던 아이크는 11세 되던 해에 드디어 그 불가사의한 존재를 조우할 수 있는 기회를 얻게 된다. 지난해에 지척에 있었던 곰을 볼 수 없었던 것이 총을 소지하고 있었기 때문이라는 샘의 가르침에 따라 아이크는 총을 남겨둔 채 홀로 벤을 찾아 나서게 되고, 마침내 나침반과 시계 줄까지 풀어놓은 '자연 상태'에서 "야생 정신"의 실체를 목도하게 된다. 이처럼 총, 나침반, 시계 줄이 제거된 상태에서 벤을 만날 수 있었던 것은 표면적으로는 벤이 용기 있는 자에게만 나타나기 때문이기도 하지만, 보다 심층적인 차원에서는 황야가 허용하지 않는 일체의 인위적 도구가 해체된 상태에서만 야생의 진면목을 경험할 수 있음을 암시하는 셈이다. 이처럼 총, 나침반, 시계 등의 인위적 도구에 의해서는 야생의 진수를 포착할 수 없었다는 것은 대단히 상징적인 의미를 갖는다. 숲의 세계가 자연 법칙에 따른 사냥꾼과 사냥감만이 존재할 뿐인 자연의 공간이라고 할 때, 여기에 인간이 만든 도구를 도입한다는 것은 자연의 질서에 인간에 의한 인위적 질서를 부과하여 그것을 재편하는 것을 의미할 것이다. 물론 기차에 의한 대규모 벌목의 경우처럼, 인위적 도구의 힘이 크면 클수록 재편의 정도는 심해질 것이며, 그만큼 애초의 "야생 정신"은 희미해 질 것이다. 인위적 도구의 개입이 계속 누적된다면, 기차 기적 소리에 놀라 나무에 올라간 곰이나 분해된 총을 내리치며 광기의 모습을 보이는 분의 경우처럼, 결국은 자연이 인위에 전적으로 복속되거나 자연 자체가 인위화되어 버리는 국면을 상정하지 않을 수 없게 될 것이다.

이처럼 인간이 보유한 인위적 힘이 생태계 자체의 자생 능력에 의해 '평형상태'(homeostasis)를 유지할 수 있는 생태계의 '인내한계점'을 초과하여 생태계 전체의 사멸을 가져올 수도 있는 막대한 것일 경우, 자신의 욕망대로 벌목, 사냥하는 것은 더 이상 "자연의 일부"에 해당되는 자연스러운 행위로 이해될 수 없을 것이다. 즉, 인간을 포함한 생태계 전체가 생명의 원리로 작동되는 자연의 공간에서는 벌목과 살해가 생태계의 생명 체계에 입각한 자연의 행위일 수 있어도, 숲까지 침입한 기차가 상징적으로 대변하고 있듯이 이미 자연의 생명 원리를 송두리째 파괴하고 말 인위적 위력에 노출되어 있는 상황에서는 자신의 욕망이 시키는 대로 다른 비인간 존재를 제거, 살해한다는 것은 생태계의 균형을 심각하게 훼손하는 일이 될 수 있다. 이런 점에서 아이크가 샘으로부터 전수 받은 사냥꾼의 미덕에 "인내"뿐 아니라 "겸허"가 포함되어 있는 것은 우연이 아니다. 확실히, 사냥꾼 자신의 욕망 대신 자신과 전체 생태계를 연결하는 겸허에 입각할 때 사냥은 비로소 숲의 생명 원리에 부합하는 자연의 일부가 될 수 있을 것이며, 이를 깨닫고 실천에 옮기는 역할이 아이크에게 주어져 있다고 할 때 개인의 본능(nature)이 자연(nature)과 어우러질 수 없는 상황에서 어떻게 자연과 그것의 생명 원리에 부합할 수 있을 것인가의 문제가 아이크를 통해 집중적으로 검토되고 있다고 하겠다.

III

아이크가 일체의 인위적 도구가 제거된 자연 상태에서 올드 벤을 조우했다는 것 자체가 아직 "야생의 정신"이 살아있는 이 '황야 대학'에서 그가 배운 것이 "하나뿐인 진리"(226)에 값하는 귀중한 교훈일 수 있음을 시사한다. 특히 아이크는 캠프 거주 사냥꾼들의 인위적 위계질서 대신 샘으로 대변되는 자연의 원리가 작동하는 진정한 숲의 세계를 직접 경험함으로써, "하나님은 인간에게… 자신이나 자손 대대로 장방형, 사각형의 땅을 영원히 소유할 권리를 주신 것이 아니라, 형제라는 공동의 이름으로 서로 공유하며 살아갈 재산으로 주신 것"(196)이라는 땅의 소유에 관한 새로운 인식에 도달하게 된다.

아이크의 이러한 인식은 하나님이 아메리카 신대륙에 "상호간의 연민과 겸허 그리고 관용과 긍지"(197)로 건설될 새로운 "에덴"과 "가나안"의 가능성을 열어 놓으셨는데, 자신의 조상은 인디언 원주민으로부터 강탈하거나 숲을 마구 베어 자신의 소유로 만듦으로써 새로운 땅에 구원 대신 저주를 불러들였다는 생각으로 이어진다. 결국 원주민과 숲에서 빼앗은 땅의 소유권을 장부에 기록하는 행위는 그 땅을 후손에게 영원히 상속하기 위한 장치의 일부가 되는 셈인데, 오히려 이 장부에 의해 조상의 죄업을 확인하게 된 아이크는 죄로 얼룩진 조상의 땅을 상속하기를 거부한다. 게다가, 이처럼 죄업으로 오염된 땅에서 저주를 풀고 구원을 가져다 줄 가능성을 흑인에서 발견한 이후 아이크는 상속 유산을 흑인 후손들에게 적절히 분배하는 등의 노력을 경주하기도 한다.

황야라는 대학에서 샘이라는 스승으로부터 얻은 교훈을 귀중한 정신적 자산으로 삼을 뿐 아니라 그것을 상속의 포기와 흑인에 대한 노력 등의 구체적 실천으로 옮기려는 아이크의 행위는 루이스(R. W. B. Lewis)의 지적처럼 죄악의 오염으로부터 신세계를 지키려는 외로운 영웅적 투쟁으로 칭송될 여지가 없지 않다(306-23). 그러나 이 모든 역정을 지난 후 현재 시점에 다다른 아이크가 전지적 시점에 의해 "마을 사람들의 절반쯤에게는 아저씨이지만 누구의 아버지도 아닌 사람"(9; 229)으로 묘사되고 있다는 점이 주목될 필요가 있다. 물론 이 진술은 표면적으로는 그가 슬하의 자녀를 두고 있지 않다는 말이다. 그러나 그 이면에는, 평생에 걸친 봉사의 결과 많은 마을 사람들에게 인정과 존경을 받고는 있지만 정작 자신의 이상과 가치를 계승할 후계자는 없다는 점이 함축되어 있다고 볼 수 있다. 이런 점에서 아이크가 로스의 정부에게 뿔 나팔을 주는 「델타 가을」의 대목은 다시 음미해 볼 만하다. 아이크가 어린 시절 숲에서 캄슨 장군에게 받았던 뿔 나팔은 자신의 귀중한 정신적 가치를 얻었던 황야의 경험을 상징한다. 따라서 이 뿔 나팔을 북부로 가는 여인에게 주어 버린 것은 그 여인과 아이에게 가족의 정을 확인하는 행위라기보다는 황야의 경험으로부터 자신이 얻은 교훈과 유산이 사실상 아무 것도 이루지 못했음을 인정하고 그것을 철회하는 행위일 가능성이 더 크다.

백인들은 이미 아메리카 신대륙에 대한 정당한 소유권을 잃은 셈이니 다음 차례는 흑인이라고 생각하며(212) 흑인에 의해 신대륙이 구원될 가능성을 상정하는 아이크는 흑인에 대한 이해와 봉사로 조상의 죄를 대속하려 한다. 그러나 로스의 정부를 도우려는 아이크가 그녀에게 사랑이 무엇인지도 모르냐고 힐책 당하는 장면은 그가 흑인에 대한 진정한 이해에 도달했는지 의심하게 만든다. 사실, 백인이 흑인을 진정으로 이해할 수 있을 것인가의 문제는 『모세여 내려가라』를 통해 반복적으로 변주되는 주제이기도 하다. 예컨대, 「검은 광대」("Pantaloon in Black")에서 아내의 죽음을 온몸으로 괴로워하는 흑인 청년과 그의 슬픔의 방식을 전혀 이해할 수 없는 보안관 사이의 단절은 흑과 백 사이의 메꿀 수 없는 심연을 확인시켜 준다. 유사한 문제의식은 마지막 단편 「모세여 내려가라」에서도 발견된다. 이 단편은 흑인을 돕는 변호사 스티븐즈(Stevens)에게 구약 번역 작업등의 디테일을 통해 모세의 이미지를 부과하는 동시에, 그가 흑인을 구원할 진정한 모세가 될 수 있는가를 집요하게 심문한다. 결국 이미 백인인 그는 흑인인 몰리(Molly)를 이해하려 노력할 수는 있어도 진정으로 이해할 수는 없을 것임이 암시된다.

여기서 단편 「모세여 내려가라」의 제목이 내용이나 분량 상 더 비중이 있는 「곰」 등의 다른 단편들 대신 소설 전체의 제목으로 사용된 것에 주목할 필요가 있다. 백인 '모세'는 흑인을 온전히 이해하는 진정한 구원자가 될 수 없다는 메시지는 무엇보다 『모세여 내려가라』 전체의 주인공인 아이크에게 적용될 수 있으며, 따라서 흑인에 의한 구원의 가능성을 실천에 옮기려는 아이크의 노력이 사실상 아무 효과도 얻지 못하고 무위로 돌아갈 가능성이 시사된다. '모세여 내려가라'라는 구절은 흑인 영가의 한 구절로 널리 알려져 있지만, 애초의 원전은 구약 성경 출애굽기이다. 출애굽기에서 이 구절이 관련되어 가장 먼저 생각될 수 있는 대목은 미디안에서 목동 노릇을 하고 있는 모세가 하나님으로부터 내려가서 파라오의 압제 하에서 신음하는 히브리 동포를 구원하여 가나안 땅으로 인도하라는 말씀을 듣는 장면이다. 그런데 이후 시내산에서 모세가 하나님으로부터 이집트에서 구출해 낸 히브리 백성이 타락하였으니 내려가서 신과 인간의 경계를 분명히 알리라는 경고의 말씀을 듣는 장면에서도 동일한 구절이 등장한다. 이처럼 '모세여 내려가라'라는 구절에 인간과 신사이의 메꿀 수 없는 간극이 시사되어 있다고 할 때, 이 구절을 제목으로 삼고 있는 작품에서 주인공 아이크가 숲에서 배운 정신적 가치를 실천하여 백인의 관점에서 흑인을 이해하기 위해 기울이는 노력은 인간의 경계를 벗어나려는 기도로서 그것의 결과는 실패로 예정되어 있는 것으로 이해될 소지가 충분하다.

사실, 아이크가 거대한 교훈을 배우는 현장인 숲-황야가 결국 파괴되어 버릴 운명이라는 암시는 「곰」의 시작부터 끝까지 지속적으로 반복되고 있다. 우선 여러 번에 걸쳐 살아있는 "야생 정신"의 상징인 올드 벤이 기관차로 연결됨으로써 기관차가 정해진 철로를 달리듯이 벤과 그것이 대표하는 황야도 정해진 숙명의 길을 따르지 않을 수 없음이 암시되고 있다. 이처럼 무엇인가 시작되고 있다는, 이미 시작되었다는 느낌, 예정된 마지막 무대 같은 느낌, 무엇인가의 종말이 시작되었다는 느낌(172)이 계속 누적되다가 올드 벤의 죽음으로 폭발되기에 이른다. 올드 벤에 그 못지않은 야생적 존재인 사냥개 라이언과 인디언 후예 분이 매달려 사투를 벌이다 셋이 엉겨붙은 상태에서 쓰러지는 장면은 종말에 다다른 "야생 정신"의 운명을 단 한 장의 그림으로 생생하게 극화하고 있는 셈이다. "그 거대한 곰"의 불가사의한 정체가 라이언의 이빨과 분의 칼에 의해 포착되고 고정되었을 때 그것의 신비함이 거세될 수밖에 없는 것이며, 벤의 죽음과 더불어 황야의 불가항력적인 야생성은 역사의 뒷면으로 사라지게 되는 것이고, 자연은 더 이상 신비한 존재가 아니라 인간의 인위적인 통제와 지배를 받는 운명에 처해지게 되는 것이다. 올드 벤이 다니던 길에 실제로 철도가 놓여있고 기차의 기적 소리에 놀란 곰이 나무위로 도망가는 「곰」의 마지막 대목은 인위적인 통제와 지배를 받게 된 자연의 현 상태를 효과적으로 대변한다.

아이크가 샘의 충고에 따라 총, 나침반, 시계 등의 인위적 기구들을 벗어버린 상태에서 만날 수 있었던 것은 자연 그대로의 올드 벤이었으며, 그가 할 수 있는 일이란 단지 있는 그대로의 그것을 바라보는 것이었다. 인간들이 모두 당시의 아이크처럼 자연 그대로의 "야생의 정신"을 조우하기 원한다면 이 야생의 공간에 총이나 기차 같은 인위적 도구 즉 테크놀로지를 투입할 필요는 없을 것이다. 그러나 인간들은 황야를 자연 상태 그대로 놓아두려고 하지 않으며, 결국 불가사의한 올드 벤의 공간을 나무위로 올라간 곰의 영역으로 바꾸어 놓고야 마는 것이다. 인간이 야생의 공간에 테크놀로지의 인위적 힘을 투입하여 자신의 의지대로 변모시키려는 인간중심적인 인위화의 기도를 제어할 수만 있다면 황야의 파괴라는 숙명은 피해질 수 있을 것이다. 그러나 아이크가 숲에서 얻은 교훈을 실천으로 옮기려는 노력이 인간의 영역을 벗어나는 일로서 결국 실패할 수밖에 없었듯이, 야생에서 작동하는 자연의 원리를 수용하여 인간중심적인 기도를 제어하려는 노력 역시 인간에 의해 현실화되기 쉽지 않은 난제임에 틀림없으며, 오히려 인간들은 여하한의 인위적 수단을 투입해서라도 자신의 의지를 관철함으로써 황야의 파괴를 불러들이고야 마는 것이다. 인간중심적 기도에서 벗어날 수 없는 이러한 근원적 한계야말로『모세여 내려가라』의 곳곳에 산재해 있는 숙명성의 원천일 것이다.

IV

『모세여 내려가라』에서 반복적으로 강조되고 있는 것이 아이크가 황야에서 체득한 이상의 빛나는 비전뿐 아니라 그 이상이 캐스 식의 사회적 윤리로 진전되는 것의 지난함과 그 결과 황야의 파괴를 불가피하게 만드는 숙명성이라고 할 때, 이처럼 인위적 힘을 동반하지 않고 자연 상태 그대로 황야로 들어가지 못하는 인간중심적 한계에 의해 황야의 파괴라는 숙명을 벗어날 수 없을 것이라는 전망이야말로 포크너 텍스트에서 이루어진 핵심적인 생태비평적 성취 중의 하나라고 할만하다. 물론, '자연중심문학'의 생태비평적 가능성을 강조하는 일군의 생태비평가들에 따르면, 포크너 문학을 특징짓는 이러한 숙명성과 비극적 비전은 어떠한 인위적 장치보다도 정교하고 복잡한 자연의 생명의 원리(Love 231)에 대한 온전한 인식에 도달하지 못했기 때문에 초래된 것이며, 따라서 그의 문학 세계는 본격적인 문학생태학의 단계에 이르지 못한 것으로 평가될 소지도 없지 않다.

그러나 포크너 문학에 황야의 파괴를 막을 수 있다는 낙관적 비전이 부족한 것은 그러한 염원이나 의지가 희박하기 때문이 아니라, "인간중심주의"에서 쉽게 벗어날 수 없을 것 같은 엄연한 리얼리티를 정직하게 반영하고 있기 때문일 수 있다. 사실, 소로우를 위시한 '자연기문학' 작가들이 상정하고 있듯이 "인간중심주의"를 벗어나 자연으로 귀의하는 것이 그 필요성만큼이나 실현성도 설득력을 동반하는 것인지는 의문의 여지가 없지 않다. 이런 점에서, 소로우 자신이 문명에서 절연된 월든에서의 실험을 2년 이상 지속할 수 없었다는 사실은 대단히 암시적이다. 그토록 자연친화적인 소로우 마저 일정기간 이상 문명을 떠나 있을 수 없었다고 한다면, 문명의 조건을 온전히 벗어나는 것은 아마도 인간에게는 그 실현이 허용되지 않은 꿈의 영역에 속하는 것인지 모른다. 특히 자연의 인위화가 심하게 진행되어 소로우가 은둔하여 "삶의 본질적 사실들"을 각성했던 자연 그 자체는 더 이상 남아 있지 않은 문명의 상태가 우리 시대의 삶의 조건이라고 할 때(Deitering 201) 문명에 전제되어 있는 "인간중심주의"를 벗어나는 일은 그 만큼 더 지난해 진다.

인위의 한계를 벗어나 '다른 세계'로 들어갈 수 없다는 이러한 어두운 전망은 '인간중심주의'에서 온전히 벗어날 수는 없을 것이라는 냉엄한 현실을 정직하게 반영한 결과라는 점에서 황야 파괴의 숙명성에서 야기되는 포크너 문학의 비극적 비전과 그 근원에 있어 동일하다고 하겠다. 물론, 포크너 텍스트에서는 인간의 영역을 벗어나는 "다른 세계"를 향한 지향이 쉽게 포착되지 않는 듯하다. 아직 황야가 남아 있던 시절에 대한 향수가 포크너 문학의 곳곳에 배여 있는 것은 사실이지만, 그것이 어떤 지향성의 형태를 취하는 것 같지는 않기 때문이다. 포크너와 이후 작가들과의 이러한 차이는 문명과 자연을 바라보는 관점의 차이에서 유래하는 것이겠지만, 다른 한 편으로는 황야에서 문명으로의 접경지대와 황야가 사실상 사라지고 자연 자체가 인위화 되어 버린 문명의 한 복판이라는 상이한 배경의 차이와도 관련될 수 있을 듯싶다. 표면에서 사라져 추상의 차원에서만 존재하는 자연을 향한 탐색이 어쩔 수 없이 추상적 지향의 양상을 띠게 마련인 이후의 작품들과는 달리, 포크너 작품에서는 아직 구체적인 형태의 자연이 남아 있어 아무래도 그것이 문명에 의해 잠식되어 가는 실제적인 과정에 초점이 맞춰지게 마련이고, 또 그 상실의 과정이 직접 체험된다는 점에서 이면에 존재하는 자연에 대한 지향보다는 황야의 파괴에 관련된 숙명성이 더욱 생생하게 부각되는 것이라고 하겠다.

포크너 문학은 이처럼 아직 역사의 이면으로 사라지기 전의 구체적인 자연을 담고 있으면서도 인간의 개입에 의한 자연의 숙명적 파괴과정을 생생하게 형상화하고 있다는 점에서, 그 파괴과정의 결과 자연이 추상으로만 남아 있게 된 문명의 상태를 배경으로 하면서도 생태학적 비전을 담아내는 이후 문학생태학적 작품들의 선구로 이해될 소지가 충분하다. 포크너 이후의 이러한 작품들은 인위가 배제된 순수한 자연을 상정하기보다는 인위의 개입을 온전히 떨쳐버릴 수 있다는 가정을 지속적으로 의심함으로써 견고한 리얼리티를 확보해 간다는 점에서, 인간이 절연된 자연의 영역에 기초하여 자연중심문학을 주된 모형으로 삼는 기존 문학생태학 대신 인간과 자연 그리고 양자 사이의 상호작용을 포괄하는 새로운 문학생태학의 지평에 닿아 있다고 할 수 있다. 이런 맥락에서, 인간이 배제된 자연 그 자체라기보다는 인간이 포함된 자연, 특히 인간의 개입에 의해 자연이 변모하는 과정을 실감나게 담아내고 있는 포크너 문학은 이 새로운 지평의 발원지에 맞닿아 있다고 평가할 만하다. 결국, 밀게이트나 샌더즈 식의 기존 생태비평 평가에서처럼 포크너 문학을 아직 완전히 사라지기 전의 자연을 담고 있는 마지막 작품으로 이해하는 것은 그것에 담겨있는 문학생태학적 의의를 적절하게 포착했다고 볼 수 없다. 오히려,

자연이 표면에서는 사라진 현대적 상황을 정직하게 반영하고 있어 '자연중심'적일 수는 없으면서도 자연과 생명에 대한 깊은 통찰을 보여주는 포크너 이후 작품들의 생태학적 비전을 포괄하는 새로운 문학생태학의 출발점으로 이해해야 할 측면이 훨씬 크다고 하겠다.

3 『샌드 카운티 연감』: 리어폴드의 생명공동체와 대지윤리

I

리어폴드(Aldo Leopold)의 『샌드 카운티 연감』(*A Sand County Almanac and Sketches Here and There*)은 인간 문명에 의해 야생이 훼손되어 가는 과정을 추적함과 동시에, 야생에 참여하는 것의 의미를 생생하고 설득력 있게 제시한다. 「늪지의 비가」 장은 생명체들이 "서로 인내하고 의지하며 더불어 살아가던"(99) 늪의 생태계가 더 큰 이익을 바라는 인간의 욕심에 의해 배수로 굴착과 토지 매립을 거치며 농장과 밭으로 변모해가는 과정을 기록한다. 그러나 인간의 욕심과는 달리, 늪 위에 인위적으로 조성된 농장과 밭에서 거두어들이는 수확은 보잘 것 없었으며, 토탄층이 말라버리면서 화재가 빈번하게 발생하였고, 불타지 않은 초지가 줄어드는 것만큼이나 학의 수도 줄어들었다. 학에게는 굴착기 소리가 '비가'였던 셈이다. 이처럼 곤경에 처한 학은 리어폴드에게 "궁극적 가치"로서의 늪의 "야생성"을 보여주는 상징으로 다가온다

(101). 학이 체화하는 '늪지의 비가'이외에도, 더 많은 전기 생산을 위한 댐의 건설로 매몰 위기에 처한 플람보 원생지대(115), 다양한 생명체의 협동과 경쟁의 장에서 인간에게 유용하다고 판단되는 밀과 소의 독무대로 치환되는 프레이리(107), 재규어로 대표되는 수많은 야생동물의 서식지에서 소의 안전지대로 전환된 콜로라도 델타지역(144) 등은 인간적 편의를 위해 희생되는 야생성 훼손의 구체적인 실례를 생생하게 보여준다. 리어폴드는 산업적 편리함을 위해 "봄의 광채"(110)인 비둘기를 빼앗아 가는 것이 진정으로 이익이 되는 교환인지 의문을 제기한다.

편협한 인간적 관점의 한계는 더 많은 사슴을 위해 늑대를 마음껏 사냥하게 함으로써 너무 많아진 사슴으로 인해 산 전체의 생태학적 균형이 깨지는 예화에서도 확인된다. 「산처럼 생각하기」에서 고백하는 젊은 시절의 리오폴드는 "늑대가 적은 것은 더 많은 사슴을 의미하고, 늑대가 없는 것은 사냥꾼의 천국을 의미한다"는 인간중심적 관점에 충실해, "늑대를 죽일 수 있는 기회를 결코 놓치지 않는"(130) 당시 대다수 사냥꾼들 중의 하나였다. 여느 사냥꾼처럼 사슴을 친구, 늑대를 적으로 간주하여, 사슴을 잡아먹는 늑대를 보게 되면 서슴없이 방아쇠를 당기던 리오폴드는 어느 날 총에 맞고 죽어가는 늑대의 눈에서 "꺼져가는 푸른 불꽃"을 직접 목격하게 된다. 이 "푸른 불꽃"을 마주치는 순간, 죽어가는 늑대의 눈에, 지금까지 자신은 알지 못했던, 그러나 늑대와 산은 알고 있는 그 무엇인가가 담겨있다는 것을 깨닫게 된다 (130-31).

그러면 당사자인 늑대, 그리고 늑대와 사슴이 다른 생명체와 어우러져 살아가는 생명의 공간인 산이 알고 있는 것은 무엇인가? 리오폴드가 주목하는 것은, 사슴을 친구, 늑대를 적으로 구분하는 인간중심적 관점에 입각해 친구-사슴을 위해 산에서 적-늑대를 일방적으로 소탕할 경우 야기되는 일련의 생태계 메커니즘이다. 늑대의 감소에 따라 증가하게 된 사슴의 수만큼 사슴의 먹이인 나무 잎과 풀이 급격히 감소하게 되고, 결국 산 전체의 생태학적 균형이 파괴되어, 급기야 애초의 의도와는 달리 사슴마저도 먹이가 바닥난 땅위에 앙상한 해골로 남게 될 것이다. 이렇듯 천적의 감소에 따른 사슴의 급격한 증가로 사슴 높이까지의 모든 목초가 고갈되고, 산등성이가 온통 사슴들이 만들어놓은 미로로 뒤 덮이게 될 때, 인간중심적 관점의 파괴적인 위험성과 "산처럼 생각하기"의 의미심장함이 더욱 생생하게 부각될 것이다.

이런 면에서, 사슴 떼가 늑대를 두려워하듯이 산도 산에 사는 사슴들을 두려워하고 있으며, 늑대에 의해 사라지게 된 사슴의 빈자리가 채워지는 데 몇 년이 걸리는 반면, 너무 많은 산으로 파괴된 산이 복원되는 데에는 수 십 년이 걸린다는(132) 점을 자각하는 것은 "산처럼 생각하기"의 경지에 가까이 다가서는 과정이라고 할 수 있다. 산에서 울려 퍼지는 늑대의 울부짖음이 사냥꾼에게는 사냥하고자하는 도전을 불러일으키지만, 사슴에게는 죽음의 공포, 코요테에게는 죽은 고기가 자신의 먹이가 될 것에 대한 기대 등 개체마다 다른 것을 의미하는 것일 수 있다. 이렇듯 각 개체는 자신의 주관적인 입장에서 듣고 있는 것이며, 오직 산만이 늑대의 울부짖음을 객관적으로 듣고 있다고 할 수 있다.

결국, 산처럼 생각하는 경지란 늑대의 울부짖음을 객관적, 입체적으로 이해할 수 있는 차원을 의미한다. 따라서 그것은 인간적 관점의 주파수에 고정되는 대신, 다양한 주파수로 발화되는 자연의 언어에 열린 가슴으로 섬세하게 귀 기울일 수 있는 역량을 요구한다. 이러한 역량으로 늑대와 사슴 그리고 모든 살아있는 것과 죽어 있는 것들이 긴밀히 연결되어 있음을 아는 "산처럼 생각하기"(129)는 천적인 늑대를 사냥함으로써 자신이 원하는 사냥감의 천국을 만들려는 인간중심적 근시안과 대조된다.

"산처럼 생각하기"의 결여는 애리조나의 에스쿠딜라에서 자행되는 곰 사냥에서도 확인된다. 소의 안전지대를 위해 파견된 덫 사냥꾼에 의해 회색곰이 "쓸모없는"(135) 가죽으로만 남게 되면서 에스쿠딜라 생태계의 파괴로 이어지는 과정은 좁은 의미의 안전과 이익에 천착하는 인간중심적 노력에 잠재되어 있는 위험성을 대변하는 또 다른 실례이다. 강물의 오염으로 감소된 야생 송어 대신, 인공 송어를 양식하는 일 역시 송어 부하장에서 왜가리, 제비갈매기, 송어 방류 하천에서 비오리, 수달 등이 인위적으로 제거되는(170) 결과를 불러들인다. 이처럼 생태계를 구성하는 전체 구성원 중 선택된 일부만을 집중적으로 보호하는 인위적 야생동물 관리는 먹이사슬로 이어지는 생태적 연결망의 왜곡을 가져옴으로써 생태계 전체의 파괴를 야기시키는 결과를 낳게 된다.

인간의 이익과 안전을 확보하려는 인위적 노력으로 자연파괴가 심화되고 야생의 영역이 줄어들게 됨에 따라 생명의 원리가 숨쉬는 야생 상태에 참여하는 일이 더욱 소중한 경험이 된다. 더욱이, "젊음을 보낼 야생의 땅이 남아 있지 않은 상태"(149)에서는 더욱 그러하다. 생태계의 생명 원리에 입각해 다양한 생명체들과 함께 어우러지는 리어폴드의 야생적 경험은 어린 시절부터 시작된다. 1897년 출생한 리어폴드는 1890년 초부터 미시간주와 캐나다의 경계인 휴런 호 북쪽 섬에 위치한 외할아버지의 오두막에서 매년 여름 6주간을 보내며 광활한 삼림과 거친 강들로 이루어진 야생적 황야를 직접 경험하게 된다. 또한, 누구보다도 자연에 대한 애정이 컸던 아버지의 영향으로 어린 시절부터 자연과 직접 접촉할 기회가 유독 많았다. 특히, 사냥감 포획량을 스스로 제한하고, 특정 종이나 번식기의 종에 대한 사냥을 자제하는 등 아버지가 몸소 실천했던 친자연적인 사냥은 어린 앨도에게 사냥이 단순히 동물의 생명을 박탈하는 행위 대신 야생 상태에서 자연과 하나가 되는 행위로 받아들여질 가능성을 열어놓게 된다. 아버지는 첫 사냥에 나선 아들에게 도망치는 새나 나무에 앉아 있는 새를 향해서는 사냥총 발사를 삼가 하라고 가르치는데, 이러한 절제의 미덕을 통해 사냥은 잔인한 살해 행위가 아니라 생명 원리에 입각한 자연적 행위로 받아들여질 수 있게 된다. 아버지로부터 이어받은 사냥 윤리로 무장된 첫 사냥에서 자신이 발사한 총에 맞은 흑오리가 빨간 다리를 버둥거리는 것을 바라보며 희열을 느끼는 장면(121-22)은 『샌드 카운티 연감』의 2부 「빨간 다리를 버둥거리며」("Red Legs Kicking")에 생생하게 묘사되어 있다.

이후 배부르지만 탐욕이 앞서 사냥총 발사하는 것(166)은 경계하면서도, "일주일간 애써 잡은 기러기는 가장 훌륭하게 구워져야 한다"고 생각하는 대목(144)은 생명의 질서에 입각하지 않은 살상행위로서의 사냥 대신 생물학적 요구를 받아들이는 친자연적 행위로서의 사냥의 가능성을 열어 놓는다. 이렇듯 사냥이 만족을 소비할 뿐 창조할 줄 모르는 야외행위가 아니라 땅과 생명체에 손상을 끼치지 않으면서도 만족을 만들어내는 창조적 행위로 이해될 수 있다면(176), 사냥을 통해 야생과 그 안에서 작동하는 생명원리를 경험할 가능성 역시 열려 있는 셈이다.

II

실제로, 리어폴드는 평생 삼림감독원, 사냥감관리학 교수로서 누구보다도 야생보전을 위해 애쓰며 누구보다도 야생과 가까웠다. 특히, 1935년 위스콘신 강변에 버려진 낡은 농가를 발견한 후 시간이 될 때마다 그곳에서 기거하며 경험한 야생은 그에게 커다란 영향을 미친다. 야생 동식물과 함께 참여한 '샌드 카운티 공동체' 생활은 정적인 자연 풍경에 내재된 역동적인 생명의 대하드라마를 읽어낼 수 있게 한다. 예컨대, 참나무 숲은 겉으로는 고요하게 평화롭지만 실제로는 다양한 생명체들이 역동적으로 움직이는 공간으로 관찰된다. 특히, 숲에는 병든 나무도 있게 마련인데, 병든 나무가 숲에 해롭기보다 오히려 도움이 되는 과정은 주목할 만하다. 병들어 뿌리가 약해진 나무가 폭풍에 넘어져 사냥꾼에 쫓기는 너구리나 뇌조가 몸을 살릴 수 있는 더할 나위 없이 탄탄한 "요새"가 되고, 병 든 나무에 생기는 벌레 혹은 뇌조에게 즐거운 먹거리를 제공하며, 병 든 나무의 빈속은 야생 꿀벌의 벌통 구실을 한다(73-5). 더욱이, 간혹 숲이 토끼들의 습격을 받을 때 병든 나무들이 미식가 토끼들의 주공격 대상이 되어 건강한 나무들은 상대적으로 안전을 보장 받을 수 있게 된다(76). 인간중심적 관점에서는 질병이 부정적으로만 파악될 수 있겠지만 생태중심적 관점에서는 질병도 숲을 이루는 중요한 요소가 된다.

이렇듯 편협한 인간중심에서 벗어나 생태적 또는 진화론적인 관점에서 자연과 야생을 조망하는 거시적인 안목이야말로 『샌드 카운티 연감』을 여느 자연 주제 산문과 차별화시키는 주된 흡입력이라고 할만하다. 리어폴드는 샌드 카운티 공동체의 동식물에 대해 그것들이 마치 친구이듯이, 가족이듯이 세밀하게 묘사한다. 이러한 묘사를 통해 동물이 인간보다 자신의 행동 범위에 관해 더 잘 숙지하고 있음이 드러난다. 다른 동물에 쫓기는 토끼가 땅 구멍이 있는 곳으로 지체 없이 도망가고, 박새가 어김없이 먹이통을 찾을 수 있는 것은 자신의 행동 영역에 대해 훤히 꿰뚫고 있기 때문이다(78-9). 인간이 모든 영역을 관장하고 있는 것처럼 보이지만 실제로 자신의 구역을 온전히 숙지하고 있는 것은 그곳에 거주하는 동물인 셈이다.

늪지에 사는 동물들 역시 그곳의 특수성, 필요성을 체화하여 그곳에 적응하고 있는데, 인간만 알지 못하고 인위적인 변화를 부과하여 화를 불러들인다. 이런 점에서, 인위적인 계획이 무의미했던 리어폴드의 초록 늪 여행은 상징적이다. 초록 늪의 야생지대는 인간 이해의 범위를 능가하기 때문에 인위적인 계획을 무력화시킨다. 다음 날의 계획 없이 초록늪이 제시하는 경험을 따라가는 탐사 과정은 편협한 인간중심에 의해 구획되지 않은 채 '있는 그대로' 야생적 생명세계에 동참할 가능성을 시사한다. 그것은 산만이 알고 있는 생명 메커니즘을 인위적으로 전유하는 대신, 그것의 일원으로 겸허하게 참여하는 것이며, 모든 것이 인간을 위한 것이라는 인간중심적 가정 대신, 진화의 오디세이에 동승한 동료항해자로서의 다른 생물들과 함께 만들어가는 생명세계의 장엄함과 연속성에 대해 경외감을 표하는 것이기도 하다. 이처럼 장엄하게 계속되는 생명세계의 연속성, 인간중심에 의해 구획될 수 없는 생명 메커니즘은 생태계의 "생명공동체"(204)가 지속적으로 작동될 수 있는 근원적 동인이다.

III

생명공동체가 지속적으로 작동된다는 것이 그것이 살아 움직이는 것을 의미한다면, 그것이 살아 움직이는 것은 아이러니컬하게도 그것을 구성하는 각 개체의 죽음을 전제로 한다. 개체의 죽음은 개별적으로는 비극적 경험이겠지만 생명공동체 전체의 입장에서는 오히려 에너지 순환을 위한 필요조건의 하나가 된다. 먹이의존관계를 보여주는 먹이사슬 개념(215)은 개체의 희생에 의해 생태계가 작동되는 과정을 설명해준다. 리어폴드가 예시하듯이,

아메리카 구대륙의 토양-참나무-사슴-인디언 관계나 신대륙의 토양-옥수수-젖소-농부 관계는 생태계에서 작동하는 대표적인 먹이사슬을 보여준다. 그런데 사슴은 참나무 외에도 수많은 식물을 먹이로 삼으며, 젖소도 옥수수 외에 실로 다양한 식물을 먹는다. 그렇다면 사슴과 젖소는 수많은 다른 사슬의 고리인 셈이다. 이렇듯 생태계에는 수많은 먹이사슬들이 뒤엉켜있어 언뜻 무질서해보일 수 있다. 그러나 이러한 복잡성에도 불구하고 다양한 먹이사슬들이 매우 정교하게 짜여져 있어 안정된 체계를 이루고 있다고 리어폴드는 설명한다.

이처럼 정교하게 직조된 먹이사슬을 통해 이전 단계 고리의 에너지가 위 단계로 전달된다. 또한, 한 개체의 죽음에 의해 다른 개체로 에너지가 이동될 뿐 아니라, 죽음 이후 부패를 통해 에너지가 그 원천인 토양으로 다시 되돌려지기도 한다. 토양에서 시작된 에너지가 먹이사슬 통로를 통해 윗 단계로 이동하는 한 편, 부패를 통해 토양으로 다시 돌아오는 이러한 에너지의 순환적 흐름은 다양한 개체들의 상호작용으로 이루어지는 안정적 생명공동체를 구성하는 핵심 메커니즘이라고 리어폴드는 분석한다.

생명공동체를 가동시키는 메커니즘이 작동하지 않는 것은 그것의 '죽음'을 의미한다. 생명공동체의 죽음은 개체의 죽음과는 다르다. 개체의 죽음은 각각의 사멸을 의미하는 개별적으로 가장 비극적인 경험에 해당되지만, 생명공동체의 비극은 "산처럼 생각하기" 예화에서처럼, 특정 구성원의 지나친 사멸이나 지나친 번성으로 생태계 연결망이 와해되어 에너지 순환이 중단되는 경우 찾아온다. 그것은 "생태학적 죽음"으로, "현상"(phenomenon)이 아니라 "본질"(noumenon)의 죽음이다(137).

동물과 인간 사이의 "대체할 수 없는 선"(Singer 8)을 문제 삼는 동물권리 담론이 제기하는 부당함이 동물 개체의 죽음에 관련된 것이라면, 리어폴드의 생태학적 비전에서 부각되는 것은 개체의 죽음이 아니라 그것으로 구성되는 생명공동체 그 자체의 죽음이다. 생명공동체에는 그것의 작동이 중단되면 공동체 전체가 죽음에 내몰리게 되는 메커니즘이 작동하고 있기 때문에, 그 메커니즘을 안정되게 지속시킴으로써 "생태학적 죽음"으로 내몰리지 않게 하는 생태적 지혜와 윤리가 필요하게 된다.

이렇게 하여, 먹이사슬을 구성하는 개별 생명체로부터 그것들이 이루는 생명공동체 자체로 생태학적 관심이 이동하게 된다(Callicott 202). 늑대 없는 세상은 사슴의 낙원이 될 것이라는 기대로 눈에 띄는 늑대마다 사냥의 표적이 되자 사슴이 과다하게 되어 산전체가 "생태학적 죽음"에 이르게 되고 결국 의도와 달리 사슴도 사멸하게 된다는 "산처럼 생각하기"의 교훈은 생명공동체 전체에 작동하는 생명원리에 도달하지 못한 채 개별 개체 특히 인간 중심에 머물러있는 제한적 관점의 한계를 명징하게 전달한다. 리어폴드는 다음과 같이 제한적 인간중심이 생태계에 미치는 위험성을 강조한다.

진화는 오랜 시간에 걸친 일련의 자기유도적인 변화인데, 그것의 결과, 에너지 흐름 메커니즘은 더욱 정교해졌고, 그 회로는 더 길어졌다. 진화적 변화는 일반적으로 느리고 국지적이다. 그러나 인간의 도구 발명은 유례없이 격렬하고, 빠르고, 폭넓은 변화를 불러들여왔다.

그 가운데 하나가 식물군 및 동물군의 구성 변화이다. 대형 포식자들이 생태계 피라미드의 정상에서 축출되었고, 역사상 처음으로 먹이사슬이 길어지는 대신 짧아지고 있다. 외지에서 온 재배 종이 야생 종을 대체하고 야생 종은 새로운 서식지로 쫓겨나고 있다. 동물군과 식물군의 이러한 전세계적 범위의 합병으로 어떤 종은 새로운 서식지에서 해충이나 질병이 되고, 다른 종은 절멸되었다...

교통은 또 다른 근본적인 변화를 가져온다. 어떤 지역에서 길러진 식물이나 동물은 이제 다른 지역에서 소비되고 그곳의 토양으로 돌아간다... 이전에는 국지적이고 자기충족적 이었던 회로가 전세계적인 범위로 병합되었다.

evolution is a long series of self-induced changes, the net result of which has been to elaborate the flow mechanism and to lengthen the circuit. Evolutionary changes, however, are usually slow and local. Man's invention of tools has enabled him to make changes of unprecedented violence, rapidity, and scope.

One change is in the composition of floras and faunas. The larger predators are loppped off the apex of the pyramid; food chains, for the first time in history, become shorter rather than longer. Domesticated species from other lands are substituted for wild ones, and wild ones are moved to new habitats. In this world-wide pooling of faunas and floras, some species get out of bounds as pests and diseases, others are extinguished...

Transportation brings about another basic change: the plants or animals grown in one region are now consumed and returned to the soil in another... the formerly localized and self-contained circuits are pooled on a world-wide scale. (217-18)

이처럼 인간개입으로 먹이사슬이 역사상 처음으로 짧아지고, 국지적 회로가 전세계적인 규모로 병합되는 것은 인간 이익을 위해 위력적 도구가 생태계에 적용됨으로써 그것에서 작동하는 열린회로가 닫힌회로로 교란되어갔기 때문이다. 인위적 도구를 통해 생태계에 비축되어 있는 에너지를 폭력적으로 방출시키는 것은 일시적으로 거짓 풍요를 가져올지 모르지만 그 대가를 잠정적으로 은닉 또는 유예할 뿐 결국은 폭력의 엄중한 결과를 피해갈 수 없다는 것이다.

이러한 결과가 땅을 경제적 관점으로만 파악하고, 인간을 땅의 정복자로 파악하고 있기에 초래된 것이라면, 문제의 해결은 인간 중심에 대한 반성에서 시작될 수 있을 것이다. 리어폴드가 "인간의 역할을 대지공동체의 정복자에서 그것의 평범한 구성원이자 시민으로 변화시키며, 동료 구성원에 대한 존중 또는 공동체 자체에 대한 존중을 수반하는"(204) 대지 윤리의 필요성을 강조하는 것도 이러한 맥락에서 이다.

여기서 중요한 것은 윤리가 인간과 사회의 범주를 벗어나 새로운 단계로 확대되어 간다는 점이다. 모세의 십계명처럼 최초의 윤리는 개인 간의 관계에 관한 것이었고, 이후 황금률이나 민주주의처럼 개인과 사회의 관계가 덧붙여졌다. 그러나 아직 인간과 "대지 및 그 위에 살아가는 동식물"과의 관계를 다루는 윤리가 작동되고 있지 못하다는 것이 리어폴드의 진단이다. 말하자면, 땅에 대한 인간의 관계는 여전히 경제적인 것으로, 그것에 대한 특권을 수반할 뿐 의무는 가지고 있지 않다는 것이다. 리어폴드가 파악하기에, 윤리가 "대지 및 그 위에 살아가는 동식물"과의 관계로 확장되는 것은 "진화론적 가능성이자 생태학적 필연성"이다(203). 오디세우스가 부정을 저지른 여자 노예들을 목매달아 죽일 때 당대의 윤리에 어긋나지 않았던 것은 여자 노예가 옳고 그름을 따질 윤리의 대상이 아니었기 때문이다. 당시 윤리의 범위는 오디세우스의 부인까지는 포함되어있었으나 노예까지는 확대되지 않았던 것이다(201-2). 이후 전개된 윤리 확장에 의해 여성, 유색인, 어린이까지 윤리의 범위에 포함되었지만(Nash 3-12), 자연은 아직 권리의 주체에는 이르지 못하고 인간주체가 자신의 편의성을 일방적으로 도모하는 대상으로만 남아있다. 리어폴드는 자연이 윤리의 대상에 포함되는 것이 생명 진화의 필연적 과정이라고 본다. 이러한 인식의 소산인 대지 윤리는 다음과 같이 인간과 자연의 새로운 관계 설정을 제시한다.

> ...적절한 토지 사용을 경제적 문제만으로 생각하지 마라. 각각의 의제를 무엇이 경제적으로 유리한가 하는 관점 뿐 아니라 무엇이 윤리적, 심미적으로 올바른가의 관점에서 검토하라. 생명공동체의 통합성, 안정성, 아름다움의 보전에 기여한다면 그것은 옳고, 그렇지 않다면 그른 것이다.

> ...quit thinking about decent land-use as solely an economic problem. Examine each question in terms of what is ethically and esthetically right, as well as what is economically expedient. A thing is right when it tends to preserve the integrity, stability, and beauty of the biotic community. It is wrong when it tends otherwise. (224-25)

이 선언은 생명공동체의 통합성, 안정성, 아름다움을 윤리의 선명한 기준으로 자리매김한다. 이렇듯 미학적인 동시에 과학적이기도 한, 규범적 기준들에 입각하여 우아하고 명료하게 제시된 리어폴드의 대지 윤리는 매력적으로 설득력 있게 환경윤리의 새로운 장을 여는 것이 분명하지만, 검토되어야 할 철학적, 생태학적 문제를 남기는 것도 사실이다.

IV

대지 윤리의 도덕적 고려의 발원지는 개별 유기체가 아니라, 그것들이 구성하는 '공동체' 전체이기 때문에 생명공동체의 통합성, 안정성, 아름다움에 기여한다면 개별 생명체의 복지 및 존속은 복속되어야 한다. 따라서 대지 윤리는 개별 개체의 복지를 우선시하는 개체주의와는 달리, 개체 복지의 희생이 불가피한 전체주의적 관점을 띤다. 이처럼 전체의 선을 위해 개체적 선의 희생을 용인한다는 점에서 대지 윤리는 '전체주의적'이라는 비판을 받을 소지가 없지 않다. 개체의 권리 대신 자연의 전체주의적 관점을 우선한다는 점에서 대지 윤리를 "환경파시즘"(Regan 361)으로 조망하는 비판적 시각도 같은 맥락에서 이해될 수 있다.

특히, 전체를 위한 개체의 희생이 구성원 모두의 몫이 아니라 그 중 일부에게만 해당되며 다른 일부는 오히려 혜택을 받게 되는 결과를 가져올 때, '전체'라는 미명 하에 자행되는 불공정은 이른바 '환경적 정의'의 문제를 제기하게 된다(Adamson 10-2). 전체를 위한다는 명분하에 실제로는 특정 계층의 이익에 봉사하는 메커니즘은 이미 정치·사회적 차원에서 '파시즘'이 실제로 보여주었던 바이기도 하지만, 환경파괴에 의해 야기되는 실제적인 피해가 계층적으로 불평등하게 작용하는 환경적 불공정에도 적용될 수 있다. 환경 전체를 보전하고 정화하는 운동이 일부 구성원에게는 깨끗한 공기와 물을 제공하지만, 소외된 구성원에게는 혜택 대신, 전체 환경의 보전과 정화를 위한 일방적인 희생만 요구된다면 환경적 '파시즘'과 '전체주의'의 위험성은 경계될 필요가 있다. 전체를 위하는 것으로 의도된 혜택이 모든 개체에게 공평하게 돌아가는 것인지에 대한 고려와 검토가 전제되지 않는다면 어떠한 환경 담론도 전체주의와 파시즘에 노출되어 있을 가능성을 온전히 배제하기 힘들 것이다.

전체주의가 상정하는 '전체'에 과연 언제 어디서나 확고부동하게 받아들여지는 온전한 실체가 부여될 수 있는지에 대한 의문은 전체주의적 환경 담론에 대한 보다 근원적인 비판적 조망을 제시한다. 거라드(Greg Garrard)는 대지 윤리가 전제하는, 통합적이고 안정된 가치체계로서의 '생명공동체'라는 개념 자체가 현대 생태학의 관점에서 문제적이라고 주장한다. 리어폴드가 의존하는 고전적 생태학은 교란되지 않는 균형 잡힌 생태계 모형에 기반 하지만, 현대 생태학은 고전적 생태학에 의해 제공되는, 전체를 아우르는 대서사 이론에 대해 회의적인 견해를 표명한다는 것이다. 거라드는 리어폴드 생태학이 다음과 같이 비판될 수 있음을 보여준다.

> 리어폴드의 생태학 언어는 자연계에서 거의 발견되지 않는 예측 가능성을 시사하기 때문에 오늘날 조심스럽게 다루어진다. '공동체'라는 개념은 생태적 전체가 그 부분들의 단순총합 이상으로 이해될 수 있음을 암시한다. 그러나 브레넌이 주장하듯이, "종 다양성과 명백한 자기 규제를 드러내는 안정된 생태계와 마주칠 때, 그저 우연히 그렇게 된 것일 가능성이 있다."(211) 많은 종이 생태계 범주를 위반하고, 어떤 종은 변화로부터 해를 입거나 제거되는 반면, 다른 종은 혜택을 본다. 생태계 전체는 전적으로 가만히 있거나 추락하지도 않는다. 생태계의 범주를 확립하는 것은 매우 어려울 뿐 아니라, 생태계 범주라는 말 자체가 "기계적 체계의 안정성이라는 물리적 개념"(Botkin 42)으로 잘못 제시될 소지가 있다. 공동체가 적절하게 묘사될 수 없고, 그것에 대한 이상적인 안정된 조건이 확립될 수 없다면, "통합성"이나 "안정성"은 도덕적 행위에 필요한 객관적 기준이 되지 못한다.
>
> The language of Leopold's ecology is nowadays treated with

> some caution since it suggests a degree of predictability that is seldom found in natural systems. The idea of a 'community' suggests the ecological whole is greater than the sum of its parts, but, as Brennan argues, "The possibility remains that when we encounter an apparently stable ecosystem manifesting diversity of species and apparent self-regulation, we may be confronted with an item that just happens to be the way it is"(211). Many species transgress ecosystem boundaries, and some species benefit from change while others are harmed or eliminated: an entire ecosystem does not stand or fall together. Not only is it very difficult to establish the boundaries of ecosystems, the word itself misleadingly suggests "the physical concept of the stability of a mechanical system"(Botkin 42). If the community cannot be properly delineated, and if the ideal stable condition for it cannot be established, then neither "integrity" nor "stability" are the objective criteria we need for moral action. (Garrard 73)

고전적 생태학에서처럼 생명공동체를 통합적이고 안정적인 자족적 체계로 상정하는 것은 그것의 작동원리가 온전히 파악되었다는 것을 전제로 한다. 그러나 리어폴드 자신이 이렇게 말하고 있다.

> 오늘날 일반인들은 과학이 무엇이 공동체 시계를 작동시키는

지 알고 있다고 생각하지만, 과학자는 자신이 모르고 있다는 것을 인정한다. 과학자는 생명 메커니즘이 너무 복잡하여 그것의 작동이 온전히 이해될 수 없다는 것을 알고 있다.

The ordinary citizen today assumes that science knows what makes the community clock tick; the scientist is equally sure that he does not. He knows that the biotic mechanism is so complex that its workings may never be fully understood. (205)

생태계에서 실제로 작동하는 것을 알 수 없을 때 어떻게 그것의 통합적, 안정적, 자족적 구조를 확인할 수 있을까? 리어폴드를 비판적으로 조망하는 입장에서는 생태계의 실체가 온전하게 파악될 수 없기 때문에, 그것의 통합성, 안정성, 자족성을 전제하는 것 자체가 모순일 수 있다.

생태계 전체가 "그 부분들의 단순총합 이상"이라는 고전적 생태학의 전제는 구성원들의 단순 합산으로 설명될 수 없는 어떤 메커니즘이 생태계에 작동하고 있음을 시사한다. 그러나 생태계에서 실제로 작동되는 것이 "자기 규제" 원리 대신 "우연"의 소산이라고 한다면, 그 메커니즘이 실체가 아니라 일종의 신화라는 반고전생태학적 주장을 일방적으로 일축하기는 쉽지 않을 것이다.

사실, 생태학 이론은 기본적으로 모형에 기반하고 있는데 모형은 그야말로 잠정적인 설계일 뿐 리얼리티가 아니다. 모형을 통해 생태계의 작동 원리가 제시될 수 있다고 해도 그것이 생태계의 실제 작동 과정이라고 단언할 수 없다면, 그 이유 중의 하나는 생태계는 늘 외부에 열려있게 마련이기 때문이다. 어떤 생태계도 그 자체로 자족적일 수는 없으며 외부로 이어지면서 더 큰 생태계의 일부를 이룬다고 했을 때, '외부'를 고려하지 않고 자체의 작동 원리만으로 생태계를 설명하기는 어렵다. 생태계에 "자기 규제" 대신 "우연"이 지배한다고 관찰되는 것도 이러한 이유에서이다.

생태계에 어떤 원리가 작동하는 것처럼 보여도 그것은 생태계 자체의 필연적 원리가 아니라 그것의 모형에서 도출된 잠정적 원리일 수 있다. 이처럼 생태계 작동 메커니즘으로 알려져 있는 것이 실제에서 작동되는 생명 원리가 아니라 모형에서 도출된 잠정적 원리일 뿐이라면, 생명의 원리가 구현된 "통합성, 안정성, 아름다움"의 공간이 발견될 수 있는 것도 생태계 자체가 아니라 단지 그것의 모형에서일 뿐이라고 해야 할지 모른다.

V

현대 생태학 이론에 비추어 볼 때, 『샌드 카운티 연감』 특히 「대지 윤리」부분에서 제시된 생태계 이해에 의문이 제기될 수 있다는 점에는 이론의 여지가 크지 않다. 그러나 『샌드 카운티 연감』에서 리어폴드가 수행하려는 주된 과업이 과연 일사불란한 생태학 이론이나 모형의 제시인지는 의심스럽다. 무엇보다, 리어폴드는 『샌드 카운티 연감』을 통해 하나의 방정식, 하나의 원리로 생태계의 모든 것을 설명하려 하지 않으며, 그러한 의도도 가지고 있지 않다. 그는 그것이 가능하지 않다는 것을 이미 잘 알고 있기 때문이다. 과학이 생태계의 작동 원리에 대한 온전한 설명을 제공하는 것이라기보다는 오히려 그것이 가능하지 않음을 보여준다(205)는 점이 강조되는 것도 이러한 맥락에서이다.

리어폴드가 『샌드 카운티 연감』을 통해 대지 윤리의 필요성을 개진하는 것은 고전 생태학 이론을 정립하거나 여느 생태 과학 원리를 제시하기 위해서라기보다, 근대 이후 훼손과 파괴가 점증해가는 환경을 보존하기 위한 공동체적 윤리 의식을 촉발하기 위해서라고 할 수 있다. “미국의 이사야”(Stegner 233)라는 호칭이 말해주듯이, 기존의 잘못된 가치관을 버리고 의식 변혁을 통해 새로운 삶을 촉구하는 것(김원중 775)이 리어폴드의 본령이라고 할 수 있다.

『샌드 카운티 연감』에 생태 과학적 논의가 포함되어 있는 것은 사실이지만, 생태계를 이루는 구성원들이 서로 얼마나 긴밀하게 연결되어, 얼마나 안정적이고 통합적인 체제를 이루는지, 또는 생태계를 온전한 '공동체'로 작동시키는 작동 원리를 어떻게 규명할 것인지, 그리하여 그 원리에 입각한 생태계가 어떻게 독자적인 완벽한 실체로 이해될 수 있을지 등 생태과학 이론 자체에 대한 관심이 그의 저서를 관류하는 중심 문제의식이라고는 볼 수 없다. 생태계가 얼마나 독립적인 완벽한 체계인지에 관한 논란보다는 오히려 에너지 회로로서의 생태계에 인간과 인간 도구가 개입됨으로써 어떻게 그리고 얼마나 막대한 변화를 겪게 되는지에 관한 논의에 리오폴드의 강조점이 놓여 있다. 즉, 생태계의 자족성이나 온전성과 관련된 생태 과학적 논점을 리어폴드 논의의 중심의제로 상정하기는 쉽지 않지만, 구성원들의 먹고 먹히는 먹이사슬 관계를 통한 에너지 이동으로 작동되는 생태계가 자기 이익을 위해 봉사하는 근대화된 인간의 막강한 위력에 의해 유사 이래 처음으로 먹이사슬이 짧아지고 국지적 회로가 전세계적인 규모로 확대되는 등 폭력적 변모를 겪게 되는 과정에 대한 리어폴드의 '과학적' 설명은 주목하지 않을 수 없게 된다. 이런 점에서, 리어폴드의 생태 과학 논의는 생태계에 대한 인간의 영향을 객관적으로 제시하기 위한 것이라고 할 수 있다. 결국, 리어폴드가 자신의 논의에 생태 과학을 포함시킨 것은 생태 이론 자체를 주장하기 위해서가 아니라, 인간의 영향이 생태계에 어떠한 변화를 가져오는지를 과학을 통해 명료하게 보여주기 위해서라고 해야 할지 모른다. 생태계 자체라기보다 인간에 의한 생태계의 영향에 리어폴드의 주된 관심이 놓여있다면, 그가 생태계의 통합성, 안정성, 아름다움에서 주목하는 것도 생태계 자체에 그러한 미덕이 선험적으로 내재되어 있다는 점보다는, 인간의 부주의와 부도덕으로 그러한 미덕이 파괴되지 않도록 생명공동체를 안정적이고, 통합적으로, 그리고 아름답게 지속시키기 위해 윤리와 책임이 필요하다는 점에 방점이 찍혀 있다고 할 수 있다.

이처럼 인간의 윤리와 책임이 강조되면서, 인간은 여느 생명체와 더불어 생명공동체를 구성하는 동등한 일원이지만 이와 동시에 그것의 통합성, 안정성, 아름다움을 지키기 위한 '특별한' 존재로 부각된다. 프리첼(Peter A. Fritzell)이 제시하고 있듯이, 인간이 스스로 생명공동체의 시민이라고 생각할 때 그리고 생물학적 피라미드에서 자신의 위치를 이해하려 의식적으로 노력할 때 이미 인간은 생명공동체를 이루는 단순 구성원으로 국한되는 것이 아닐 수 있다(143). 말하자면, 사고와 언어에 의해 인간은 생명공동체의 외부에 위치하게 되는 것일 수 있다. 인간이 자연 안에 존재하는 하나의 객체인지 아니면 자연의 질서를 인식하고 이해하는 외부의 존재인지에 대한 이러한 의문은 인간이 진화하는 거대한 변화의 흐름에 놓여 있는 대상에 불과한지 아니면 그 흐름에 간섭하고 그것을 유도하는 주체인지에 대한 의문으로 이어진다. 생명공동체 내 인간 지위의 이러한 이중성은 『샌드 카운티 연감』의 여러 곳에서 확인된다.

리어폴드는 진화의 오디세이에서 인간은 다른 생명체의 동료 항해자에 불과하다는 것을 분명히 한다. 그러나 이와 동시에 다른 생명체에 대해 '알고' 있기 때문에 그들과 함께 하는 생명 세계의 장엄함과 영속성에 대해 경외감을 느끼게 된다. 예컨대, 비둘기가 인간의 죽음을 애도하지 않는 반면, 인간은 비둘기의 죽음을 애도하는데, 이러한 점이 모든 진화 오디세이가 인간을 위한 것이라는 잘못된 가정을 수용하도록 하는 것은 아니지만, 이 탐험에 대해 인간적 책임과 의무가 부여되어 있음을 시사하는 것으로 이해될 소지가 없지 않다(110). "과거의 것들을 사랑하고... 아메리카를 역사로 바라보는 것"(112)이 인간의 특권이자 의무라면 이것이야말로 윤리의 토대에 해당되는 셈이다.

『샌드 카운티 연감』은 강물이 어떻게 자체의 경관을 채색하는지, 나무가 어떻게 자신의 역사를 담고 있는지, 사냥개가 어떻게 "그 여름밤에 어떤 동물이 아무도 모르게 써 놓은 후각 시"(43)를 읽는지를 보여준다. 함성 지르는 학의 습지 서사시, 이동하는 비둘기의 비극, 심지어 복잡한 황야 생물상과 단순화된 농업 생물상을 거치는 X 원자의 여정이 그려진다. 자연이 시를 제공하는 것이며, 대지에서 심미적 수확을 거두는 것이다. 이렇듯 자연에서 인간적 감수성을 이끌어내는 것은 물론 그것에 인간적 관점을 투사한 결과일 수 있다. 그리하여 어떤 점에서, 프롬(Harold Fromm)이 지적하는대로, 리어폴드를 "모호하게 매력적"으로 만드는 것은 역설적이게도 그의 텍스트에 여전히 남아 있는 "수준 높은 인간중심주의"일지 모른다(49).

그러나 리어폴드가 기존의 인위적인 미적 기준을 있는 그대로 수용하는 것은 아니다. 일반적으로는 황폐하게 느껴지는 목장과 모래펄이지만 리어폴드에게는 시적 감수성과 심미적 경험의 장소가 된다. "그 안에 살아가는 식물, 동물, 꽃잎에 맺힌 이슬"이 있는데 샌드 카운티가 정말 척박한 땅인지 리어폴드는 의문을 제기한다(102-3). 그가 권리증에 의한 기존의 소유 방식 대신, 땅을 진정으로 소유하는 방식을 찾아나서는 것(41)도 같은 맥락에서 이해될 수 있다.

이런 점에서, 리어폴드의 대지 윤리가 개체의 일방적인 희생에 기반 하는 전체주의적 관점을 견지하고 있다는 비판도 다시 생각해 볼만하다. 리어폴드가 강조하는 것은 생태계의 전체 체계만이 아니다. 그는 "그 안에 살아가는 식물, 동물, 꽃잎에 맺힌 이슬"에 대해서도 무한한 애정을 표하고 있는 것이다. 리어폴드가 생태계 전체만이 아니라 그것을 이루는 각각의 개체에 대해서도 이웃처럼 친구처럼 애정을 품고 있다는 것은 그의 비전이 개체의 희생을 당연시 하는 일단의 전체주의적 관점으로 폄하될 수 없음을 보여준다.

물론, 리어폴드가 생명공동체를 이루는 각각의 개체에 대해 품는 애정은 그것의 생명권을 강조하는 동물권리적 입장과는 동일하지 않다. 동물권리 담론이 자신에게 주어진 잠재적 수명 이전에 자신의 의지에 반해 다른 주체에 의해 생명을 박탈당하지 않을 생명권이 각각의 동물 개체에 보장되어야 한다고 주장하는 반면, 먹이사슬에 의한 에너지 흐름에 입각해 생명공동체가 작동된다고 이해하는 리어폴드의 생태관은 개체 간의 살상과 섭생을 당연한 것으로 전제하기 때문이다. "일주일 간 애써 잡은 기러기는 가장 훌륭하게 구워져야 한다"고 생각하는 리어폴드에게 개체에 대한 호감과 그것을 인간의 식량으로 삼는 일은 서로 충돌되지 않는다. 개체에 대한 애정이 있다고 그것이 다른 개체의 에너지원이 되는 생태계 작동 원리가 부정되는 것은 아니다. 동물권리 담론의 부상은 동물에 대한 호감과 그것의 섭생을 함께 받아들일 수 있었던 이전 시대의 통합적 감수성이 소실되는 과정(Garrard 139)과 맞물려 있다. 또한, 동물권리는 인간에게 적용되는 권리의 개념과 범주를 모든 생명체에 무차별적으로 적용한다는 점에서 오히려 '인간중심적'이라는 비판의 소지도 있다.

리어폴드가 강조하는 윤리는 각 개체의 생명을 수호하려는 동물권리적 도덕보다는 그것들의 연결로 작동되는 생태계의 "생태학적 죽음"을 막아야 한다는 생명공동체적 책임에서 발원한다. 이러한 책임을 향한 근본적인 내적 변화, 그리고 그것에서 도출되는 새로운 윤리의식에 대한 강조야말로, 스테그너가 지적하듯이, 리어폴드가 주목되어야하는 가장 중요한 이유이다(233). 리어폴드에 따르면, 인간은 객관적으로 작동되는 생명체계의 한 구성요소를 담당하는 제한적 존재로 국한될 수 없으며, 내면의 변화와 새로운 윤리를 통해 생명공동체에 대한 책임을 다해야하는 역할이 주어져 있는 것이다.

리어폴드는 대부분의 자연기문학 작가와는 달리 전문 과학자였다. 그러나 새로운 생태계 모형을 제시하고 그것 자체를 설파하는 '과학적' 작업보다는, 과학 담론을 통해, 근대적 도구의 발명과 도입 이후 급격하게 심화되는 훼손으로부터 환경을 보전하기 위한 인간의 책임과 윤리를 부각시키는 일이야말로 리얼폴드의 과제였다고 할 수 있다. 이런 점에서 리어폴드가 다음과 같이 『샌드 카운티 연감』을 마무리하는 것은 놀라운 일이 아니다.

> 일반적으로, 현재 우리가 당면한 문제는 태도와 수단의 문제이다. 지금 우리는 알함브라 궁전을 굴착기로 개수하면서 우리

의 작업량을 자랑한다. 우리는 어쨌든 장점이 많은 굴착기를 결코 포기하지 않을 것이다. 그러나 그것의 현명한 사용을 위해 우리는 보다 섬세하고 보다 객관적인 판단기준이 필요하다.

By and large, our present problem is one of attitudes and implements. We are remodelling the Alhambra with a steam-shovel, and we are proud of our yardage. We shall hardly relinquish the shovel, which after all has many good points, but we are in need of gentler and more objective criteria for its successful use. (225-56)

그의 대지 윤리는 윤리의 대상을 인간을 넘어 "대지 및 그 위에 살아가는 동식물"로 확대한다는 점에서 급진적이지만, 근대성의 혜택과 인간 개입의 불가피성을 인정하고 있다는 점에서는 현실적이었으며, 인간의 책임을 강조하고 있다는 점에서 윤리적이었다. 다만 근대성의 혜택을 "보다 섬세하고 보다 객관적으로" 사용할 수 있는 방법을 모색함으로써 환경의 통합성, 안전성, 아름다움을 지킬 수 있을 것인지가 그가 견지한 평생의 과업이었다고 할 수 있다.

"인간의 역할은 생명공동체의 정복자로부터 그것의 평범한 시민으로 전환"되어야 하며 "생명공동체를 구성하는 다른 동료 개체 및 생명공동체 그 자체가 존중의 대상이 되어야 한다"(204)는 것이 대지윤리의 요구이다. 이러한 요구에 입각할 때 인간/사냥꾼은 늑대/사냥감을 사슴 파괴자라는 좁은 영역에서 벗어나 생명공동체를 공유하는 동료라는 커다란 맥락 하에서 이해할 수 있게 되며, 이렇게 형성된 새로운 사냥꾼/사냥감 관계에 의해 자연의 생명원리에 입각한 사냥이 가능하게 되어 그 결과 "복원에 수십 년 걸리는"(130) 생태계 파괴를 피해 갈 수 있을 것이다.

3부

고기잡이를 통한 자연합일의 가능성과 자연 파괴의 위험성

1 「두 마음을 가진 커다란 강」과 『노인과 바다』: 헤밍웨이의 치유와 희/비극의 여정

I

「곰」(“The Bear”)과 『월든』(*Walden*)을 통해 확인할 수 있듯이, 마을 지척에 있던 숲이 자동차로 수백 마일을 달려야 도달할 수 있을 정도로 자연 파괴와 변모가 빠르고 지속적으로 이루어져 왔지만, 「두 마음을 가진 커다란 강」(“Big Two-Hearted River”)은 비록 그 규모에 있어 축소되었다할지라도 자연을 통한 현대판 아이크(Ike)와 소로우(Thoreau)의 교육과 훈련이 가능할 수 있음을 보여준다. 「두 마음을 가진 커다란 강」의 주인공 닉(Nick)은 문명세계의 경험으로부터 어떤 상처를 받은 것으로 암시된다. 작품 자체에서는 구체적으로 언급되어 있지 않지만, 이 단편이 묶여 있는 『우리들의 시대에』(*In Our Time*)의 전체 이야기에 비추어 볼 때, 그 상처는 닉이 참전한 1차 세계대전과 깊은 관련이 있는 것으로 보인다. 닉이 전쟁 이전 경험하던 자연과의 유대관계를 회복하기 위해 북쪽 강가로 송어낚시를 떠나는 것도 바로 이러한 이유라고 할 수 있다(Schmidt 144).

송어낚시를 위해 기차에서 내렸을 때 닉이 처음 보게 되는 것은 화재로 검게 타버린 숲이다. 전쟁을 겪고 고향으로 돌아온 닉을 기다리는 것이 파괴되어버린 숲이라는 것은 다분히 상징적이다. 전쟁 전의 울창한 숲이 이제 파괴되어 검게 그을린 흉물로 변모해 있다는 것은 한편으로, 전쟁으로 대변되는, 자연에 개입할 수 있을 가장 잔인한 형태의 문명 개입이 어떠한 양상으로 진행될 수 있을지를 추측할 수 있게 하는 동시에, 다른 한편, 전쟁 이후 닉이 겪고 있는 내면적 상처의 객관적 상관물로 이해될 소지도 충분하다. 따라서 이제부터 닉이 찾아 나서는 것은 검게 파괴된 숲이 예전의 풍성함을 되찾듯이, 자연과의 풍요로운 긴밀한 유대를 되찾으며 전쟁으로 찢겨진 내면의 상처를 치유하는 회복의 여정이 될 것이다. 산을 오르는 닉의 양말에 달라붙은 메뚜기가 화재로 인해 "온통 검은 색"(136)인 반면, 한참의 산행 다음 날 낚시 미끼로 쓰기 위해 잡은 메뚜기가 화재의 흔적 없는 자연 상태 그대로였다(145)는 점은 닉의 여정이 파괴와 상처로부터 온전한 풍성함과 치유로 이어지는 궤적임을 보여주는 또 다른 예이다. 이러한 회복의 여정은 "충격적일 정도로 차가운"(148) 맑은 강물을 발견하고 그 안에 송어 낚시대를 드리우는 순간 급속도로 진전되지만, 낚시터를 향해 자연이라는 "그 좋은 곳"(139)에 첫 발을 디디는 순간부터 이미 시작되고 있다고 해야 할 것이다. 그리하여 강에 도착하기 전, 소나무 아래에서 낮잠을 잘 때에도 "등에 닿는 대지의 감촉"(137)을 기분 좋게 느끼며, 전쟁의 악몽이 간섭하지 않는 편안한 잠을 잘 수 있게 된다.

기차에서 내린 닉은 배낭과 짐은 남겨둔 채 다리에 서서 강물 속의 송어를 관찰한다. 송어를 관찰하며 닉의 마음이 "단단해지는" 것은 강물의 흐름을 거슬러 올라가려는 송어가 "모든 것을 뒤로 한 채" 산을 향하는 닉 자신과 닮아있기 때문일 것이다(134). 무거운 배낭과 짐을 짊어지고 끊임없이 이어지는 산길을 따라 걷는 것은 힘든 일이지만 그것은 편안한 내면의 "집"을 향한 여정이기도 하다. 힘든 산행을 마치고 밤을 지내기 위해 설치한 텐트에서 "집과 같은" 신비한 분위기를 느끼는 것(139)은 이런 점에서 시사적이다. 산행 중 소나무 아래서 자는 곤한 낮잠만이 아니라, 하루를 보낸 후 강가에 친 텐트 안에서 맛보는 깊고 편안한 잠은 산행이 닉에 가져다주는 안정되고 편안한 심리상태를 단적으로 제시한다. 닉이 이러한 안정감을 얻을 수 있었던 것은 흔들리지 않도록 깊고 단단하게 땅에 박혀 있는 텐트의 폴대처럼 자신을 대지에 견고하게 밀착시켰기 때문이라고 할 수 있다. 이러한 안정감은 미끼에 걸린 커다란 송어와의 힘겨운 싸움에도 불구하고 끝내 송어를 놓치고 나서도 이내 자신의 감정을 적절하게 조절할 수 있는 능력으로 이어진다.

이렇듯 닉이 심리적 안정감과 조절 능력을 회복해가며 상처의 치유에 성큼 다가갈 수 있었던 것은 물론 자연이라는 "그 좋은 곳" 때문에 가능한 일이겠다. 그러나 이 "좋은 곳"에서 보여주는 닉의 모습을 좀 더 면밀히 살펴볼 때, 닉이 성취해가는 치유와 회복은 자연을 '대상'으로 관조함으로써 얻어지는 것이라기보다는 실제로 그것에 '참여'함으로써 이룩되는 것으로 이해될 소지가 더 크다.

우선, 닉은 낚시터를 찾아가는 길에 강의 위치로 자신의 위치를 파악하거나 태양을 보고 자신이 가야할 방향을 알아내는 등 자신이 처한 상황을 자연과 관련시켜 파악하는 데 능숙하다. 더욱이, 낚시의 미끼를 위해 메뚜기를 잡지만 작은 크기의 메뚜기는 다시 풀어주고, 낚시에 작은 송어가 낚였을 때에도 다시 물속에 놓아주는 등 자연에서 작동하는 생명 메커니즘을 충분히 이해하고 그것을 실천으로 옮기고 있다. 또한, 낚시 바늘에 걸린 작은 송어를 물에 다시 풀어줄 때에도 먼저 손에 물기가 묻어 있는 것을 확인한다. 마른 손으로 비늘을 만지면 "하얀 곰팡이"가 송어의 "보호되지 않는" 비늘을 침범하기 때문에 그런 일이 없도록 조심하는 장면(149)은 닉이 얼마나 자연의 생명원리에 가까이 있는지를 보여준다.

닉이 생태계에서 작동하는 생명 순환의 메커니즘을 내재화하고 있다는 점은 그날 낚시의 결과인 송어를 칼로 베어 내장과 아가미 등을 긁어 낸 후 도려낸 부분을 밍크 먹이로 강가에 던져 놓는 대목(155)에서도 확인된다. 낚시로 잡은 송어로부터 자신이 먹을 수 있는 부분은 직접 섭취하고 그렇지 못한 부분은 그럴 수 있는 다른 생태계 구성원에게 기회를 주는 셈이다. 이런 점에서, 닉의 송어 낚시는 송어의 생명을 박탈하는 일방적인 인위적 행위라기보다, 생명의 메커니즘에 입각한 자연적 행위로 이해될 소지가 크며, 따라서 닉의 미끼에 걸려 벗어나려는 송어의 발버둥과 이것을 거두어들이려는 닉의 안간힘이 연출해내는 힘겨룸은 “두 마음을 가진” 양자가 어느새 서로를 분리할 수 없을 만큼 하나가 되어 추는 한바탕의 춤, 자연의 질서에 함께 녹아들어간 제의적 춤으로 해석될 여지도 적지 않다.

이와 관련하여, 헤밍웨이 자신이 아메리카 인디언들의 원시적 자연관에 깊은 관심과 존중을 보였다는 전기적 사실은 흥미롭다. 사실, 일단의 헤밍웨이 연구가 보여주듯이, 문명의 위협으로부터 벗어나, 대지와 밀착된 소박한 삶과 파괴되지 않은 자연을 찾아 나서는 헤밍웨이 주인공들의 원형이 바로 이 아메리카 인디언들로부터 유래되었다고 할 수 있다(Lindsay 7-10). 전쟁의 상처로부터 벗어나기 위해 자연으로부터 치유와 회복을 도모하는 닉이야말로 이러한 헤밍웨이 주인공을 대변하는 대표적 인물이라고 하겠다.

그러나 기본적으로 현대 서구인인 닉이 치유와 회복을 찾아가는 여정에 항상 밝은 전망만 드리워져 있는 것은 아니다. 예컨대, 작품의 후반부, 늪지를 묘사하며, "늪의 낚시는 비극적 모험이어서, 닉은 원치 않았다."고 기술되어 있는 대목(155)은 자연과의 여정이 상처와 상실의 비극적 모험일 수 있음을 암시한다. 「두 마음을 가진 커다란 강」에 암시된 이러한 비극적 모험은 헤밍웨이의 역작 『노인과 바다』를 통해 보다 구체적이고 전면적으로 극화된다.

II

「두 마음을 가진 커다란 강」의 닉이 강과 태양의 변화로 자신의 위치를 파악하듯이, 『노인과 바다』(*The Old Man and the Sea*)의 노인 산티아고(Santiago) 역시 여러 면에서 그 자신이 바로 바다의 일부로 이해될 수 있을 만큼 바다의 자연 생태계에 친숙하다. 우선, 평생을 바다에서 보내온 그의 역정이 말해주듯이, 그는 바다의 조류, 물고기, 태양 등의 변화와 흐름에 의해 다가올 날씨를 정확히 간파하고 적절히 대처할 수 있는 능력을 가지고 있다. 그가 나침반도 없는 무동력선에 의지해 여러 날 망망대해에서 견뎌낼 수 있었던 것도 그 자신이 이미 바다의 일부가 된 듯이, 그것의 변화와 흐름에 친숙하기 때문이다. 또한 그의 눈은 "바다와 동일한 색"(34)인 것으로 묘사되고 있을뿐더러, "여러 번 누빈"(44) 그의 상의는 마찬가지로 "여러 번 누빈"(33) 배의 돛을 환기시키도록 연결되어 있다. 더욱이, 고기잡이하는데 필요한 기운을 얻기 위해 기꺼이 섭취하는 바다거북의 흰 알이나, 다른 어부들은 진저리치지만 시력에 도움이 되도록 매일 마시는 상어 간의 기름 등은 문자 그대로 어부 산티아고의 신체를 이루는 구성요소가 되어 있을 것이다. 고기잡이가 예상보다 길어져 먹을 것이 없을 때 바다에서 잡은 물고기를 먹고 다시 기운을 차리는 대목 역시 자연 속에서 그 일부로 살아가는 산티아노의 면모를 생생하게 보여준다.

자신과 자연 속의 생물들을 동일시하는 심리묘사를 통해서도 산티아고의 자연적 면모는 확인된다. 산티아고는 죽은 뒤에도 계속 펄떡이는 거북의 심장이 자신의 심장을 닮았다고 생각한다. 또한 먹이를 잡지 못한 채 망망대해에 표류하고 있는 새들의 처지를 바다위에 일엽편주로 떠있는 자신의 입장과 동일시하며 동병상린의 감정을 품기도 한다. 산티아고가 가장 강한 유대감을 느끼는 대상은 아이러니컬하게도 자신의 미끼에 걸린 이후 며칠간 힘겨운 싸움을 벌이는 커다란 청새치이다. 산티아고는 청새치를 놓치지 않기 위해 낚시줄을 한 순간도 놓지 않지만, 이 줄은 단지 청새치의 포획만이 아니라, 양자간의 견고한 유대를 가능하게 해주는 연결고리이기도 하다. 이렇듯 강한 유대감으로 산티아고는 청새치를 "친구" 또는 "형제"(105)로 부르며, 상어의 공격으로 청새치의 살점이 뜯겨 나갈 때 마치 자신의 몸이 찢겨 나가는 것처럼 느낀다.

이처럼 "친구"이자 "형제"로 부르면서도 산티아고는 청새치가 끌고 가는 끝 어디까지라도 따라가서 그것을 잡고 말겠다는 굳은 결의를 보인다. 그는 "평생 보거나 들어본 적이 없을 정도로"(105) 거대하고 멋진 청새치와 깊은 유대를 느끼지만, 며칠씩 계속되는 사투에도 포기하지 않고 "인간이 무엇을 할 수 있고, 얼마나 인내할 수 있을지를 보여 주겠다"(95)고 되뇐다. 더욱이, 천신만고 끝에 포획한 청새치가 상어의 공격으로 앙상한 뼈만 남게 되었을 때에도 "인간은 파괴될 수는 있어도 패배할 수는 없다"(134)고 외친다. 이 작품에는 이미 자연의 일부가 되어버릴 정도로 자연과 하나가 된 산티아고의 원시주의적 면모와 함께, "너무 멀리"(151)까지라도 나아가 어떠한 난관에도 불구하고 자신의 의지를 관철하고자 하는 강인한 개인주의적 측면도 동시에 포함되어 있는 셈이다. “너무 멀리”까지 가서라도 자신의 의지를 관철하려하기 때문에 비극은 피해질 수 없게 되는 것이다.

이런 점에서, 러브(Glen Love)가 지적하고 있듯이, 산티아고는 친자연적인 원시주의와 비극적 개인주의가 충돌하는 접점이라고 할 수 있다(Practical Ecocriticism, 127). 청새치와의 결투 내내, 이 거대한 물고기를 꼭 잡아야한다는 다짐과 이렇게 멋진 생명체를 죽어야하는 죄의식이 동시에 출현하고 있는 것도 바로 이러한 이유 때문이라고 할 수 있다. 커다란 청새치가 자신의 미끼에 잡히자 평생을 바다에서 살아온 산티아고는 그 고기가 얼마나 대단한 녀석인지를 알아차린다. 이렇게 큰 고기가 어시장에 팔리면 정말 많은 사람들에게 큰 식량이 되겠지만, 진정 이 고기를 먹을 자격이 있는, 이 고기만큼의 품격을 지닌 사람이 과연 있을까 의문을 품으며, 산티아고는 이 청새치에게서 자신의 진정한 “친구”와 “형제”를 발견한다. 모터보트 등 근대식 낚시장비로 무장하고 있는 젊은 어부들이 바라보는 경쟁자나 적군으로서의 남성적 바다와는 달리, 산티아고가 바라보는 바다의 경우 그곳에 서식하는 생명체에게 호의를 베푸는 모성적 여성형으로 나타난다는 점을 감안한다면, 산티아고나 청새치 모두 모성적 바다의 품안에 있는 “형제” 또는 “친구”라고 할만하다. 산티아고는 이처럼 “형제”이자 “친구”인 청새치를 “정말로 많이 사랑하고 존경하지만,”(82) 이러한 사랑과 존경에도 불구하고 "그를 죽여야만 한다"(87)는 결의를 기회가 있을 때마다 확인하곤 한다.

이렇듯 청새치를 "형제"이자 "친구"로 여기면서도 이것의 생명을 박탈해야하는 딜레마는 "그 고기를 죽이는 것"에 대한 죄의식으로 이어진다. 산티아고는 고기를 잡는 것은 어부로서의 자신의 운명이고, 별이나 달을 잡을 필요가 없는 것이 다행일 뿐이라고 자신에게 되 뇌이며 딜레마에서 벗어나기 위해 나름대로 시도를 한다. 그러나 곧 자신이 처한 상황에서 죄에 대해 생각한다는 것은 부질없는 일이고 그런 일은 그런 생각을 직업으로 삼는 사람한테나 맡기자고 함으로써 딜레마를 해결하기 보다는 그것으로부터 도망가고 싶어 하는 심리상태를 은연중에 드러낸다(135-36). 결국, 산티아고는 바다에서 작동하는 자연의 생명원리 내에서 그 일부로 살아가면서도, 생명을 빼앗는 행위가 죄의식의 유발로 이어지는 인간적 윤리의 관점에서 자유로울 수 없었던 것이며, 더 나아가 이러한 인간적 관점이 자연 전체의 생명원리 내에서 조화롭게 융화되는 경지에도 이르지 못하고 있는 듯하다.

산티아고가 인간적 관점에서 자유롭지 못하다는 것은 바다 생명체를 적과 친구로 나누어 생각하고 있다는 점에서도 확인된다. 산티아고는 바다 새나 거북, 돌고래 등을 자신의 친구로 여기면서도 독을 품고 있는 고깔 해파리, 청새치를 공격하는 상어에 대해서는 노골적인 적개심을 드러낸다. 말하자면, "거대한 바다에 적과 친구가 공존하고"(151) 있는 셈이다. 그런데 여기서 적과 친구의 구분은 자연 생태계 내의 객관적 역할이라기보다는 산티아고의 인간중심적 관점이 투사된 결과라고 할 수 있다. 산티아고가 공감하는 대상은 친구, 그에게 해를 끼치는 대상은 적으로 임의적으로 구획되는 것일 뿐, 바다에서 실제로 작동하는 생명 원리에 입각한 객관적 분류라고 볼 수 없기 때문이다.

이처럼 『노인과 바다』의 주인공 산티아고가 바다를 자신의 제한적 관점을 투사해 바라본다고 하더라도, 『노인과 바다』에 형상화된 바다마저 제한적 관점의 소산인 것은 아니다. 즉 산티아고의 관점과 텍스트 전체의 관점은 구별될 필요가 있다. 오히려, 사진을 찍듯이 정밀하게 바다에 서식하는 생물체들 간의 관계를 묘사하는 장면들은 바다에서 실제로 작동하고 있는 자연 생태계의 메커니즘을 시사하기에 충분하다. 특히, 필사적으로 도망가는 날치가 뒤쫓는 돌고래로부터 벗어날 가능성은 별로 없어 보이고, 새 역시 날치를 쫓기는 하지만 날치가 자신의 먹이가 될 가능성도 높지 않은 것으로 묘사되는 돌고래와 새의 날치 추적 장면(61)은 자연에서 작동하는 먹이사슬의 단면을 생생하게 제시하고 있다.

러브가 지적하고 있듯이, 이 작품은 한 편으로는 친자연적인 원시주의와 비극적 개인주의의 갈등과 마찰을 담고 있는 것일 수 있고, 또 산티아고가 "너무 멀리"까지 간 것이 자연이 정한 인간의 범위를 벗어나는 '비극'의 씨앗이라고 할 수 있지만, 다른 한편 "너무 멀리"까지 나아가 사랑하는 청새치와 싸우는 것 자체도 자연 생태계 질서의 일부분으로 이해될 소지도 적지 않다. 특히, 젊은 어부들처럼 모터보트 등으로 무장되어 있지도 않고, 심지어 나침반도 없이, "여러 번 누빈" 돛만 단 채, 바람이 불고 물결이 이는 대로 청새치를 쫓아 나서는 산티아고의 추적은, 그가 목격하는 돌고래와 새의 날치 추적처럼, 자연 생태계 전체의 일부로 이해될 소지가 크다. 즉, 돌고래와 새의 날치 추적 장면이 바다 생태계에서 작동되는 메커니즘을 한 장의 그림으로 예리하게 제시하고 있다면, 바람과 물결에 따라 청새치를 쫓아가는 산티아노 역시 이 그림의 일부분으로 포함되지 못할 이유가 없어 보인다. 이렇게 본다면, "친구"이자 "형제"로 사랑하면서도, "멀리 까지"라도 나아가 기필코 물고기를 낚으려는 행위가 화합할 수 없는 두 지향의 충돌이라기보다 실제로 자연 생태계 전체에서 작동되는 생명 메커니즘의 일환으로 이해될 가능성이 열린 셈이다.

바다, 즉 자연의 "일부가 된"(Florczyk 159) 산티아고의 모험을 통해 제시되는 이러한 자연과의 합일 가능성에도 불구하고, 앙상한 청새치의 뼈만 싣고 돌아오는 산티아고의 귀환은 「두 마음을 가진 커다란 강」에서 암시되었던 '비극적 모험'을 더욱 생생하게 극화하는 것으로 이해될 수 있다. 즉 청새치의 뼈만 싣고 돌아오는 산티아고의 귀환은 닉이 "늪의 모험"을 계속했을 경우 마주하게 되었을 비극적 경험을 보여주는 셈이다.

이렇듯 더할 나위 없는 분투에도 불구하고 앙상한 청새치의 뼈만 싣고 돌아오는 산티아고의 귀환은 '비극적 모험'의 정수를 보여주는 것일 수 있다. 그러나 "너무 멀리"까지 나아가려는 산티아고의 모험은 혹시 개인적으로는 '비극'으로 받아들여질 수도 있겠지만, 자연 전체로서는, 미커(Joseph Meeker)의 표현대로, 생태계 원리가 지속적으로 작동되는 "생존의 희극"[7] 중의 일부분에 해당되는 것이라고 해야 할지 모른다. 오히려, 진정한 의미에서의 비극은, 작품의 마지막 장면, 창밖의 산티아고 배를 응시하는 관광객의 "낯선" 시선에서 확인되듯이(Florczyk 159), 자연 속에서 자연의 일부로 이루어진 산티아고의 모험에 함축된 의미심장함이 이제 상실되었다는 점일 것이다.

---

7) 미커는 생태학이라는 용어를 문학에 적용시켜 '문학생태학'이라는 용어를 처음 만든 비평가라고 할 수 있다. 그의 저서 『생존의 희극: 문학생태학 연구』(*The Comedy of Survival: Studies in Literary Ecology, 1972*)에서 문학생태학은 "문학작품에 나타나는 생물학적 주제와 관계에 대한 연구"로 정의된다(29).

2 『미국의 송어낚시』: 브라우티건의 목가적 이상과 좌절

I

헤밍웨이(Ernest Hemingway) 텍스트가 자연에서 이루어진 닉과 산티아고의 여정 그 자체의 의미만이 아니라 거기에 드리워져 있는 상실의 조짐까지 담아내고 있다면, 『미국 송어낚시』(*Trout Fishing in America*)에 그려진 것은 상실의 단계를 넘어 반복적으로 거듭되는 좌절의 기록이라고 할 수 있다. 『미국의 송어낚시』의 작중 화자가 「내가 마지막 본 미국의 송어낚시」("The Last Time I Saw Trout Fishing in America")에서 '미국의 송어낚시'를 마지막 본 것이 헤밍웨이가 죽은 직후로 설정되어 있는 것은 이런 점에서 흥미롭다. 헤밍웨이의 죽음과 함께 닉과 산티아고를 통해 제시되었던 자연과의 연결고리로서의 낚시의 가능성이 종식되었을 때(Seib 64-5), 진정한 의미의 미국의 송어낚시는 불가능하게 되는 셈이며, 따라서 낚으려는 시도는 있을지언정 성취는 늘 좌절되게 마련인 것이다.

『미국의 송어낚시』에서 자연과 어우러지는 송어낚시의 형상화가 발견되지 않는 것은 아니다. 그러나 그것은 이미 지나간 과거에 있었던 일로 기록될 뿐이다. 「나무 두르려 보기 1」(“Knock on Wood Part One”)에서 화자가 기쁜 마음으로 기억하는 “새벽에 낚시 하는 삼각모자 쓴 사람들”(5)은 ‘미국 건국의 아버지’들에 해당되며, 「내가 마지막 본 미국의 송어낚시」에서 루이스(Meriwether Lewis) 일행이 몬타나 주 그레이트 폴즈의 “엄청난” 폭포 아래에서 “16인치에서 23인치만큼이나 되는 월척 송어”를 여러 마리 잡았던 것은 “1805년”으로 기록되어 있다(148). 이처럼 자연과의 일체를 통해 목가적 이상을 구현할 수 있을 낚시의 가능성이 과거형으로만 제시되고 있다는 것은 시사하는 바가 적지 않다.

작중 화자가 기쁜 마음으로 기억하는, ‘미국의 송어낚시’로부터 들었던 초창기 미국의 풍성한 송어낚시와는 달리, 『미국의 송어낚시』에 실제로 담겨있는 것은 송어낚시의 성취가 아니라 그것의 실패와 좌절에 대한 기록뿐이라고 할 수 있다. 이러한 좌절은 어린 시절 멀리 보이는 빛나는 하얀 폭포에 매료되어 아침 일찍 들뜬 마음으로 송어낚시를 떠나지만 목적지에 도착해보니 결국 폭포가 아니라 하얀 나무 계단으로 판명 났을 때부터 시작된다(「나무 두르려보기 2」). 또한, 하류에서 나쁘지 않은 송어 한 마리를 잡은 후, 사람 이름을 딴 그럴싸한 하천의 명칭에 끌리며 더 많은 송어를 기대하면서 올라가보지만, 낚시는커녕 아예 길을 찾지 못할 정도로 형편없는 상태에 봉착하기도 한다(「톰 마틴 하천」). 한 번은 엄청나게 발버둥치는 송어와 힘겹게 한바탕 싸움을 벌였는데, 간신히 뭍으로 건져 올려진 송어를 보니, 등에 흉측하게 일그러진 혹이 달려 있었다(「곱추 송어」). 이처럼 보통은 빈 바구니로 끝나게 마련이고, 혹시 송어를 잡더라도 기형이 된 곱추 송어 이상일 수 없다는 것은 현실이 얼마나 척박한지를 단적으로 보여준다. 송어를 잡은 기록 대신, 7년에 걸쳐 단 한 마리의 송어도 잡지 못한 채 송어를 놓친 기록만 빼곡히 적혀 있는 '알론조 하겐의 낚시 일지'(134)는 결실을 얻지 못하는 송어낚시의 실패와 좌절의 절정을 보여준다(「영원의 거리에서의 송어낚시」).

송어낚시의 이러한 실패와 좌절은 그것이 자연의 일부로서 이루어지던 이전 시대와는 달리, 자연과의 유리가 이미 상당부분 진척된 현재 상황과 깊은 관련이 있어 보인다. 「나무 두르려 보기 1」에서 어린 시절의 작중 화자가 떠올리는 송어의 이미지가 강철과 함께 연상되어 "건물, 기차, 터널"을 만드는 "피츠버그"의 "앤드류 카네기"로 이어지는 것도(4) 이러한 상황을 보여주는 방증이 된다. 맑고 차가운 자연 상태에서 살아 움직이는 송어가 "건물, 기차, 터널"을 구성하는 차가운 "금속"(4)으로 대체되는 것은 송어와 함께 어우러질 수 있는 살아 있는 자연으로부터 멀어져 인위적인 금속성 문명에 도달한 오늘날 미국의 현주소를 단적으로 제시한다. 「포도주에 취해 죽은 송어」("Trout Death by Port Wine") 역시 예사롭지 않다. 위에서 살펴본 대로, 닉에게 낚인 송어나 산티아고에게 잡힌 청새치처럼 물고기가 미끼에 걸려 목숨을 잃게 되는 것은 "자연법칙에 따른 죽음"(43)이라고 할 수 있다. 심지어 물고기 몸에 하얀 곰팡이가 피어 죽어가는 것도 자연법칙에 위배되었다고 볼 수 없을 것이다. 그러나 「포도주에 취해 죽은 송어」에서 화자의 낚시 동행자처럼 송어 입에 포도주를 잔뜩 부어 억지로 죽게 하는 것은 자연법칙으로부터 많이 떨어져 있다고 하지 않을 수 없다. 또한, 야외 온천에서 생명으로 연결되지 못하고 방출된 정액이 죽은 송어와 녹색 이끼의 찌꺼기 사이로 흐릿하게 흘러가는 「워스익 온천」("Worsewick")의 마지막 장면(68) 역시 생명의 질서가 얼마나 뒤틀려 있는지를 강력하게 전달한다.

II

이렇듯 생명의 질서로서의 자연 원리로부터 유리된 오늘날 미국의 초상은 신대륙에 지상낙원을 건립하겠다는 미국적 이상의 실패와 관련이 깊은 것으로 암시된다. 그것은 「곰」에서 기차의 등장과 함께 대규모 벌목을 통한 숲의 파괴가 예견되고, 「두 마음을 가진 커다란 강」과 『노인과 바다』에서 전쟁, 젊은 어부들의 모터보트 그리고 관광객의 낯선 시선에서 암시되는 문명의 개입이 상실의 경험과 함께 제시되었던 것과 유사하다고 할 수 있다. 『미국의 송어낚시』에 제시되는 '미국의 꿈'의 실패는 작품의 첫 번째 이야기(「미국의 송어낚시의 표지」)에서부터 시작된다. 특히, 표지 사진으로 제시된 플랭클린(Benjamin Franklin) 동상이 '미국의 꿈'의 비전을 제시하며 "온 세상의 사방"을 향해 이 비전으로의 동참을 "환영"(2)을 하고 있지만, 동상 바로 아래 비트족(140)들이 다섯 시 정각에 성당으로 건너가 "시금치 한 올"(3)뿐인 샌드위치를 배급받는 장면은 미국의 꿈이 불러일으키는 이상과 그것으로부터 온전히 멀어져있는 엄연한 현실 사이의 간극을 한 장의 그림/사진으로 제시하고 있다.

사실, 『미국의 송어낚시』에 담겨 있는 것은 플랭클린식의 자기 성공 신화라기보다 이 신화로부터 배제된 수많은 소외된 사람들의 초상화이다. 어떤 사람들에게는 우아한 촛불로 장식된 대리석 식탁에서 마리아 칼라스(Maria Callas)와 함께 할 식사를 위해 호두 케찹마저 미식가의 기호에 맞는 요리법에 입각해 섬세하게 조리되는 반면(「호두 케찹을 만드는 또 다른 방법」), 온 가족이 노동일을 하지만 탈장에 걸렸으면서도 수술비는커녕 탈장대도 마련할 수 없는 가난한 이민 가정의 어린 아이는 매일 마시는 5센트짜리 쿨 에이드에 어느새 중독되어 있다(「쿨 에이드 중독자」). 또한, 어떤 무덤은 항상 푸른 잔디로 덮여 있고 대리석 비석이 세워져 있지만, 잔디가 폐타이어처럼 누렇게 변해있고 비석대신 빈약한 나무판자가 세워져 있는 무덤도 있는데, 이처럼 죽어서도 가난의 굴레에 옭아매는 모든 것들이 낚시 바늘에 엮여 하늘로 날려보내지는 비전이 제시된다(「비탈길에서의 송어낚시」). 밤에는 전화국 일, 밤에는 매춘을 강요당하다 아트(Art)의 도움으로 둘만의 공간으로 벗어날 수 있었지만 포주에게 진 빚을 계속 갚아야 하는 아트 애인의 신세(「미국의 송어낚시 호텔의 208호」), 아빠가 심장병에 걸려 식당 일로 돈벌이를 해야 하는 십대 초반의 소녀의 상황(「테디 루즈벨트 대체물」 96-7) 등은 모두 미국 성공 신화에서 소외된 이들의 초상을 리얼하게 보여준다.

『미국의 송어낚시』에 형상화된 소외된 이들의 척박한 삶은 이 작품에서 풍자적으로 제시되는 미국의 소비중심 자본주의화 과정과 관련이 깊은 것으로 암시된다. 상품보증서를 통한 반품제도(94-5)나 자연 관찰자에서 노동자로 변모하는 과정에 대한 묘사(80-2)는 당대 미국에서 진행되고 있는 소비 자본주의 전개의 일단을 엿볼 수 있게 한다. 이와 동시에, 친절해 보이지만 히틀러를 닮은 목동을 따르는 양들(55) 그리고 벌레를 유혹하지만 결국 자신의 식량으로 삼켜버리는 코블라 릴리와 닮은꼴로서의 닉슨 같은 정치인의 진면목을 간파하지 못하는 유권자들(22-3)은 미국에서 이미 벌어지고 있는 변화에 대한 비판적 안목이 결여된 채 순종적으로 따르기만 하는 미국 대중의 현재 모습을 대변한다.

『미국의 송어낚시』에서 송어낚시 대신 그것의 반복되는 좌절만 있을 정도로 자연과 온전히 유리되어 있음이 강조되어 있고, 이렇듯 자연과 멀어지게 된 것이 미국의 목가적 이상의 실패, 즉 자연의 생명 원리 대신 자본주의와 문명의 진행을 적극 수용한 미국 역사의 전개과정과 관련이 깊다면, 이제 더 이상 '자연의 일부'일 수 없을 반자연적인 낚시 행위에는 치명적인 위험성이 수반될 수밖에 없을 것이다. 이처럼 반자연적 낚시에 함축될 수 있을 위험성에 대한 생생한 형상화야말로 『미국의 송어낚시』에 함축된 핵심 의의에 해당된다고 할 수 있다.

"새벽에 낚시 하는 삼각모자 쓴 사람들"이나 "엄청난" 폭포 아래에서 "월척"을 낚았던 루이스 일행의 송어낚시와는 달리, 「현재 미국을 뒤덮고 있는 캠핑 열기에 대한 짧은 기록」("A Note on the Camping Craze that is Currently Sweeping America")에서 제시되는 현재의 송어낚시는 술주정뱅이가 옆에 앉아있는 사람 말을 듣고, 전처 사이에 낳은 아이들의 이름이 기억나지 않을 때 기억력 회복에 도움을 얻기 위한 방편으로 우스꽝스럽게 묘사된다(117-19). 새로 텐트를 칠 수 없을 정도로 수많은 낚시꾼들이 몰려드는 "캠핑 열기"(117)가 자연으로부터 비전과 위안을 얻는 목가적 이상의 구현이 아니라, 단지 남들을 기계적으로 따라하는 한때의 유행에 불과하다는 점이 시사된다. 많은 이들이 유행에 휩쓸려 캠핑장으로 우르르 몰려든 결과, 캠핑장에서 죽음을 맞이하여 시체로 실려 나가는 경우도 생기는데, 이렇게 시체가 빠진 자리만이 텐트를 새로 칠 수 있는 유일한 공간이 되는 셈이다. 자연의 생명 원리에 입각하지 않은 낚시가 죽음으로 이어질 가능성에 대한 이러한 묘사는 암시하는 바가 적지 않다.

또한, 자연과 어떻게 교류할 것인지에 대한 고민 없이 무작정 밀어닥친 캠핑객과 낚시꾼들은 자연에 배설물과 쓰레기를 뱉어놓음으로써 자연 훼손과 오염을 증대시킬 뿐이다. 숫제 "숲 속으로 들어가" 일을 보고 싶을 정도로 확 젖혀진 문 사이로 훤히 들여다보이는 지저분한 화장실(10-11)이나 투척된 쓰레기가 "변기 위까지 올라오게 된" 화장실(162-63)은 무작정 자연을 찾은 이들에 의해 가해진 자연의 훼손과 오염을 단적으로 제시한다. 송어가 "하얀 배를 뒤집고 하천에서 죽은 채로 떠있는"(42) 것도 이러한 훼손과 오염이 누적된 결과라고 할 수 있다.

무엇보다, 낚시터에서 한 외과의사가 의료보험제도에 대한 불만을 토로하며 자신의 수술 칼이 얼마나 잘 드는지를 보여주기 위해 아무렇지 않게 물고기의 목을 따고 다시 물에 던져버리는 「외과의사」(“The Surgeon”)의 일화는 낚시가 자연으로부터 얼마나 멀리 떨어질 수 있을지를 단적으로 제시한다. 의료보험을 통해 “미국의 의료행위가 사회주의화된다면” 자신이 “의사가 되기 위해 보냈던 25년”(114)을 보상받을 수 없게 된다고 불평하는 외과의사의 수술 칼은 이제 병원에서 환자 치료를 위해 사용되는 대신, 낚시터에서 엄한 물고기의 목을 따는 데 사용되고 있는 셈이다. 치료한 환자로부터 “빚”(114)을 받지 못한다는 불만으로 휘둘려진 수술 칼에 의해 갑작스레 목이 잘려 물속으로 던져지는 물고기 시체(13)는 자연의 생명 원리에서 철저히 유리된 동물 생명 박탈의 잔인성과 위험성을 압축적으로 제시한다.

또한, 「클리블랜드 폐선장」(“The Cleveland Wrecking Yard”)에서 송어낚시를 위한 하천과 폭포를 피트 당으로 판매하는 충격적인 장면(168-74)은 낚시의 공간인 자연까지 인공화하여 판매진열대 위에 올려놓는다는 점에서, 낚시 행위가 자연의 영역과 생명의 질서에서 유리된 채 단지 개체 동물의 살상 수준으로 전락하게 되는 가공할 위험성을 생생하게 증언한다. 이제 자연은 생명의 원리가 작동하는 살아 있는 공간이 아니라, 물고기 생명을 빼앗는 즐거움을 경험하기 위한 세트장, 더 나아가 재활용센터에서 거래·판매되는 중고물품으로 제시된다. 결국, 낚시는 더 이상 생명의 리듬에 따라 자연 안에서 이루어지는 자연적인 행위가 아니라, 자연처럼 만들어 놓은 세트장에서 송어의 목숨을 낚아채는 철저히 인위적인 행위로 변질된다.

『미국의 송어낚시』의 구석구석에서 발견되는 화자의 딸에 대한 묘사는 이 작품이 미국 송어낚시의 실패와 좌절 그리고 위험성뿐 아니라, 인간 행위가 자연의 원리에 녹아들어갈 긍정적 가능성을 암시한다. 물고기를 본 딸아이가 털 있는 동물들을 보았을 때 내는 소리(furry sound)와 다른 소리(silver sound)를 낸다는 것(95; 104)은 그 아이에게 자연을 구별할 수 있는 능력이 내재되어 있음을 의미한다. 또한, 아이가 물고기와 놀면서 그것을 해치지 않으며 다 논 후에는 다시 물속에 풀어준다는 점에서 "하프"(127)와 같은 자연의 조화로움이 아이에게 내면화되어 있다고 할 수 있다. 작품의 후반부, 금속성 휠체어로 무장한 쇼티(Shorty) 대신 "녹색"(157) 빛의 인도를 받아 유연한 모래상자를 향하는 아이의 선택은 미래 세대의 행보가 자연의 원리와 어긋나지 않을 가능성을 암시하는 것으로 이해될 소지도 적지 않다.

『미국의 송어낚시』의 마지막 4개의 장(chapter)은 미국 송어낚시의 이상이 현실에서 이루어지기 힘들다고 해도 새로운 상상력의 미끼와 "황금 펜촉"(179)이라는 낚시 바늘을 통해 소설 창작으로 구현될 가능성을 암시한다. 척박한 현실에서 '미국의 송어'를 낚는 것은 쉽지 않지만, 다빈치(Leonardo Da Vinci)의 상상력으로 만들어진 낚시 미끼(175)와 크리스마스트리를 팔아 구입한 "황금 펜촉"으로 "미국의 송어낚시"가 재창조될 수 있다면, 『미국의 송어낚시』야말로 그 결과물이라고 할 수 있다. 작품의 마지막 단어('mayonaise')가 철자 하나('n')가 빠진 채 제시되고 있다(182)는 데서도 알 수 있듯이 불완전할 수밖에 없는 인간 언어로 새로운 리얼리티를 낚아내는 것은 쉽지 않은 일이다. 『미국의 송어낚시』가 사진 설명, 편지, 대화체, 부검서, 요리책, 주석, 일지 등의 다양한 형식을 통해 "미국의 송어낚시"라는 리얼리티를 포착하려고 시도하는 것도 바로 이러한 이유 때문이다. "송어낚시" 리얼리티를 포착하려는 이러한 지난한 시도를 통해, 낚시로 대변되는 자연생태계의 인간 개입에 함축된 가능성과 위험성을 다각도로 탐색하는 작업이야말로 『미국의 송어낚시』에 내포된 핵심 의의라고 하겠다.

III

『노인과 바다』의 산티아고는 여러 면에서 그 자신이 바다의 일부로 이해될 만큼 친자연적이지만, 자연 생물 모두에 대해 친근감을 표시하는 것은 아니다. 예컨대, 화려한 모습이지만 길게 널려 있는 가는 실에 독성물질을 포함하고 있는 고깔해파리는 경계해야 할 적군으로 간주된다. 반면, 이 해파리를 먹어치우는 거북은 산티아고에게 친구가 되며, 거북과 청새치 등을 잡아먹는 상어는 분명 산티아고의 적이다. 이처럼 산티아고가 일련의 먹이사슬 중에서 특정 구성요소는 친구로 여기고, 다른 구성요소에게는 적대적인 까닭은 전체를 보는 대신 자신만의 관점에서 벗어나 있지 못하고 있기 때문일 것이다. 산티아고가 청새치와의 싸움 내내, 끝까지 자신의 의지를 관철해야한다는 결의와 "친구"이자 "형제"(105)를 죽여야 하는 죄의식의 충돌을 경험하는 것도 같은 맥락에서 이해될 수 있다.

이렇듯 산티아고에서마저도 자기중심적 관점이 발견된다는 점에서, 리오폴드(Aldo Leopold)가 언명했던 "산처럼 생각하기"(Thinking Like a Mountain)의 경지를 떠올리게 된다. 생태계를 구성하는 특정 개체의 생명을 빼앗는 것이 그 개체나 그것을 바라보는 인간의 관점에서는 비극일지 모르나, 산 전체의 관점에서 생각해보자면, 지극히 자연스러운 처사가 될 수 있다. 예컨대, 위에서 언급된 쿠와빈 일화의 경우, 사슴에 대한 '인도적인' 처사로 사냥이 금지되었을 때, 사슴의 수가 급증하는 것으로 그치지 않고 늘어난 사슴의 먹이로 그 만큼 많은 초원이 사라지는 등 생태적 균형의 파괴로 이어져 결국 사슴뿐 아니라 생태계 전체가 파괴될 위험성에 노출될 것이다(130-32).

리건(Tom Regan)의 동물권리 주장에 대해 캘리콧이 지적하고 있듯이, 자연 생태계가 비인간 생명체로만 구성되어 있는 것이 아니고 인간 역시 그 중의 하나임에 분명하다면, 인간의 개입을 원천적으로 봉쇄하는 것 역시 비자연적일 수 있다(Callicott 1-13). 따라서 자연 생태계의 먹이사슬을 가동시킴으로써 자연의 에너지 순환에 참여하는 사냥과 낚시는 기본적으로는 인간에 의한 인위적인 행위이면서도, 보다 거시적인 차원에서는 자연 내에서 자연의 일부로서 이루어지는 '자연적인' 행위로 이해될 수 있다.

그러나 「곰」과 『월든』의 기차, 「두 마음을 가진 커다란 강」의 전쟁, 『노인과 바다』의 모터보트처럼, 송어낚시 하천과 폭포마저 인공화된 『미국의 송어낚시』의 현대적 상황은 생태계의 인간 개입이 어디 정도까지 허용될 수 있을 것인가의 과제를 남긴다. 모든 생태계는 내적·외적 변화에 대해 그것을 자체적으로 수용·조정하며 늘 새로운 동적균형을 만들어가는 자생적 치유 능력을 가지고 있다. 생태계가 인간을 포함한 모든 구성요소들의 정적인 합산의 총합이 아니라 역동적인 상호작용의 결과로 이해될 수 있는 것도 바로 이러한 이유 때문이다. 문제는, 기차, 전쟁, 모터보트, 인공화된 하천과 폭포 그리고 이것들로 대변되는 과학기술력의 생태계 투입이 생태계의 인내한계점 내에서 새로운 생태적 균형으로 이어질 수 있을 것인지의 여부일 것이다. 말하자면, 낚시 또는 사냥으로 대변되는 생태계의 인간 개입 자체는 자연 질서의 한 부분으로 받아들여 질 수 있다하더라도, 전무후무한 과학기술의 위력을 손에 쥔 인간이 얼마나 그리고 어떻게 자연 생태계에 개입할 수 있을 것인지가 문제의 핵심에 해당된다고 할 수 있다. 가공할 과학기술의 위력이 이미 코앞까지 밀어닥친 상황에서는 인간의 손에 쥐어진 위력적인 힘이 생태계의 인내한계점을 벗어나지 않으며 그것의 동적균형과 조화를 이룰 수 있게 하는 생태적 지혜와 윤리가 그 어느 때보다 필요하다고 하겠다.

3 『흐르는 강물처럼』: 맥클린의 자연 리듬 낚기와 회상의 스토리텔링

I

오염되지 않은 맑고 차가운 물에 서식하며 알을 낳기 위해 상류로 거슬러 올라가는 송어의 특성은 구대륙의 '오염'을 떨치고 낙원을 찾아 아메리카 신대륙으로 향했던 순례시조의 황야 지향성을 상기시키며 미국의 목가적 이상을 대변하는 탁월한 상징이 되어 왔다. 헤밍웨이(Ernest Hemingway)의 「두 마음을 가진 커다란 강」("Big Two-Hearted River")의 주인공 닉(Nick)과 브라우티건(Richard Brautigan)의 『미국의 송어낚시』(*Trout Fishing in America*)에서 회상되는 "새벽에 낚시 하는 삼각모자 쓴 사람들"(5)이나 루이스(Meriwether Lewis) 일행이 낚았던 것은 단지 송어라는 생물학적 물고기만이 아니라, 맑고 깨끗한 자연과 하나가 되고자하는 목가적 이상의 구현이었을 수 있다.

이러한 목가적 이상의 가능성에도 불구하고, 치유와 회복을 찾아가는 닉의 여정에 "비극적 모험"(Hemingway, "Big Two-Hearted

River" 155)의 그림자가 드리우고, 더욱이 이 그림자가 『미국의 송어낚시』에서 반복적으로 확인되는 실패와 좌절로 확대되며, 송어낚시를 통해 미국 목가적 이상이 구현되기 힘든 불모의 상황이 극화되고 있다고 할 때, 노먼 매클린(Norman Maclean)의 『흐르는 강물처럼』(*A River Runs Through It*)에서는 송어낚시가 "영원성... 으로 들어가는 과정" 즉 "구원의 모험"(Simonson 162)으로 받아들여질 가능성이 시사되어 주목된다. "우리 집안에서는 종교와 플라이 낚시 사이에 명확한 구분이 없었"으며, "장로교 목사인 동시에 플라이 낚시꾼"인 아버지로부터 "그리스도의 제자도 낚시꾼이었다"는 이야기를 들었던 화자의 기억으로 시작되는 『흐르는 강물처럼』의 첫 대목(1)에서부터 이러한 가능성이 뚜렷이 부각된다.

매클린 목사의 말처럼, 인간은 "최초의 은총 상태로부터 타락해" 있지만 "신의 리듬을 포착함으로써 힘과 아름다움을 회복할 수 있다"면(2), "신의 리듬을 포착"하는 낚시에 의해 낚여 올려지는 것은 물고기만이 아니라 구원의 은총일 수 있다. 그러나 "타락" 상태의 인간은 힘이 주어졌을 때 그것을 남용하기 마련이기 때문에 너무 힘을 주어 낚시 대를 뒤로 젖히거나 앞으로 휘두르기 십상이고, 그 결과, 낚시 줄, 리더, 플라이가 서로 뒤엉키거나 인근 나무에 엉겨 붙는 결과를 낳기 십상이다(3-4). 이러한 결과를 피하기 위해서는 "아무데서나 사용할 때가 아니라 어디에 사용해야할지를 알 때 가능해지는"(4) 정교한 힘 조절이 필요하다. 더욱이, 들어 올린 낚시 대를 다시 강물에 던질 때는, 투명한 리더가 먼저 떨어져 짙은 색 낚시 줄에 물고기가 놀라지 않도록, 플라이-리더-낚시 줄의 순서로 강물에 떨어지게 하는 정교한 기술이 요구된다.

> 영혼의 구제뿐 아니라 낚시 같은 모든 좋은 것들은 은총에서 나오고, 은총은 기술에서 나오는데, 그 기술은 쉽게 찾아오지 않는다.

> all good things—trout as well as eternal salvation—come by grace and grace comes by art and art does not come easy (4)

결국 "쉽게 찾아오지 않는" 지난한 기술에 도달함으로써만 "신의 리듬을 포착"해 "힘과 아름다움"의 "은총 상태"가 회복되고, "은총 상태"에 도달했을 때 플라이 낚시에 의한 온전한 송어 잡이와 영혼의 구제가 가능해지는 셈이라고 한다면, 이 과정을 가능케 하는 핵심적 요체는 무엇보다, 정교한 기술을 통해 "신의 리듬을 포착"하는 일일 것이다. 그런데 "신의 리듬"이란 문자 그대로 인간적 접근이 허용되지 않는 '신비'의 영역에 속해 있다고 할 때, 이것을 인간적 차원에서 "포착"할 수 있는 방법은 무엇인가?

II

"종교와 명확한 구분이 없는" 매클린 목사 네의 "플라이 낚시"(1)를 통해 송어낚시가 고도의 기술을 통해 "신의 리듬"을 타며 은총으로 들어가는 구원의 여정일 수 있음이 암시되고 있지만, 매클린과 두 아들이 살아 움직이는 몬태나 강과 어우러지며 낚아내는 송어낚시의 현장은 구원과 은총을 가능케 하는 것이 낚시대를 쥔 인간의 손에서만 연출되는 인위적인 기술이라기보다, "자연에서 성취될 수"밖에 없는 그리하여 "자연적"일 수밖에 없는 (Grattan 232) 기예(art)의 소산임을 구체적으로 제시하고 있다. 그래턴(George E. Grattan)의 설명에 따르자면(232-33), 자연과 일체가 되는 경험이야말로 구원과 은총에 도달하는 기예의 전제조건이 된다. 말하자면, 은총에 이르는 구원의 길은 자연을 통해 구현되고, 자연이 "기예와 구원을 위한 가능성의 장소"가 되는 셈인데, 여기서 장소로서의 자연은 단지 작업이 이루어지는 배경이라기보다 그 안에서 그것과 하나가 되는 경험의 장을 의미한다.

실제로, 화자/노먼의 다음과 같은 내적 경험은 그들의 송어낚시가 단지 강이라는 물리적 공간에서 이루어지는 일방적인 노동이나 작업이 아니라, 강안에서 강과 하나가 되는 몰아적인 신비의 경험일 수 있음을 보여준다.

나는 거기[강둑]에 앉아 모두 잊고 또 잊어버려, 마침내 흘러가는 강물과 그것을 바라보는 나 자신만이 남았다. 강 위에서 아지랑이들이 서로 춤을 추었고, 이어 서로를 뚫고 들어가 춤을 추었으며, 서로의 손을 잡고 서로의 주위를 돌며 춤추었다. 이윽고 바라보는 이가 강에 합류하여 하나의 우리만 남았는데, 그것이 곧 강이 아닐까 한다.

I sat there and forgot and forgot, until what remained was the river that went by and I who watched. On the river the heat mirages danced with each other and then thy danced through each other and then they joined hands and danced around each other. Eventually the watcher joined the river, and there was only one of us. I believe it was the river. (61)

이렇듯 낚시의 세계로 들어가는 순간, 다른 것들은 모두 잊히고 나와 강만이 남아 양자가 하나가 되는 "우리"의 "특별한 세상"(40)이 펼쳐지는데, 강안의 나와 강안의 물고기로만 구성되는 이 "특별한 세상"에서 낚시 대를 들고 있는 낚시꾼으로서의 화자/노먼이 낚시 바늘의 플라이를 마주하는 물속의 물고기가 되어보는 것은 자연스럽다. 물고기는 이제 허기와 공포라는 원초적 감정의 포로 대신, 역류의 거품을 타고 올라오는 음식 가득한 수상 식당 이용객으로 채색되며, 자기 앞에 던져진 플라이가 동생 폴 대신 형 노먼의 것이라 다행이라고 중얼거리고 있는 것으로 상상된다(18-9). 여기서 화자와 물고기는 낚시의 주체와 객체라는 일방적인 관계로부터 벗어나는 셈이며, 따라서 단지 낚시꾼의 욕망 충족이나 목표량의 달성을 위해 낚시꾼의 공감과 일체감이 동반되지 않은 채 마구잡이로 낚아대는 것은, 매클린 목사의 표현을 빌리자면, "물고기를 모욕하는 것"(3)이 된다.

물고기, 그리고 강과의 이러한 일체감은 화자가 물고기와 강으로 대변되는 자연을 단지 자원의 형태로만 이용하는 대신, 살아 움직이는 자연의 생명 원리를 직접 체험하고 있는 것일 수 있음을 시사한다. 생명 원리에 의해 작동되는 자연의 "아름다움"과 "숭엄함"이 "창조주의 표상"(Love 208)이라면, 자연과 하나가 됨으로써 포착하게 되는 것은 생명 원리에 의해 작동되는 자연의 리듬 그 자체만이 아니라 그것에 녹아있는 "신의 리듬"일 수 있다. "신의 리듬을 포착"함으로써 "힘과 아름다움"의 "은총 상태"로 회복되는 것이 자연에 참여하여 그것과 하나가 되는 경험에 의해 가능할 수 있는 것도 이러한 이유 때문이다. 매클린 부자의 낚시와 몬태나 강이 어우러지면서 연출되는 4박자 리듬은 "신의 리듬"에 진입해 들어갈 수 있는 자연의 리듬을 구체적으로 예시한다.

하나에 낚시 줄, 리더, 플라이를 물에서 빼낸다. 둘에 이것들을 공중으로 거의 똑바로 들어올린다. 셋에는, 아버지의 설명대로라면, 꼭대기에서 리더와 플라이에 약간 지체하는 시간을 주어 낚시 줄이 다시 앞으로 내려갈 때 그것의 뒤를 따르도록 한다. 넷에 힘을 주어 낚시 줄이 10시 방향이 되도록 던지는데, 이 때 플라이와 리더가 낚시 줄보다 앞서게 하여 자연스럽고 부드럽게 물에 떨어지는지를 확인한다.

The one count takes the line, leader, and fly off the water; the two count tosses them seemingly straight into the sky; the three count was my father's way of saying that at the top the leader and fly have to be given a little beat of time to get behind the line as it is starting forward; the four count means put on the power and throw the line into the rod until you reach ten o'clock—then check-cast, let the fly and leader get ahead of the line, and coast to a soft and perfect landing. (4)

짙은 색 낚시 줄이 먼저 떨어진다면 놀란 물고기는 플라이를 물지 않을 것이기 때문에 투명한 리더와 플라이가 낚시 줄보다 먼저 물에 들어가야 하는데, 가벼운 플라이와 리더가 무게가 더 나가는 낚시 줄보다 앞서게 하기 위해서는, "거의 똑바로 들어올리는" 2시 방향에서 플라이-리더-낚시 줄의 순서로 착수하는 10시 방향 사이에서 정교하게 움직이는 4박자 리듬을 타야한다. 더욱이, '원죄'의 인간은 기회가 주어질 때마다 힘껏 휘두르게 마련이기 때문에, 플라이, 리더, 낚시 줄이 서로 뒤엉키거나 셋의 순서가 뒤바뀌지 않기 위해서는 절제와 균형의 기율이 필요하게 된다. 매클린 부자가 메트로늄에 입각해 낚시 연습을 하는 장면은 자연의 리듬은 역설적이게도, '원죄'를 지울 수 없는 인간의 본능 대신, 반복적 훈련과 기율에 의해 포착될 수 있음을 단적으로 예시한다.

물고기 그리고 강과 하나가 되는 화자의 상상적 경험이 보여주듯이 송어낚시의 요체가 자연과의 합일 과정을 전제로 한다면, 이러한 자연과의 일체감에 입각하면서도 정교한 기예를 통해 자연의 리듬에 타고 있어야 송어로 하여금 플라이를 물게 하여 그것을 낚을 수 있게 된다. 이런 점에서, 자연과 하나가 되며 정교한 기예를 통해 도달할 수 있는 자연의 리듬은 곧 "힘과 아름다움"의 "은총 상태"를 회복시켜 "영원성을 낚는"(Simonson 162) "신의 리듬"에 접근하는 첩경이기도 할 것이다.

III

자연과의 합일을 도모하며 "신의 리듬"에 범접해갈 수 있는 장으로서의 강의 의미는 『흐르는 강물처럼』의 저류를 관통하는 핵심 키워드 중의 하나이다. 심슨(Harold P. Simonson)이 지적하듯이, 강의 "비밀은 최고의 낚시꾼만이 발견할 수 있다"(164)고 할 때, 폴이야말로 그 "최고의 낚시꾼"에 가장 가까운 인물이라고 할 만하다. 빅 블랙풋 강에서 폴이 보여주는 이른바 "그림자 던지기"는 그가 도달한 낚시의 최고 기예를 유감없이 드러낸다.

> 그가 서있는 바위의 위와 아래는 모두 커다란 레인보우 송어가 있는 곳이었다. 그는 상류 쪽으로 강하고 낮게 던졌는데 플라이가 강물을 스치되 물에 젖지는 않도록 했다. 그리고는 몸을 돌리며 머리 위에서 커다란 타원을 그리며 낚시 줄을 되감아 다시 하류 쪽으로 낮고 강하게 던졌다. 이번에도 플라이가 물에 스치게 끔만 했다.
>
> The river above and below his rock was all big Rainbow water, and he would cast hard and low upstream, skimming the water with his fly but never letting it touch. Then he would pivot, reverse his line in a great oval above his head, and drive his line low and hard downstream, again skimming the water with his fly. (20-21)

이렇듯 강의 상류와 하류 방향으로 몸을 연속적으로 회전시키면서도 낚시 줄을 강물에 흠뻑 빠뜨리는 대신 가볍게 물 위를 스치게만 하는 폴의 "엄청난 동작"(21)은 폴이 여느 누구보다도 자연의 리듬을 꿰뚫고 있으며 따라서 누구보다 더 "신의 리듬"에 가까이 다가가 있는 것일 수 있음을 보여준다. 폴에게서 뿜어져

나오는 포말이 지속적으로 명멸하며 "후광"처럼 그를 둘러싸고, 마침내 그가 낚시 줄을 강물에 던지자 온 세상이 물로 변하게 되는 것(20)은 그가 도달한 '신비'의 경지를 더욱 뚜렷하게 부각시킨다. 이러한 폴의 "묘기"(22)를 지켜보던 부부가 연방 감탄을 발할 수밖에 없었던 것도 당연하다. 그러나 폴의 "엄청난" 낚시가 감탄을 자아내는 장면 바로 뒤이어 술집에서 소란을 일으킨 폴이 유치장에 감금되어 있는 장면이 배치됨으로써 폴에 대한 복합적 조망이 요구되기 시작한다.

유치장에서 자신의 얼굴을 가리고 있던 폴의 오른 손은 물론 술집에서 지나가는 다른 손님에 펀치 날리던 손, 그리고 포커 판에서 놀음하던 손이면서, 이후 그 결과로 뼈가 다 부러진 채로 발견된 손(102)이겠지만, 이와 동시에 신에 범접하는 절묘한 리듬으로 보는 이의 경탄을 자아내도록 낚시의 신기를 보여주던 손이기도 하다. 이 작품이 "함께 살고, 사랑했지만, 이해할 수 없었던"(104) 폴이 이른 죽음을 당한 후 오랜 시간에 걸쳐 그에 대한 이해에 다가가기 위한 시도의 소산이라면, 경탄을 자아내는 폴과 유치장에 갇힌 폴의 간극은 폴에 대한 이해의 어려움을 압축적으로 제시한다.

현실 세계에서 폴은 오랫동안 술꾼, 싸움꾼이었고, 무엇보다 포커 게임에 깊이 빠져 있어 노름빛 때문에 결국 죽음을 당하게 된

도박꾼이기도 했다. “자기 파괴와 폭력적 결말”을 향해 치닫는 폴의 이야기는 “비극적 주인공”(Weltzien 140)의 ‘비극적 결함’에서 발원하는 비극의 내러티브로 이해될 소지가 적지 않다. 폴은 “재주와 행운”을 타고난 기예의 대가였지만, 어느 누구에게도, 어떠한 도움도 청하지 않는, 그의 “엄청난 자신감”(5)은 비극의 징후를 보인다. 어린 시절 폴은 매일 아침 막내아들에게 “하나님이 내리신 오트밀”을 먹이려는 아버지에 대항해 “입술이 크게 부어오르면서도” 자신의 고집을 관철해 끝내 오트밀 먹기를 거부한다. 낚시에 자신감을 갖게 된 십대의 폴은 『완벽한 낚시꾼』(*The Compleat Angler*)을 읽은 이후, 저자인 아이작 월튼(Izaak Walton)과 빅 블랙풋 강에서 내기 시합을 하여 자신이 그보다 더 “완벽하다”는 것을 입증하고 싶어 한다(5). 누구에게도 지기 싫어하는 오만한 자신감은 자연스럽게 길거리 싸움과 포커 게임으로 이어진다. 내기 놀음에서 혼자 감당하기 힘든 빚을 졌지만 어떠한 도움도 받아들이지 않다가 결국 오른 손 뼈가 다 부러진 주검의 상태로 버려지는 비극적 최후는 이러한 오만함의 결과일 수 있다.

노먼과 폴 두 형제는 모두 자신이 강하다고 생각하였으나, 노먼이 제1차 세계대전으로 십대에 이미 산림청에서 일하게 되었던 경험을 통해 강인하게 되었던 반면, 폴은 자신이 그 누구, 그 어떤 것보다 강하다는 생각으로 스스로 강하게 되었다(7)는 점에서 차이를 보인다. 경마 접수구에서 돈을 받아주지 않을 정도로 어린 나이부터 내기와 승부를 좋아했던 동생이 형으로서는 도무지 이해될 수 없었던 것도 둘 사이의 이러한 차이에서 기인한다고 할 수 있다. 형제가 빅 블랙풋 강으로 가기 위해 넘었던 대륙 분수령(Continental Divide)은 같은 부모, 같은 가정에서 나왔으면서도 서로 다른 길을 밟아갔던 두 형제의 상이한 인생역정을 환기시키는 흥미로운 상징이 된다. 아메리카 대륙에서 가장 높고 가장 추운 고지대의 하나인 대륙 분수령에서 서쪽으로 이어지는 물줄기는 흘러흘러 태평양으로, 동쪽으로 난 물줄기는 결국 대서양으로 흘러갈 예정인 것처럼, "하나님은 사랑"(7)이라는 주일학교 글귀가 엮어주는 하나의 가정, 하나의 부모 밑에서 자랐으면서도 형과 동생은 분수령의 동-서처럼 전혀 상이한 길을 가게 되었던 셈이다.

인생의 분수령에서, 교수/작가의 길을 밟아 이후 동생과 가족에 대한 스토리텔링을 남긴 형과는 정반대의 방향으로 치달았던 폴의 비극적 여정과 그것을 발원시켰던 "비극적 결함"에 대한 형상화 역시 『흐르는 강물처럼』에서 도모된 성취의 일부이겠지만, 그 자체가 이 작품의 핵심 의미에 해당된다고는 말할 수 없을 것이다. 오히려 심슨이나 브리턴(Gordon G. Brittan Jr.)이 해석하듯이, 이 작품은 기존의 도덕률로는 단죄될 수 없는(Simonson 171) 폴이 낚시를 통해 자연과 하나로 어우러지는 아름다움에 의해 구원될 가능성이 시사되는(Brittan 188) 이야기로 읽힐 소지도 없지 않다. 폴을 이렇게까지 적극적으로 평가하지는 않더라도 최소한 그를 싸움꾼/도박꾼으로 고정시키는 현실 세계의 관점으로부터 일정한 거리만큼 벗어나 "원근법적으로"(25) 조망하려는 노력이야말로 이 작품의 플롯을 추동하는 동력이라고 할만하다. 술집에서 주먹을 날려 유치장에 갇혀 있는 폴을 찾으러 간 노먼이 술꾼/싸움꾼으로서의 폴을 직면하기에 앞서, 그의 그림자 던지기 "묘기"에 감탄을 연발하는 부부를 떠올림으로써 낚시의 장인으로서의 폴의 또 다른 면모를 "원근법적으로" 조망하는 대목(24-25)은 화자/노먼은 "이해할 수 없었던" 인생역정을 밟으며 비참한 최후를 맞이한 동생에 대한 "원근법적" 회상을 통해 그에게 다가가려는 이 작품 전체의 의미를 상징적으로 제시하고 있는 셈이다.

IV

위에서 살펴보았듯이 『흐르는 강물처럼』이 폴에 대한 원근법적 조망으로 읽힐 수 있다면, 그것은 보다 구체적으로는 폴을 둘러싼 과거의 시간을 낚아 올리는 회상의 내러티브가 이 텍스트를 엮어가는 핵심 동인임을 의미할 수 있다. 형 노먼이 유치장에 갇혀있는 동생 폴을 마주 하기 앞서 그날 빅 블랙풋 강에서 그의 묘기에 경탄했던 부부를 떠올렸듯이, 『흐르는 강물처럼』의 화자/노먼 역시 사랑했던 이들이 모두 떠나간 노년에 젊은 시절을 회상하며 이야기를 이어간다.

브리턴이 주장하듯이, 우리들의 경험이 어떤 의미를 띠게 되는 것은 그 당시의 그 자체라기보다 이후 스토리텔링을 통해 그것에 "의미"가 부여되었을 때라고 할 수 있다면(186-87), 지나간 젊은 시절을 "원근법적으로" 조망하는 『흐르는 강물처럼』의 회상의 스토리텔링이야말로 이 이야기의 "의미"를 구성하는 핵심 요인이라고 할만하다. 그렇다면, 이 스토리텔링의 구체적인 "의미"는 무엇일까? 이 작품에서 이루어진 회상의 스토리텔링은 폴을 규범을 어긴 문제아 대신 신기에 가까운 기예를 구비한 장인으로 채색하는 단선적 과정으로 국한되는 것일까? 오히려 뛰어난 기예로 자연의 리듬을 — 그리고 이를 통해 "신의 리듬"을 — 가장 완벽하게 소화하면서도 인간 사회에서는 술꾼/싸움꾼/도박꾼일 수밖에 없었던 폴에 대한 지난한 이해의 과정, 즉 "함께 살고, 사랑했지만, 이해할 수 없었던" 폴의 복합적 이해에 다가가기 위한 궤적이 이 스토리텔링의 핵심 과업에 해당되는 것이 아닐까?

신기에 가까운 기예로 자연의 리듬을 꿰뚫음으로써 신의 리듬에 근접해 들어가는 것으로 형상화되는 폴은 송어낚시를 통해 자연과 하나가 될 수 있는 미국 목가적 이상의 가능성을 구현하는 것으로 이해될 소지가 없지 않다. 낚시의 현장에 술과 섹스 그리고 지렁이 미끼 통을 가져오는 닐(Neal)의 '구제불능'과 첨예하게 대비되며, 낚시 줄을 던지자 "후광"이 그를 둘러싸고 "온 세상이 물로 변하게 되는" 폴의 "엄청난 동작"은 자연에서 어우러지는 자연합일의 경지를 한 폭의 그림으로 담아내는 것일 수 있다.

그러나 송어낚시 강가에서 목가적 이상의 최고 경지를 보여주었지만, 현실에서는 또 다른 '구제불능'의 술꾼/싸움꾼/노름꾼으로 비극적인 최후를 맞이할 수밖에 없었던 폴의 궤적은 송어낚시 강가와 현실, 더 나아가 목가적 이상과 그것이 실제로 구현되는 세상의 괴리를 은유적으로 제시한다. 그 괴리는 낚시를 통한 자연합일이 미혹에 불과할 가능성을 환기시키며 목가적 이상 자체 내에 잠복해 있는 자기모순 그리고 그 목가적 이상을 핵심 축으로 삼아 작동해 온 미국문명의 근원적 맹점을 엿보게 하는 단초로 이해될 측면도 적지 않다. 「두 마음을 가진 커다란 강」("Big Two-Hearted River")에 드리웠던 어두운 그림자와 『미국의 송어낚시』에서 반복되었던 실패와 좌절의 과정은 『흐르는 강물처럼』에서 실제로 형상화된 것도 송어낚시를 통한 미국 목가적 이상의 구현 그 자체라기보다 그것의 지난함과 불가해성으로 받아들여질 가능성을 더욱 공고히 한다.

폴과 누구보다도 가까웠던 형 노먼마저도 그를 “이해할 수 없었던” 것은 이런 점에서 시사적이다. 『흐르는 강물처럼』 텍스트를 견인하는 가장 역동적인 동인이 지나간 시간에 대한 회상을 통해 “이해할 수 없었던” 폴, 더 나아가 지난하고 불가해한 미국 목가적 이상에 어떻게 접근해 가느냐 하는 점이라면, 끊임없이 흘러가는 강물과 함께 “화자 노먼이 온전히 이해할 수는 없어도 온전히 사랑할 수” 있다는 깨달음을 얻어 가는 과정이야말로 이 작품에 내포된 핵심 의미에 해당된다고 할 수 있다.

이처럼 폴의 송어낚시에 관련된 이해하기 힘든 불가해성을 자기중심 대신 ‘있는 그대로’ 받아들이게 되는 과정 자체가 송어낚시의 현장에서 이루어지고 있어 흥미롭다. 송어낚시를 통한 목가적 이상의 구현을 지난하게 모색하면서 그 불가해성을 복합적으로 접근하는 곳도 송어낚시의 현장이라는 것은 이 작품의 의미를 배가시킨다.

경험 그 자체는 형태를 갖추지 못한 채 시간과 더불어 흘러가지만, 그것을 되돌아보며 형태를 부여하는 회상 스토리텔링의 되돌아보기를 통해 어떤 “패턴”이 발견되고 ‘깨달음’이 동반될 수 있다고 할 때(Brittan 187), 『흐르는 강물처럼』에서는 이러한 “패턴”의 발견과 ‘깨달음’이 강에서 이루어진다는 점이 주목된다. 한

때는 물이 흘렀으나 현재는 메마른 강바닥을 드러내고 있는 강을 마주보며 화자/노먼은 기억 속의 물을 부어 예전의 강을 상상 속에 되살리며 강의 패턴을 읽어낸다. 즉, 빙하 등에 의해 새로 만들어진 강은 빠르게 흐르기 시작하지만, 커다란 바위나 깊은 뿌리 등의 장애를 만나면 급격히 휘어져 깊은 소용돌이가 만들어지고, 물살이 느려지면서 위쪽에서 밀려온 모래와 자갈이 강바닥에 침전되며 다시 잠잠해 지는 일련의 패턴을 포착하게 된다(62). 이렇듯 '죽은' 강을 통해 강의 패턴이 확인됨으로써 "어떤 사물을 알게 되는 방법은 그것의 죽음을 통해 가능하다"(62)는 점이 실증되고 있는 셈인데, 이러한 점이 폴에 적용된다면, 폴의 진면목에 대한 이해 역시 그의 죽음 이후 가능하게 되는 것이라고 하겠다.

이런 면에서, 폴과 관련된 화자/노먼의 삶의 패턴과 강의 패턴 사이의 연관성을 드러내는 다음 대목은 그 의미가 범상치 않다.

> 강물의 아지랑이들이 내 앞에서 서로 들락거리며 춤추고 있을 때 나는 내 삶의 패턴이 강의 패턴과 합쳐지는 것을 느꼈다. 내가 이 이야기를 시작했던 것이 동생을 기다리던 바로 이곳에 서였다. 물론 당시에는 살아가는 이야기가 종종 책보다는 강과 더 비슷하다는 것을 알지 못했다. 그러나 이야기가 이미 시작되었다는 것은, 아마도 오래전에 강물 소리 언저리에서 시작되었다는 것은 알고 있었다. 그리고 앞으로 살아가는 동안, 침식되

지 않을 어떤 것을 만나게 될 것임을, 그리하여 삶의 강물이 급격히 휘어지고, 깊이 소용돌이 치고, 침전물을 만들고, 다시 잠잠해질 것임을 감지하였다.

As the heat mirages on the river in front of me danced with and through each other, I could feel patterns from my own life joining with them. It was here, while waiting for my brother, that I started this story, although, of course, at the time I did not know that stories of life are often more like rivers than books. But I knew a story had begun, perhaps long ago near the sound of water. And I sensed that ahead I would meet something that would never erode so there would be a sharp turn, deep circles, a deposit, and quietness. (63)

이렇듯 『흐르는 강물처럼』의 스토리텔링 시작이 삶의 여정과 강물의 흐름 사이의 연관성을 깨닫는 시점으로 설정되어 있다는 것은 이 스토리텔링의 지향점으로서의 폴의 이해에 도달하기 위한 단초가 강의 패턴으로부터 찾아질 수 있음을 시사한다. 강물은 언제나 빠르고 똑바로만 흐르는 것은 아니다. 예기치 않게 "침식되지 않을" 장애물을 만나게 마련이고, 그러면 물살의 방향은 휘어지고 속도는 느려지게 될 것이다. 갑작스러운 강물의 흐름처럼, 삶의 여정에서도 언제든 예기치 않게 불행과 맞닥뜨리기 마련이라면, 예기치 않은 불행으로서의 폴의 죽음이 어떻게 받아들여질 수 있을 것인지의 문제도 강물이 흘러가는 패턴을 통해 해결의 실마리가 제공될 수 있을 것이다. 형 노먼은 술꾼/싸움꾼/노름꾼으로서의 동생 폴의 인생역전과 그 결과로서의 때 이른 죽음을 도무지 이해할 수 없지만, “시간의 근원”(104)부터 흘러오고 있는 강의 패턴은 이러한 장애가 강/삶이 흘러가는 여정 그 자체의 일부임을 알려준다.

이처럼 폴의 죽음을 강/삶의 패턴의 일부로 받아들일 수 있는 깨달음이 강에서 이루어지고 있다고 할 때, 여느 낚시꾼보다 완벽하게 자연의 리듬을 타고 있는 폴이 내밀한 강의 패턴에 여느 누구보다 가까이 다가가 있을 가능성이 다시 한 번 검토될 법하다. 『흐르는 강물처럼』의 스토리텔링을 통해 폴의 내면을 들여다볼 수는 없게 되어 있어 폴이 강/삶의 가장 비밀스러운 요체에 가까이 다가갔을 가능성이 손쉽게 확인될 수는 없다하더라도, 여느 누구보다 완벽하게 자연의 리듬을 꿰뚫고 있으며 따라서 누구보다 더 “신의 리듬”에 가까이 다가가 있는 폴에게 그 가능성이 더 높이 시사되는 것만은 분명하다고 하겠다. 이러한 가능성은 매클린 목사가 큰 아들 노먼에게 강물 밑에 “말씀”이 있다는 내밀한 메시지를 전하면서 “폴도 같은 말을 할게다”고 말하고 있는 장면(95-96)을 통해 더욱 견고해진다. 이처럼 폴이 강과 낚시의 경험을 통해 강/삶의 패턴에 가장 가까이 다가가 있다는 점을 적극적으로 받아들이면 들일수록, 술꾼/싸움꾼/노름꾼으로서의 폴은 그만큼 더 강력한 아이러니로 작용하게 될 것이다.

자연의 리듬/"신의 리듬"에 가장 가까이 다가가 있는 폴과 현실세계의 문제아로서의 폴 사이의 간극을 어떻게 좁히느냐가 『흐르는 강물처럼』의 스토리텔링에서 요청되는 핵심 과제라면, 강의 가장 비밀스러운 요체로서의 "말씀"을 낚는 행위에 의해, 세상/자기중심적 관점에 묶이는 대신, 강의 패턴에 입각한 관점으로 포용/확대될 수 있을 가능성이 시사될 때 그 과제의 해결이 모색되는 듯하다.

> ...모든 것들은 희미해지며, 나의 영혼과 기억, 빅 블랙풋의 강물 소리, 네 박자 리듬, 물고기가 올라 올 것이라는 희망과 함께 하나의 존재로 녹아든다.
>
> 이윽고 모든 것들이 하나로 합쳐지고 그 속으로 강이 흐른다. 강은 세상의 대홍수에 의해 만들어졌고, 시간의 근원부터 돌 위로 흘러간다. 어떤 돌에는 오래된 빗방울이 새겨져 있다. 돌 아래에 말씀이 있는데, 그 중에는 돌의 말씀이 있다.
>
> 나는 강물 소리에 사로잡힌다.

> ...all existence fades to a being with my soul and memories and the sounds of the Big Blackfoot River and a four-count rhythm and the hope that a fish will rise.
>
> Eventually, all things merge into one, and a river runs

> through it. The river was cut by the world's great flood and runs over rocks from the basement of time. On some of the rocks are timeless raindrops. Under the rocks are the words, and some of the words are theirs.
>
> I am haunted by waters. (104)

강은 세상이 시작된 대홍수 때부터 있어왔고, 강물 속의 돌 역시 시간의 구분을 넘어서는 "오래된"(timeless) 과거 즉 "시간의 근원"부터 있어왔다. 그런데 강물의 돌 아래에 있는 "말씀"이 그 무엇보다도 먼저이다(95). 따라서 강물의 돌 아래에 있는 "말씀"을 낚는 것은 자연의 리듬을 타는 것, 그리하여 "신의 리듬"으로 다가가는 행위일 수 있다. 화자/노먼이 많은 나이와 주위의 만류에도 불구하고 빅 블랙풋 강에서 여전히 낚시 대를 드리우고, "젊은 시절에는 함께 살고, 사랑했으나, 이해할 수 없었던, 이제는 거의 세상을 떠난"(104) 이들에게 다가가기 위해 "강물 소리에 사로잡히며" "모든 것들이 하나로 합쳐지는" 경험을 하는 것도 바로 이러한 이유 때문이라고 할 수 있다.

동생 폴이 낚시의 기예로 물속의 "보이지 않는" 물고기를 낚듯이, 형 노먼은 여전히 "강물 소리에 사로잡히며", "보이지 않는"(Hesford 43) "말씀"/언어를 낚아 폴에 대한 이해에 다가가는 회상의 스토리텔링을 엮는다. 『흐르는 강물처럼』은 이렇게 낚아 올린 "말씀"/언어로 엮은 스토리텔링의 결과물이라고 할 수 있다. 경험 자체는 무형으로 시간과 더불어 사라지게 되어 있지만, 그것이 스토리텔링 안에 들어오면 시간과 무관하게 일정한 형태와 의미를 띠게 된다. 이런 점에서, 물고기를 낚는 것이 그럴 수 있듯이, "말씀"/언어를 낚아 스토리텔링을 엮는 것 역시 일종의 "시간의 점"(spots of time) 즉 "압축된 영원을 순간에 경험하는" (Maclean 44) 것일 수 있다.

폴이 완벽하게 자연의 리듬을 타기 위해 낚시의 기예가 필요했던 만큼이나, 작가 노먼 매클린이 "시간의 점"으로서의 『흐르는 강물처럼』 스토리텔링을 엮어내기 위해서도 그에 상응하는 높은 수준의 기예를 필요로 했던 것임에 틀림없다.[8] 그러나 베리

8) 원작에는 없지만, 영화 『흐르는 강물처럼』에는 노먼이 학교 대신 아버지 매클린 목사로부터 글쓰기 훈련을 받는 장면이 등장한다. 노먼이 글을 써 갈 때마다 매클린 목사가 "반으로 줄여라"라는 말을 반복하는데, 이러한 철저한 훈련을 통해 노먼이 일찍이 글쓰기에서 있어 상당한 기예에 도달했을 것이라는 추측이 가능하다. 영화를 감독한 로버트 레드포드가 영화를 만드는 동안 원저자인 노먼 매클린으로부터 각색에 대해 조언과 도움을 받았다는 점에서 영화에 등장하는 매클린 관련 이야기는 근거가 없지 않다고 할 수 있다. 영화는 대체로 원작의 플롯 전개를 따르지만, 무엇보다 1919년 다트머스 대학으로 떠났다가 1926년 돌아오는 장면, 이후 독립기념일에 파티에서 미래의 아내인 제시를 만나고 이후 감성적인 연애편지를 보내는 장면 등 저자인 노먼 매클린의 자전적인 내용이 적지 않은 비중으로 포함되어 있다는 점에서 이미 결혼한 1937년 여름의 며칠 동안 벌어진 사건을 중심으로 이야기가 진행되는 원작과는 차이를 보인다. 주인공이 명문 사립대학으로 공부하러 가는 것이나 파티에서 만난 여인과 낭만적 사랑을 만들어가는 플

(Wendell Berry)가 분석하고 있듯이, 매클린이 이 텍스트에서 보여주는 스토리텔링 기예는 비슷한 소재를 다루고 있는 「두 마음을 가진 커다란 강」에서 헤밍웨이가 보여주었던 것과는 사뭇 다르다는 점이 기억될만하다.

베리에 따르면, 「두 마음을 가진 커다란 강」은 낚시 여정을 통한 닉의 정신적 치유의 과정을 놀랄 만큼 빈틈없이 깔끔하고 선명하게 그려내고 있는데, 이러한 "스타일의 승리"(215)는 불필요하다고 판단되는 디테일들을 과감하게 제거함으로써 도달된 것일 수 있다. 그 결과 「두 마음을 가진 커다란 강」 텍스트는 전쟁으로 얼룩진 역사나 "비극적 모험"으로서의 늪 낚시와 분리되어 있다. 말하자면, "스타일의 승리"는 "이해하지 못하는 것을 생략함으로써"(215) 얻어진 셈이다. 이렇듯 모든 것이 제거된 채 주인공 홀로 낚시 여정에 오르는 「두 마음을 가진 커다란 강」과는 달리, 『흐르는 강물처럼』에서는 형제, 부자, 가족 간의 "함께" 하는 낚시를 캔버스에 담으며 "함께 살고, 사랑했으나, 이해할 수 없었던" 이들 간의 이해와 소통의 문제를 다룬다.

「두 마음을 가진 커다란 강」에서 "이해하지 못하는 것"이 제거

롯 전개는 관객 대중의 호응을 의식한 측면이 크지만, 원저를 접하지 못한 관객들에게 스토리텔링 하는 이가 누구인지에 대한 정보를 제공하는 측면도 없지 않다고 하겠다.

됨으로써 빈틈없이 깔끔한 텍스트가 만들어질 수 있었다면, 낚시를 통해 "함께 살고, 사랑했으나, 이해할 수 없었던" 상호간의 연결 가능성을 모색하는 『흐르는 강물처럼』에서는 "기예적으로 이해될 수 없는 것도 받아들이는"(Berry 218) 포용적인 텍스트의 구성을 통해 "온전히 이해할 수는 없어도 온전히 사랑할 수 있다"는 뜻깊은 깨달음에 도달하게 된다. 이처럼, 「두 마음을 가진 커다란 강」의 "승리"가 "이해할 수 없는 것"을 배제함으로써 가능했다면, 『흐르는 강물처럼』의 경우, 말하고자 하는 바를 기예에 입각해 조정하는 대신, "이해할 수 없는 것"도 "은밀하게"(Berry 219) 낚아내는 기예를 통해, 말하고자 하는 바를 포괄적으로 엮어내는 의미 있는 "성공"을 거두고 있다고 볼 수 있다.

스테그너(Wallace Stegner) 역시 매클린 텍스트에서 전형적인 소설의 원리를 발견하는 것은 쉽지 않다고 분석한다. 전형적인 텍스트와는 달리, "배제가 아니라 포괄"이 "경제성이 아니라 풍요로움"(154)이 텍스트를 엮어가는 중심축으로 작동하고 있으며, 내러티브 중 화자의 개입도 수시로 일어난다는 관찰이 제시된다. 그 결과, 처음 읽을 때는 다소 엉성하게 엮어진, 그리하여 효과의 통일성이 결여된 텍스트로 여겨질 수 있지만, 다시 자세히 읽어보면, 아무렇지 않게 놓여있는 것처럼 보이는 것이 사실은 세심하게 배치되어 있는 것으로 드러나면서 예상치 않았던 새로운 의미를 띠게 된다는 것이다(155).

시카고 대학에서 평생 영문학을 가르치고 연구하였던 작가가 『흐르는 강물처럼』을 "배제가 아니라 포괄" "경제성이 아니라 풍요로움"의 텍스트로 구성하였던 것은 전형적인 소설 원리에 무지하기 때문이 아닐 것이다. 정형화된 틀에 묶이는 대신, 노년에도 여전히 "강물 소리에 사로잡히며," 강물 밑의 "말씀"을 낚듯이, 젊은 시절의 기억을 언어로 낚으려는 스토리텔링의 산물이 바로 『흐르는 강물처럼』 텍스트일 것이다.

이 스토리텔링의 화자/노먼은 강물에서 물고기와 "말씀"을 낚으며, 예기치 않게 장애물을 만나 방향이 휘어지고 속도가 느려지는 강물의 패턴을 확인하고 그것에 입각해, 술꾼/싸움꾼/노름꾼으로서의 폴의 인생역전과 그 결과로서의 때 이른 죽음을 받아들인다. "강물 소리에 사로잡히며" 폴을 "온전히 이해할 수는 없어도 온전히 사랑할 수 있게" 되는 것이다. 자신의 관점이 견지되는 한, 즉 자신의 관점을 상대에게 일방적으로 투사하고 자신의 입장에서 상대를 임의로 구획하는 한, '온전한 이해'는 불가능할 것이다. 자신의 관점 대신 강물의 패턴으로부터 조망될 때 비로소 '있는 그대로' 받아들여져 "온전히 사랑할 수" 있는 길이 열릴 것이다.

V

헤밍웨이의 「두 마음을 가진 커다란 강」이나 브라우티건의 『미국의 송어낚시』가 예시하고 있듯이, 송어낚시는 미국의 목가적 이상을 구체적으로 보여주는 대표적인 상징이 되어 왔다. 매클린의 『흐르는 강물처럼』에서는 송어낚시의 정교한 기예로 자연의 리듬을 타며 자연과 하나가 될 때 "힘과 아름다움"의 "은총 상태"가 회복되어 "신의 리듬"에 다가갈 가능성이 시사된다. 폴은 누구보다도 자연의 리듬을 완벽하게 꿰뚫고 있고 따라서 누구보다도 "신의 리듬"에 가까이 다가가 있는 "엄청난" 기예의 대가이다. 하지만, 현실 세계에서는 술꾼/싸움꾼/노름꾼이며 결국 오른 손의 뼈가 다 부러진 채 비극적인 최후를 맞이한다. 『흐르는 강물처럼』은 이러한 폴의 인생역정에 대한 형 노먼의 "원근법적 조망"이라고 할만하다. 같은 부모, 같은 가정에서 "함께 살았고, 사랑했지만" 동생 폴을 "이해할 수 없었던" 화자/노먼은 노년의 나이에도 불구하고 여전히 빅 블랙풋의 "강물 소리에 사로잡히며" 강 속의 "말씀"/언어를 낚아, 폴에 다가가기 위한 회상의 스토리텔링을 엮는다.

송어낚시 강가에서 자연의 리듬을 포착하며 자연과 하나로 어우러졌던 폴이 미국 목가적 이상의 가능성을 구현하면서도 현실에서는 술꾼/싸움꾼/노름꾼으로 비극적인 최후를 맞이할 수밖에 없었다는 것은 목가적 이상이 현실에 적용될 때의 한계 또는 목가적 이상에 내재한 모순의 가능성을 시사한다. 「두 마음을 가진 커다란 강」에서 암시되었고 『미국의 송어낚시』에서 확대되었듯이 『흐르는 강물처럼』에서 실제로 형상화된 것도 송어낚시를 통한 미국 목가적 이상의 구현 그 자체라기보다 그것의 지난함과 불가해성일 수 있다. 따라서 이해하기 지난한 폴을 "온전히 이해할 수는 없어도 온전히 사랑할 수 있게" 되는 과정이 이 작품에 내포된 핵심 의미에 해당된다면 이러한 과정은 송어낚시를 통한 목가적 이상의 단순 구현이라기보다 그것에 대한 복합적 접근의 형상화로 이해될 소지도 충분하다. 아울러, 이해하기 힘든 폴의 불가해성을 자기중심 대신 '있는 그대로' 받아들이게 되는 과정이 송어낚시 강가에서 이루어지고 있듯이, 송어낚시의 목가적 이상에 관련된 불가해성을 복합적으로 모색하는 곳이 바로 송어낚시의 현장이라는 것은 이 작품의 의미를 배가시킨다.

지금까지 자신의 관점이 견지되어왔기에 "이해할 수 없었던" 것이라면, 이제 강과 하나가 되며 포착한 강의 패턴에 입각할 때, 이해할 수 없는 것 자체가 '있는 그대로' 받아들여져 그 결과로 "온전히 이해할 수는 없어도 온전히 사랑할 수" 있게 되는 것은 그 의미가 적지 않다. 강의 요체에 누구보다도 가까이 다가갔던 폴의 송어낚시에 대한 화자의 회상을 강물에서 직접 낚은 “말씀”/언어의 스토리텔링으로 들으며 우리 자신이 “강물 소리에 사로잡히게” 되는 것도 바로 이러한 이유 때문일 것이다.

4부

동물친구와 식용고기

1 『돼지가 한 마리도 죽지 않을 날』: 팩의 어른/인간으로의 성장

I

1940년 무렵의 미국 버몬트주 농촌을 배경으로 작가 펙(1928~)의 어린 시절 자전적 이야기를 담고 있는 『돼지가 한 마리도 죽지 않을 날』(*A Day No Pigs Would Die*)은 주인공 로버트(Robert)가 허름한 자신의 옷이 놀림을 받자 무단으로 학교에서 빠져나와 집으로 향하던 중 새끼를 낳지 못해 고생하는 이웃 집 태너(Tanner) 네 암소와 마주치게 되는 장면으로 시작된다. 로버트는 갖은 어려움을 겪으면서도 자신의 바지를 벗어 어미 배속에 있는 쌍둥이 새끼소가 세상 밖으로 나올 수 있도록 도와주는 데 성공한다.

쌍둥이 송아지가 태어날 수 있도록 도와준 것에 대한 고마움의 표시로 태너로부터 아기 돼지 핑키(Pinky)를 선사받은 로버트는 뛸 듯이 기뻐하지만, 아버지로부터 돼지는 소와 함께 지낼 수 없음을 알게 된다. 초식동물인 소가 육식동물의 날카로운 송곳니를 가지고 있는 돼지와 같은 공간에서 잠을 잘 수 없는 것은 동물의 리얼리티를 보여주는 자연의 이법(reason 25)에 해당되는 것으로 제시된다. 즉 돼지가 농장을 벗어나면 송곳니가 더 길어지는 야생동물이 되지만 소의 경우 이웃집 농장을 찾아갈 것이라는 생리적 차이는 양자의 동거가 불가능한 이유가 아버지를 통해 설명된다. 흥미 있는 것은, 이러한 자연의 이법이 펙 가족의 생활지침서인 쉐이커(Shaker) 교도 교본에 제시되어 있는 수칙이기도 하다는 점이다. 이렇듯 동물의 리얼리티에 기반한 자연의 원리가 인간 생활에 필요한 규칙으로도 작동하는 것은 자연 전체의 작동 원리에 인간적 차원이 포함되어 있을 가능성을 시사한다.

인간 활동이 자연의 원리로 움직이는 더 큰 메커니즘의 일부로 받아들여지고 있음은 작품 내 여느 다른 장면들에서도 확인될 수 있다. 쫓아가는 핑키를 피해 도망가던 개구리가 이를 지켜보던 까마귀에 의해 급소를 공격당해 순식간에 까마귀 입속으로 들어가게 되는 장면은 언뜻 로버트와 그 가족 그리고 핑키를 중심으로 엮어가는 이 작품의 중심 플롯과 직접적인 연관이 없는 것처럼 보이지만, 자연에서 작동하는 동물 먹이사슬의 리얼리티를 한 장의 그림으로 압축적으로 제시하고 있다. 그런데 여기서 주목하게 되는 것은, 개구리의 하얀 배가 까마귀 입속으로 사라지는 것을 바라보면서 로버트가 예전에 개구리를 잡아 구워 먹었던 기억을 떠올리며 "개구리 참 맛 있겠는데"(43)라고 중얼거리며 침을 삼키고 있다는 점이다. 말하자면, 개구리의 먹이사슬에 까마귀뿐 아니라 인간도 동참하고 있는 셈이다.

낮게 날고 있던 매가 한순간 토끼에게 돌진해 날카로운 발톱으로 그것의 숨을 끊어, 둥지에 있는 매의 새끼들에게 나누어 줄 "따뜻한 식사"(64)를 마련하는 과정에 대한 자세한 묘사 역시 로버트네 농장을 중심으로 전개되는 작품의 주 플롯과 표면적인 관련성은 없어 보이면서도 동물의 리얼리티를 제시하는 이 작품의 또 다른 측면과는 긴밀히 맞닿아 있다. 토끼가 매의 먹잇감이 되는 과정이 매우 사실적으로 전달됨으로써 먹고 먹히는 자연의 리얼리티가 효과적으로 형상화되고 있다. 여기서도 흥미로운 것은, 아빠 매가 사냥한 먹잇감을 새끼들에게 나누어주는 광경을 연상하는 로버트가 이와 동시에 자신과 아빠가 함께 했던 토끼 사냥 장면도 떠올리고 있다는 점이다. 더욱이, 로버트가 매의 먹잇감이 된 토끼를 연상하며 시장기를 느끼면서 "둥지에 있는 새끼 매들이 토끼 고기를 차지하게 된 것은 단지 그들이 나보다 먼저 토끼를 잡았기 때문"(64)이라고 생각하는 대목은 토끼의 포식자에 매뿐 아니라 인간도 포함되어 있으며, 이런 토끼와 매로 구성되는 먹이사슬에 인간도 동일하게 참여하고 있음을 보여주기에 충분하다.

태너의 예상대로, 수퇘지 삼손(Samson)과의 교접 이후 핑키가 "철조망을 뚫고라도 수컷을 찾게 될 것"(129)이라면, 이러한 생물학적 충동은 신경질적이었던 과부 배스컴(Bascom)을 친절하고 너그럽게 변화시키는 동인이기도 하다. 예전에 허락 없이 배스컴 부인네 딸기밭을 지나가려 했다가 빗자루로 흠씬 얻어맞았던 로버트는 이번에는 딸기밭을 멀찌감치 돌아가려 했지만, 놀랍게도 배스컴 부인은 웃는 얼굴로 로버트를 불러 화분 옮기는 일을 도와달라고 청한 후 고마움의 표시로 맛있는 과자까지 건넨다. 신경질적이었던 배스컴 부인이 이렇게 부드럽게 변한 것에 놀랐던 로버트는 배스컴 부인이 새로운 일꾼 아이라(Ira)와 가까이 지낸다는 이야기를 듣고 이러한 배스컴 부인의 변화가 틀림없이 아이라와 관련이 깊을 것으로 생각하게 된다. 이런 점에서, 핑키가 수퇘지에 끌리는 것이나 아이라와 가까워진 이후 배스컴 부인이 변화되는 것은 근본적으로 동일한 힘의 소산일 수 있다.

핑키를 수퇘지에 끌리게 할 생물학적 충동은 배스컴 부인을 변화시키는 힘뿐 아니라 힐먼(Hillman)과 레티(Letty)가 함께 헛간으로 가게 하는 힘과도 근원적으로 동일하다. 힐먼 부부에게 일자리를 주었던 레티와 유부남 힐먼씨가 헛간에서 정사 나누는 욕망은 "철조망을 뚫고라도 수컷을 찾아" 나서는 핑키의 충동과 사실상 다르지 않다고 할 수 있다.

이렇듯 핑키가 수퇘지에 끌리고 레티와 힐먼이 헛간에서 정사 나누는 것이 동일한 힘의 작용이라고 할 수 있을지라도, 그 결과는 사뭇 다르다. 새끼를 배지 못해 암퇘지로서의 역할을 수행하지 못하게 된 핑키가 "가난한 농부에게 식용고기를 제공하기 위해"(Mulvey 157) 도살되었던 것과는 정반대로, 헛간에서 일을 치른 후 아이가 생긴 레티는 아이를 익사시키고 자신도 목매달아 자살한다. 핑키가 새끼를 배지 못해 죽어야했다면, 레티는 혼외 임신과 사생아 출생으로 비극적인 최후를 맞이할 수밖에 없었던 셈이다. 생물학적 충동이 인간과 동물에게 작용하는 이러한 상이한 방향이 시사하듯이, 인간도 기본적으로는 동물처럼 생물학적 충동에 의해 추동되지만, 일부일처제와 같은 도덕적 제어 장치가 인간 행동을 폭넓게 지배한다는 점에서는 동물과 차별화된다고 말할 수 있다.

신경질적이었던 배스컴 부인이 새 일꾼 아이라와 가까워진 이후 부드럽게 변했지만, 주위 사람들이 과부된 지 몇 년 되지도 않은 배스컴 부인이 다른 남자와 가까이 지낸다며 눈살을 찌푸리는 것 역시 생물학적 본능을 벗어나는 도덕과 체면의 영역이 인간 사회에 적지 않은 위력을 발휘하고 있음을 보여주는 또 다른 실례에 해당된다. 배스컴씨 살아생전에는 거의 이야기 나누어본 적도 없던 플로버(Plover)씨가 배스컴 부인 집에서 나오는 남녀 웃

음소리를 듣고 당장 이 사실을 알리기 위해 배스컴씨 묘지로 말을 몰려 하거나 캐리(Carrie) 이모가 이러한 이야기를 흥분하여 전하는 해학적 장면은 인위적인 도덕과 체면으로 작동하는 인간사회의 단면을 익살스럽게 보여준다. 태너를 통해 황소 삼손과 수고양이 케일럽(Caleb)이 각각 인근 대부분의 송아지와 새끼 고양이의 아버지라는 점이 밝혀짐으로써 사생아를 낳고 자살한 레티의 비극이나 새로운 남자가 생겨 안정과 활력을 찾지만 주위의 입방아에서 자유롭지 못한 배스컴 부인의 처지가 더욱 대조적으로 부각된다. 로버트가 아버지로부터 핑키의 불임 가능성에 대해 들으면서 핑키의 경우를 자식이 없는 매티(Mattie) 이모와 연결시키자, 아버지가 "사람 마음을 아프게 할 수 있는"(113) 말은 조심해야한다고 타이르는 대목 역시 동물/핑키의 불임과 인간/매티 이모의 불임이 동일선상에서 이해되는 것이 경계되며 동물과는 구별되는 인간 고유 영역이 인정되고 있음을 단적으로 보여준다.

그러나 이와 동시에, 캐리 이모가 과부 배스컴이 새로운 남자와 한 지붕에서 시시덕거리는 것을 못마땅해 하는 반면, 로버트의 어머니가 배스컴 부인에 대한 따뜻한 이해와 공감을 보여주는 것은 주목할 만하다. 특히 로버트의 어머니가 작품의 처음부터 끝까지 일관되게 "음악처럼 부드럽고 달콤한"(9) 인물로 그려지고 있다는 점에서, 불필요한 인위적 도덕률보다 생명의 자연 원리에 입각해 배스컴 부인을 포용하는 로버트 어머니의 따뜻한 시각은 화자의 관점 또는 텍스트 전체의 방향과 상당 부분 겹치는 것으로 이해될 수 있다.

이런 점에서, 로버트 네가 병충해를 막기 위해 사용하는 방식도 흥미롭다. 난로의 재와 생선회를 섞어 사과나무 밑에 뿌리면 연기가 나오는데 그 연기를 통해 벌레들의 접근을 막게 된다(116). 주위에서 쉽게 구할 수 있는 것들을 적절히 활용하여 벌레를 막음으로써 더 많은 사과 수확을 도모하는 이러한 방식은 새로운 물질을 인위적으로 합성하는 방식보다 훨씬 더 자연의 순리에 입각해 있다고 할 수 있다. 다른 한 편, 아버지는 향후 살충제 같은 새로운 방법이 사용될 필요성도 제기한다. 아빠처럼 되고 싶다는 로버트의 말에 아버지는 "너는 학교 다니며 읽고 쓰고 계산하는 것을 배울게다. 그리고 과수원 병충해에도 새로운 방식을 쓰게 될게다."(118)라고 대답한다. 현재는 주위에서 구할 수 있는 것들을 통해 '자연스러운' 방식으로 벌레를 막고 있지만, 로버트처럼 교육받은 다음 세대에서는 살충제로 대변되는 새로운 방식이 사용될 것임이 시사되고 있다.

이처럼 로버트 네가 자연의 원리에 입각한 삶의 방식을 영유할 수 있었던 것이 막강한 과학기술이 사용되기 이전 시점이었다는 점과 긴밀히 연관된다면, 구닥다리 총밖에 없는 로버트 아버지가 사슴 사냥을 번번이 실패하는 것도 같은 맥락에서 이해될 수 있다. 로버트가 재와 생선회에서 나오는 연기를 제대로 나무로 향하게 하지 못했던 실수도 겹쳐 사과 수확량이 급감하는 등 겨울을 날 식량이 부족해지자 로버트의 아버지는 매일 새벽 사슴 사냥을 나간다. 하지만 매번 장전을 해야 하는 구식 총으로 사슴을 잡으려면 가까이 다가가야 하는데, 다가가 장전을 할 때마다 사슴은 도망가고 결국 아무런 소득 없이 아버지 건강만 해치게 된다 (133-34).

살충제 대신 자연 요법으로 벌레를 쫓고, 막강한 신식 총 대신 실패를 연발하는 구식 총으로 사슴 사냥을 나가는 로버트 네는 모터보트로 무장한 젊은 선원들 대신 돛단배에 몸을 싣고 고기잡이에 나서는 『노인과 바다』(*The Old Man and the Sea*)의 산티아고(Santiago)를 연상시킨다. 산티아고가 생태계의 근간을 뒤흔들어 놓을 강력한 과학기술 대신 그곳으로 나가기 위한 '최소한'의 소박한 도구에 의지해 다랑어, 상어, 날치, 바다 새 등과 함께 어우러지며 그 일원으로 참여하듯이, 로버트 네 역시 자연의 질서에 순응하며 그 내에서 자신들의 삶을 꾸려나가는 친자연적인 양상을 보여준다. 로버트 네의 친자연적인 삶의 양상은 기본적인 삶을 영위하는 데 꼭 필요하지 않은 것들을 "사치품" 즉 "악마의 소행"(23)으로 여기는 쉐이커 교도의 금욕적인 생활로 구체화된다.

태너 네 쌍둥이 송아지 출산을 돕느라 로버트의 바지가 못쓰게 되었을 때 새로 입을 바지는 시장에서 구매되는 대신 어머니의 손으로 직접 만들어지며, 로버트가 갖고 싶은 빨간 외투와 가고 싶은 야구장은 "사치품"이기에 허용될 수 없다. 과학기술 문명과 자본주의의가 고도로 발달함에 따라 인간 욕망의 무한한 충족이 가속화되면서 생태계에 미치는 인간 영향의 과도함이 어떠한 결과를 낳을지에 대한 우려가 끊이지 않고 있다면, 어쩔 수 없어서가 아니라 자신들의 선택에 입각해(Snyder 9) 생태계의 자연 원리가 훼손되지 않을 정도로 인간 흔적을 최소화하는 쉐이커 교도식의 금욕적 생활 방식은 단지 본격적 산업사회 발달 이전의 미성숙 단계로 치부되기보다, 첨단 산업사회에서도 여전히 해결되지 않은 근원적 문제를 다시 생각해 보게 하는 단초로 이해될 소지가 충분하다.

II

인간은 노동력이나 식용 등의 필요에 의해 가축을 기른다. 로버트 네는 농사를 위한 노동력이 필요할 때 또는 핑키가 거주할 곳간을 옮기기 위해 캡스턴 크랭크를 끌어야할 때 황소 솔로몬을 이용하고, 데이지로부터는 신선한 우유를 얻는다. 로버트는 자신의 둘도 없는 친구인 핑키가 씨암퇘지가 되어 오랫동안 자기 곁에 있어줄 것으로 믿었지만, 핑키의 불임이 드러나고 현재 상태로는 더 이상 식량 부족의 겨울을 나기 어렵게 되자 눈물을 흘리며 아버지의 핑키 도살을 돕는다. 더 할 나위 없이 가까운 친구가 식용고기로 변모되는 현장에 직접 참여하며 어린이 주인공이 겪는 진한 내적 경험이야말로 이 작품에 담겨 있는 가장 주목할 만한 부분 중의 하나이다. 핑키를 죽이는 아버지가 미우면서도, 핑키를 죽일 수밖에 없는 아빠의 난생 처음 눈물을 목격하며 아버지를 이해하게 되는 로버트의 복합적인 심리는 식용고기를 위해 사육하면서도 그 과정에서 친구가 되어 버린 동물들을 향한 이중적 감정 그리고 식용고기로 대변되는 현실에 정식으로 입문하기 이전의 어린이가 이제 어른의 현실로 들어서는 과정을 생생하게 담아낸다.

같은 반 급우에게 놀림을 받고 무단으로 학교를 나와 혼자 외로움을 달랬던 로버트에게 새끼 돼지 핑키는 커다란 위안이 된다. 핑키가 생긴 첫날 밤 헛간에서 함께 밤을 보낼 뿐 아니라 자신이 겪었던 이런저런 일화들을 친구 핑키에게 고스란히 늘어놓는다. 학교에서 돌아오면 언제나 자신을 맞이하러 나오는 핑키는 로버트에게 둘도 없는 친구임에 틀림없다. 핑키가 속이 좋지 않아 잘

먹지 못하면 로버트의 마음이 아파지는 것도 당연한 셈이다. 이렇게 서로 교감하는 친구 사이지만 핑키가 새끼를 제공할 수 없다면 자기 자신을 식용고기로 내놓아야 하는 엄연한 현실과 그것에 맞닥뜨린 어린이 주인공이 겪어야하는 심리적 갈등에 대한 형상화는 어떤 면에서는 사랑하는 동물마저 도살해야했던 지나간 어려운 시절에 대한 송가 정도로 받아들여질 법하다. 실제로, 로버트 네가 더 효과적인 살충제를 사용해 사과만이라도 좀 더 넉넉하게 수확했더라도 핑키 도살은 피할 수 있었을 것이고, 또는 "산업화를 통해" 애완동물이외의 "대부분의 동물이 일상생활에서 사라지고 식용고기 생산이 눈앞에서 사라지게 된"(Garrard 139) 이후에는, 친구처럼 지내는 동물을 식용고기를 위해 도살하는 '잔인함'을 감수할 필요가 없어졌다고 할 수 있다.

그러나 다른 한 편, 애완동물과 식용고기 동물의 인위적 구분이 완전한 문제 해결인지에 대해서는 석연치 않는 구석이 적지 않다. 여전히 육식을 하는 인간의 문명은 동물의 희생위에 세워질 수밖에 없으면서도 도살이라는 동물 희생의 현실을 감춘 채 "가정용 애완동물이나 디즈니 인물 또는 주로 야생을 다루는 책이나 영화에 등장하는 관찰의 대상"(Garrard 139)으로만 동물이 소비되고 있다면, 엄연히 존재하는 동물의 리얼리티가 '있는 그대로' 조망되는 대신, 보고 싶은 것만 응시되는 이미지로 재현되고 있는 셈이다. 이런 점에서 『돼지가 한 마리도 죽지 않을 날』은 동물에 대한 호감과 식용고기용 도살이 함께 진행될 수 있었던 산업화 이전의 "통합적 감수성", 적어도 그것의 마지막 단계를 극화하고 있는 것으로 이해될만하다.

아버지가 핑키를 자르는 사이 그것을 들고 있어야했던 로버트의 눈에서 하염없이 흐르는 눈물과 팩이 일을 마친 아버지의 눈에서 난생 처음 보게 되는 눈물은 피할 수 없는 도살의 현장에서도 이어지는, 죽음을 당하는 동물과 죽이는 인간 사이의 교감을 감동적으로 제시한다. 죽이는 인간과 죽음을 당하는 동물 사이의 교감은 동물생명박탈의 잔인성은 멀리하면서도 고기 먹기를 계속해야하는 문명사회의 지속을 위해서는 제거 또는 망각되어야 할 불필요한 '사치품'으로 여겨질지 모른다. 그러나 로버트의 감동적인 이야기가 전달하는 것은 동물생명박탈의 리얼리티가 잠시 가려질 수 있을지는 모르겠지만 그것의 전적인 해결이나 말소가 과연 가능할 것인가라는 의구심이다. 더욱이, 조류독감, 구제역, 광우병 등의 형태로 끊임없이 경고되고 있는 집단사육체제의 근본적 문제점은 산업화 이후 일상인의 눈앞에서만 사라졌을 뿐 식용동물의 리얼리티가 여전히 생생하게 남아 있음을 보여주기에 충분하다.

III

이 작품에서 로버트가 도달하는 성장의 의미도 이러한 맥락에서 검토될 수 있다. 모럴(Judy Morrell)이 파악하듯이, 로버트의 성장은 일차적으로 학교 수업을 빼먹는 무책한 어린이로부터 아버지를 대신해 가족과 농장을 책임지는 어른으로 변신하는 과정이라고 할 수 있다(29). 실제로, 핑키 도살이나 아버지 장례식 장면이 보여주듯이, 로버트는 살아생전 아버지가 부탁했던 대로 새로운 가장으로서 자신에게 주어진 역할을 "어른스럽게"(139) 잘 감당해 나간다. 어떤 점에서, 이제 로버트는 더 이상 동물과 함께 뒹굴고 이야기 나누던 천진난만한 어린이가 아니라 동물을 효용적 관점에서 바라보는 법을 터득한 어른의 단계로 들어서게 된 것으로 이해될 수도 있고, 그렇다면 로버트의 변모를 마냥 '성장'으로만 볼 수 있을지 의문이 제기될 수도 있다. 그러나 로버트의 성장은 재현된 이미지로서의 동물 대신 엄연히 리얼리티로 남아있는 동물과의 실물적 경험을 바탕으로 그것을 인간 현실의 관점과 통합시키며 새로운 국면에 도달해가는 과정이기에, 동물의 리얼리티에 대한 온전한 이해를 동반하지 않은 채 얄팍한 휴머니즘에 입각해 동물을 응시하면서도 실제로는 동물의 잔혹한 희생을 당연시 하는 기성세대로 타협/타락하는 과정과 동일시될 수는 없다.

아버지를 땅속에 “심는”(146) 장례식은 아버지의 죽음이, 까마귀에 포획된 개구리, 매의 식사가 된 토끼 그리고 핑키의 죽음처럼 대자연으로 돌아가는 과정으로 받아들여질 수 있음을 시사한다. 개구리-까마귀, 토끼-매의 먹이사슬에 로버트의 개구리 잡이, 로버트 아버지의 토끼 사냥이 덧붙여짐으로써 먹이사슬 생태계의 인간 참여가 부각되었듯이, 로버트 아버지를 자연에 “심는” 장면을 통해 인간도 동물의 리얼리티가 담겨 있는 자연 생명원리의 일부임을 보여준다. 이런 점에서, 아버지의 유산은 단지 황금빛으로 빛나는 도살 연장이나 오년만 잘 갚으면 그들 소유가 되는 농장만이 아니다. “사치품”을 최대로 절제함으로써 자연 생태계에 대한 인간 흔적을 최소화할 뿐 아니라 죽음 이후에도 자연으로 돌아가는 점을 잊지 않는 자연친화적인 삶의 방식이야말로 로버트에게 남겨진 알짜배기 교훈일 수 있다. 아버지 살아생전 자기 집은 왜 이리 가난해야하는지 지속적으로 의문을 제기했던 로버트가 아버지의 죽음 이후 “아버지는 가난하지 않았다”(146)고 결론 내리는 것도 같은 맥락에서 이해될 수 있다. 더욱이, 아버지 몸에서 평생 떠나지 않았던 돼지 냄새를 싫어했던 로버트가 아버지의 장례식 직전 오랜 세월 사용되어 황금빛으로 반들반들해진 아버지의 도살 도구를 아름답게 바라보는 장면은 아버지가 평생 해 오신 일에 담긴 의미가 로버트에 의해 내면화되고 있음을 보여준다. 동물이 애완동물이나 디즈니 만화 주인공으로만 존재하기 시작한 산업화 이후에도 인간의 육식이 지속되는 한, 동물은 인간의 친구만이 아니라 먹이이기도 하며 따라서 도살은 인간 문명의 필수요건이라는 엄연한 리얼리티가 잠시 감추어질 수는 있어도 부정될 수 없다면, 동물과 더할 나위 없이 가까운 친구이면서 식량 없는 겨울을 나기 위해 그 친구를 도살하는 현장에 눈물 흘리며 참여해야 했던 로버트의 이야기는 아무리 가리려 해도 가려질 수 없는 동물의 리얼리티와 그 의미를 생생하게 극화하고 있는 셈이다.

다른 한 편, 닭장을 수시로 침입하는 족제비가 골칫거리인 로버트의 아버지가 개의 호전성을 기르려는 목적으로 족제비와 인위적으로 싸움 붙이는 장면(106-10)은 과연 로버트 아버지가 친자연적인 삶의 방식을 대변하는지에 대해 의문을 제기하는 것일 수 있다. 더욱이, 이 자리에 로버트가 함께 하고 있었다는 점에서 로버트가 아버지로부터 직접 이어받은 '유산'의 성격에 관해 다시 생각해 볼 여지가 없지 않다. 그러나 이렇게 싸움시킨 결과, 족제비를 간신히 죽일 수는 있었지만 족제비의 시체가 너무 흉측했을 뿐 아니라 개도 죽음보다도 못한 처참한 반죽음의 상태에 이르러 로버트 아버지의 총에 의해 고통을 단축시키지 않을 수 없게 되는데, 이러한 비참한 결과를 보고 로버트 아버지는 "쉐이커 교본을 두고 맹세컨대, 설사 가지고 있는 닭을 모조리 잃는다 해도 개와 족제비를 싸우게 하지 않겠다"(111)고 다짐한다. 눈앞의 이익을 우선시 하는 기존의 인간중심적 관점이 앞서다가 그것의 처참한 결과를 목도하고 도달하게 되는 로버트 아버지의 반성은 친자연적 삶의 방식 그 자체의 실패라기보다 누구라도 빠지기 쉬운 반친자연적인 인위적 삶의 방식의 위력과 사후라도 그것에 동조한 자신의 어리석음을 깨닫는 로버트 아버지의 도덕적 승리로 이해될 소지가 적지 않다. 이와 관련하여, 개를 땅에 묻은 후 로버트가 인간이 어리석은 것에 비하면 개는 훨씬 용감했다는 최종 인식에 도달하는 것은 아버지의 깨달음이 아버지 자신만이 아니라 로버트에게도 이어지고 있음을 입증하는 것으로 받아들여질 가능성이 농후하다.

또한, 아버지가 자기와는 달리 로버트는 학교에서 "읽고 쓰고 계산하는 것을 배워" 은행에서 자신의 계좌를 열 수 있게 되고, 나무의 병충해도 새로운 방식으로 해결될 수 있을 것으로 예상하고 있다는 것은 로버트 아버지의 삶의 방식이 어떤 적극적인 선택이라기보다 더 많은 교육과 발전이 있기 이전 시대의 어쩔 수 없는 산물로 받아들여질 가능성을 열어 놓는 것이 사실이다. 로버트 이후 세대에 이르면 잘못 놓여 진 연기의 방향으로 병충해가 심해지거나 구식 총으로 사냥에 번번이 실패하던 일도 자연스레 사라질지 모른다. 무엇보다, 더할 나위 없이 가까운 친구를 스스로 도살해야 하는 고통도 겪을 필요가 없게 될 것이다. 확실히, 로버트의 아버지는 쉐이커로 대변되는 욕망 절제의 친자연적 삶의 방식을 견지하면서도 그것에 내재된 가치가 향후 전개될 욕망 충족 시대의 근원적 문제점을 대조적으로 드러내고 있음을 적극적 대변하는 인물로 형상화되고 있지는 않다. 그러나 이 작품 전체를 통해 제시되는 의미가 로버트 아버지의 삶의 방식이나 미래에 대한 그의 비전에 국한되는 것은 아니다. 보다 더 중요한 것은 작품의 주인공으로서의 로버트가 아버지로부터의 '유산'을 어떻게 받아 들이냐 하는 점일 수 있다면, 이야기 진행과 더불어 그가 도달했던 깨달음이나 그에 앞에 펼쳐질 미래가 어떤 하나의 방향으로 고정되지 않고 열린 상태로 극화되어있다는 것은 이 작품의 의미가 단순하지 않을 수 있음을 시사한다. 텍스트에 함축된 이러한 복합성에도 불구하고, 로버트 이후 세대로 이행되면서 과학기술의 혜택과 함께 친구의 도살을 지켜보아야 하는 고통도 덜게 되는 편의를 누리게 되지만 이러한 편의가 그것이 기초하고 있는 동물 희생의 엄연한 현실을 가림으로써만 가능한 것일 수 있다면, 이 작품은 로버트의 성장 이야기를 통해 아직도 현재형으로 진행 중인 동물 리얼리티의 문제를 생생하게 극화하고 있는 것으로 이해될 소지가 충분하다.

2 『샬롯의 거미줄』: 화이트의 아동 판타지와 동물의 리얼리티

I

아동문학의 발흥은 전래되어 오던 민담이 어린이를 위한 동화(fairy tales)로 개작되면서 시작되었다. 17세기 말, 구전 민담을 담은 불란서 작가 페로(Charles Perrault)의 이야기가 영어로 번역되어 영국에 처음 소개되었을 때, 이야기 내에 어린이에게 적절하지 않은 내용이 적지 않았다는 데에서도 알 수 있듯이 페로의 이야기는 어린이 독자만을 위한 것이 아니었다. 그러나 18세기 후반 뉴베리(John Newbery)에 의해 재출판 된 페로의 이야기는 무엇보다 넓은 어린이 독자층에 의해 사랑을 받게 되었다. 페로 이야기의 성공은 요정, 마녀, 괴물, 난장이, 거인 그리고 말하는 동물 등이 출현하는, 동화라는 상상의 공간이 아동을 위한 문학으로 뿌리내리기 시작했음을 의미한다.

19세기 초 영어로 번역·소개되어 큰 반향을 얻었던 독일 민속학자 그림형제(Jacob and Wilhelm Grimm)가 엮은 동화집 역시,

애초의 학문적 의도에도 불구하고 어린이를 주된 독자로 상정하여 편집했다는 점이 무엇보다 주목할만하다. 또한, 19세기 초·중반에 걸친 영국 고유의 초자연적 구전 동화 모음집의 출간이나 상상적 영역과 교훈적 영역의 절묘한 조화를 이루며 어린이를 위한 글쓰기의 백미를 보여주는 덴마크 작가 안데르센(Hans Christian Andersen)의 영어 번역 동화집의 출간은 동화의 판타지 세계가 아동문학의 핵심을 차지해가고 있음을 보여주는 구체적인 실례이다(Nodleman 305-320).

노들먼(Perry Nodleman)과 레이머(Mavis Reimer)의 주장처럼, 초자연적 요소로 가득 차 있는 민담이 문자 이전 시기의 사람들을 매료시키며 입에서 입으로 구전되었듯이, 동화의 판타지 세계에는 문자의 영향력이 본격화되기 이전의 아동을 빨아들이는 강력한 자력이 작동하고 있는 셈이다(304). 초자연적 상상의 세계가 아동을 향해 내뿜는 이러한 흡입력을 중심축으로 삼아 빠른 속도로 전개되었던 아동문학의 발달은 근대와 더불어 진행된 아동 개념의 구축 과정과 맞물려 있다.

필립 아리에스(Philippe Ariès)의 연구에 따르면, 아동이 성인과 구별되는 독자적인 관심과 요구를 지닌, 고유한 영역과 가치가 내재된 존재로 파악되기 시작한 것은 인류 역사상 그리 오래된 일이 아니다. 중세시대의 아동은, 당대의 그림에서도 확인되듯이, 크기만 작을 뿐, 옷, 표정, 신체 구조 등에 있어서 어른과 구별되지 않는 '작은 성인'이었다. 열악한 환경 속에서 태어난 아이들이 성인이 되기 전에 죽는 일이 다반사였으며, 살아남은 아이들은 이유기가 끝나 신체적 자립이 가능하게 되면 아동기라는 별도의 시기를 거치지 않은 채 곧바로 성인사회에 편입되어 갔다(128; 411). 가능한 한 빨리 자립하여 사회 내의 역할을 수행하도록 기대되어졌던 당대의 아동들은 성인처럼 장시간 육체노동에 시달리는 일이 비일비재하였으며, 도제, 시동, 견습생 등으로 성인과 함께 살아가며 생활에 필요한 일들을 배워 나갔다. 아이가 태어나면 부모로부터 일찍 격리되어 견습생활과 노동을 위해 다른 곳으로 보내지는 일이 흔하였기 때문에, 당대의 가족의 개념에는 다른 집 아이, 하인 등, 한 지붕 아래 사는 모든 사람들이 포함되어 있었다.

가족의 개념이 부모와 자식의 긴밀한 관계를 중심으로 축소 조정되기 시작한 것은 17세기에 이르러서이다. 주로 거리 풍경과 군중을 화폭에 담았던 이전 시기의 회화와는 달리, 가정 내부를 배경으로 부부 또는 부모와 자식이 소재로 등장하기 시작한 이 시기의 그림은 변화된 가족관을 단적으로 드러낸다(339-364). 이제 가족은 공동체 생활과 차별화되는 내밀한 사적인 공간으로 이해되기 시작하였으며, 혹시 같은 집에서 함께 살고 있더라도 도제로 와있는 아이, 시동, 하인 등은 엄밀한 의미에서 가족의 테두리에 더 이상 포함되지 않게 되었다. 이처럼 부모와 자식 간의 유대관계가 강화된 새로운 가족 관계에서 부모는 이전보다 훨씬 애정 어린 시선으로 자식을 바라보게 되었는데, 이러한 변화는 어린이를 어른과 구별되는 독자적인 존재로 파악하는 새로운 아동관의 출현에 일조하였다. 새로운 가족을 담은 이 시기의 회화에서 아동이 성인과는 다른 옷, 표정, 신체적 특징으로 묘사되고 있는 것은 이런 점에서 시사하는 바가 적지 않다(405-407).

의학의 발달과 더불어 어린 나이에 사망하는 아동의 수가 현격히 줄어들게 되었다는 점도 개개의 어린이들이 특별한 관심과 애정을 받게 되는 계기가 되었다. 사망률이 높았을 때의 아동은 죽음이 언제라도 데려갈 수 있을 가변적인 대상으로 여겨졌지만, 이제는 아이의 죽음이 부모에게 커다란 상실감과 슬픔을 안겨줄 정도로 아동에 대한 깊은 애착과 관심이 형성되어 가고 있었다. 이전 시대의 견습제도를 대신해 학교가 교육의 중심축으로 부상하게 되는 사회변화 역시 새로운 아동 개념의 등장과 긴밀히 연관되어 있다. 아동을 위한 것들과 아동에게 필요한 것들에 대한 학교의 지속적인 관심은 성인과 구별되는 독자적인 존재로서의 아동과 인생에 있어서 특별한 시기로서의 아동기에 대한 이해를 심화시키는 동력이 되었다(401-403).

엄마나 유모의 품을 벗어나자마자 사실상 성인의 범주로 편입되어 갔던 중세의 아동이 성인의 축소판 이상으로 이해되기 힘들었다면, 청교도의 아동은 성인과 구별되기 시작하였으되 구원을 위해 교화되어야 할 어린 영혼으로 여겨졌다(Nodleman 83). 아동을 독자로 상정하고 아동의 목소리로 이야기를 풀어나가는 등 아동에 맞는 이야기를 꾸미려는 노력이 시도되었지만, 그것은 어디까지나 지상 최대 과제인 영적 구원이라는 목표를 아동에 적용한 결과였다. 아동도 어른과 마찬가지로 원죄에서 자유로울 수 없기 때문에 신을 섬기는 일에 있어서는 어른과 근본적으로 다를 수 없었으며, 오히려, 아동이 어른보다 원죄에 더 가까이 있기 때문에 더 엄격한 훈육과 단련이 필요했다고 할 수 있다.

원죄를 안고 타고난 청교도 아동이 신앙의 훈육을 통해 타락의 덫에 걸리지 않고 구원에 도달할 수 있도록 기대되어졌다면, 계몽주의의 아동은 순수한 비어있는 상태로 태어났기 때문에 그 위에 어떻게 교육하느냐에 따라 성인으로서의 그들의 미래가 달라진다고 믿어졌다(Nikolajeva 39). 특히 존 로크(John Locke)는 아동을 '백지 상태'로 파악하며 그 위에 쌓아가는 교육으로 인간 형성이 이루어진다고 설파하였다. 로크는 아동에게는 죄의 씨앗이 배태되어 있기에 아동이 잘못을 저질렀을 때 심한 체벌로 교정되어야 한다는 청교도적 입장에 반대하며, 아동을 이성적이고 부드럽게 대하며 효과적인 교육을 도모할 것을 권고하였다. 이처럼 성인과 구별되는 아동의 독자적인 측면을 인식하고 아동에 맞는 교육 내용과 방법의 필요성을 역설하였다는 점에서 로크의 아동론은 근대적 아동 개념의 형성에 지대한 영향을 끼쳤다고 할 수 있다.

1740년대에 아동을 위한 책을 공식적으로 처음 출판하여 아동문학을 태동시킨(Townsend 13; Darton 1) 뉴베리는 채찍과 처벌 대신 놀이와 수준에 맞는 책을 통해 아동을 효과적으로 교육시킬 필요가 있다는 로크의 제안을 실천에 옮겼다. 뉴베리의 책들은 아동에게 즐거움과 흥미를 가져다주려는 목적으로 만들어졌다는 점에서 진정한 의미에서 최초의 아동문학 작품에 해당된다고 할 수 있다. 뉴베리 책들은 이처럼 재미와 즐거움을 전면에 내세우면서도 선행을 베풀면 보상이 뒤따른다는 식의 도덕주의적 교훈이 거의 언제나 따라다녔다. 사실, 당시의 도덕주의적 작품들이 아동의 흥미와 즐거움에 관심을 기울였던 것 자체가 어디까지나 아동에게 효과적으로 교훈을 전달하기 위함이었다. 표면적으로 표방하는 즐거움과 재미가 실상은 아동에게 가르침을 제시하기 위한 당의정이었던 셈이다.

이처럼 아동을 이성과 도덕이 교육되어야 할 '백지 상태'로 파악하는 계몽주의적 입장은 아동을 성인의 축소판으로 파악하는 중세 아동관이나 아동을 타고난 원죄의 존재로 이해하는 청교도적 관점과는 차별화되지만, 여전히 아동을 교훈이 전달되어져야

할 교육의 대상으로 파악한다는 점에서 낭만주의자들의 혁신적 아동관에 의한 진전의 여지를 남긴다. 로크 식의 아동관과 그것의 뉴베리 식 실천이 아동의 특성을 이해하면서도 성인 입장에서 조망되는 일정한 가르침을 전제하고 있는 반면, 낭만주의자들은 성인의 경험이 쌓일수록 인간의 타락은 심화되기 때문에 순수함이 상실되기 이전의 '자연 상태'에 가까이 있는 아동이 '어른의 아버지'라고 믿었다. 아동기를 성인이 되기 위해 거쳐 가는 발달단계, 아동을 성인에 의한 교육의 대상으로 파악했던 이전의 아동관과는 달리, 낭만주의는 아동이 성인보다 높은 영적 인식 상태, 즉 신성에 더 가까이 다가갈 수 있다고 믿었다. 이렇듯 성인에게는 허락되지 않은 더 높은 세계에 도달할 수 있을 아동 고유의 상상적 특권은 아동문학의 세계에서 펼쳐지는 온갖 환상적 모험의 원천일 수 있다.

그러나 다른 한 편, 아동의 이야기는 성인의 회상, 관찰, 선택, 해석에 의해서만 진술될 수 있다는 점(Lesnik-Oberstein 26)이 상기될 필요가 있다. 아동문학이 아동 자체가 아니라 그것의 외부 즉, 성인에 의해 쓰여진다는 점이야말로 아동문학의 본질적 딜레마라고 할 수 있다. 이런 점에서, 로즈(Jacqueline Rose)의 유명한 명제처럼 "아동문학은 불가능한 것"(1)인지 모른다.

아동문학에서 그려지는 아동은 엄밀한 의미에서 아동 자체의 리얼리티라기보다는 아동이 어떻게 생각하고 느끼는지를 알고 있다는(Lesnik-Oberstein 6) 성인의 전제하에 구축된 일련의 이미지일 수 있다. 사실, 아동이라는 개념 자체가 성인에 의해 정의되고 사회적·역사적으로 구성된 것일 수 있다. 레스닉-오버스틴(Lesnik-Oberstein)에 따르면, 아동은 구체적 실체라기보다 성인에 의해 투사된 개념이며, 인종적·여성적 타자처럼 아동도 백인/남자/성인(Man)에 의해 대상화된 타자로 이해될 수 있는 측면이 적지 않다(14; 33-34).

이렇듯 아동이 그 자체의 리얼리티라기보다 성인에 의한 구축의 결과로 이해될 수 있다 하더라도, 성인이 자신의 개념을 투사하며 아동을 대상화하는 기저에는 어떠한 욕구가 잠재되어 있는 것일까? 청교도주의나 계몽주의의 아동 대상화는 아동이라는 대상에 성인이 가르치고자하는 것을 주입하기 위한 기제일 수 있다 하더라도, 낭만주의의 아동에 투사되는, 타락이전의 순수성은 어떻게 이해될 수 있을까? 물론, 아동의 순수성 역시 어떤 구체적 리얼리티이기 이전에 성인에 의해 투사된 이미지일 수 있다. 그러나 아동을 향해 투사되는, 인간/성인으로 분리되기 이전의 순수한, 높은 영적 상태는 자신의 몸은 현실의 제약에 묶여있을 수밖에 없지만 그 제한을 벗어나려는 성인들의 꿈, 본원적인 것을 향한 열망의 소산으로 이해될 소지가 없지 않다.

칸트(Immanuel Kant)의 언명대로 인간/성인(Man)의 지각과 사유에는 "물자체"의 제거와 분리가 전제되어 있는 것이고(Edwards 310-11), 인간/성인의 주체는 측정 불가능한 것들의 배제를 전제로 하는 측정가능의 원리에 입각해 작동한다고(Derrida, *Eating Well* 108) 할 때, 인간/성인으로 굳어지기 이전의 본원적 상태로서의 아동에 대한 투사가 측정 불가능한 "물자체"의 세계에 대한 지향으로 이어질 가능성이 적지 않다. 즉, 인간/성인의 제한된 현실 세계에 매몰되는 대신, 아동을 매개로 인간/성인으로 분리ㆍ고정되기 이전의 본원적 세계에 대한 환상적 경험이 가능해질 수 있다. 워즈워스(William Wordsworth)의 다음 구절은 이런 점에서 주목할 만하다.

> 오, 다시 한 번, 포투나투스의
> 요술모자, 거인을 무찌른 잭의
> 투명 외투, 로빈 후드,
> 그리고 세인트 조지와 함께 숲 속에 있는 사브라를 건네주오.
> 이런 것들을 좋아하는 아이는 최소한
> 귀중한 소득 하나는 얻는다. 자신을 잊는 것이다.
>
> Oh! give us once again the wishing cap
> Of Fortunatus, and the invisible coat
> Of Jack the Giant-killer, Robin Hood,

And Sabra in the forest with St. George!
The child, whose love is here, at least, doth reap
One precious gain, that he forgets himself. (*Prelude* 1850 V 341-46)

포투나투스의 요술모자, 거인을 무찌른 잭의 투명 외투, 전설적인 로빈 후드 이야기, 세인트 조지가 용으로부터 구해준 사브라 등이 환기시키는 상상의 세계가 측정 불가능한 "물자체"의 배제와 분리 위에 수립된 제한된 현실이 강요하는 편협한 자아의 굴레에서 벗어나는 탈출구가 될 수 있음이 시사된다. 현실의 제약으로부터 자유로운 초자연적 상상의 세계와 아동의 친연성은 "요정이야기"(fairy tales)라는 동화의 영어 표현이나 동화를 일종의 "마법"의 이야기로 이해하는 톨킨(J. R. R. Tolkien) 식의 정의(16)에서도 확인될 수 있다. 동화의 "요정 이야기"가 펼쳐지는 "마법"의 세계는 현실세계를 제약하는 인간과 비인간 사이의 분리와 간극이 손쉽게 이어질 수 있는 초자연의 영역이다. 동화의 세계에서 주인공의 모험이 괴물, 마녀, 정령, 난장이, 거인 등과 함께 어우러지거나, 동물이 인간처럼 행동하고 말하는 일이 자연스럽게 받아들여지는 것은 바로 이러한 이유 때문이다.

특유의 상상력과 환상적 경험을 통해 인간과 비인간의 분리와 간극을 뛰어넘을 수 있을 가능성이야말로 아동문학에 내재된 강력한 위력 중의 하나일 것이다. 위에서도 언급되었듯이, 아동문학은 아동 외부의 존재인 성인에 의해 구축될 수밖에 없으며, 이런 점에서, 엄밀한 의미의 아동문학은 존립 자체가 불가능한 것인지도 모른다. 그러나 진정한 아동문학은 역설적이게도 아동의 것만이 아닐 수 있다. 아동문학은 표면적으로 아동 독자를 상정하지만 아동의 이야기를 통해 인간/성인으로 분리, 고정되기 이전의 본원적 세계에 대한 보편적 열망을 담아내기 때문이다.

노들먼과 레이머는 아동은 동화의 여러 등장인물 중에서도 특히 동물에 매료된다(86)고 주장한다. 여기에는 '자연 상태'에 가까이 있는 아동이 '자연 상태'의 동물에 깊은 친밀함을 느낀다는 전제가 깔려 있는데, 이러한 전제는 아동에 동물과 유사한 '자연 상태'를 투사한 결과라고 할 수 있다. '자연 상태'의 동물과 '자연 상태'의 아동 사이에 투사되는 이러한 친밀함은 '자연 상태'에서 멀어져 있는 성인으로서는 좀처럼 뛰어넘기 어려운, 동물과 인간 사이의 간극을 해체시키며 양자의 경계를 자유롭게 넘나들 수 있을 가능성을 열어 놓는다. 아동 고유의 상상력으로 인간과 동물 사이의 깊은 심연을 뛰어 넘어 양자가 뜻 깊게 만날 수 있을 이러한 가능성이야말로 동물 판타지 아동문학을 추동하는 가장 핵심적인 동력이라고 할 수 있다.

페로, 그림형제, 안데르센 같은 유럽의 전래동화(folk fairy tales)

가 번역·소개되며 영국아동문학이 정립되기 시작하였다면, 기본적으로 전래동화의 구성과 모티프 등에 타고 있으면서 허용 가능한 범위 내에 변화를 주며 새로운 가능성을 보여준 창작동화(literary fairy tales)의 출현은 영국아동문학의 황금시대를 불러들이는 계기가 되었다. 킹슬리(Charles Kingsley)의 『물의 아이들』(*The Water Babies* 1863), 캐롤(Lewis Carroll)의 앨리스(Alice) 연작(1864-72), 스티븐슨의 『보물섬』(*Treasure Island* 1883), 배리(J. M. Barrie)의 『피터 팬』(*Peter Pan* 1904), 그래이엄(Kenneth Grahame)의 『버드나무 사이로 부는 바람』(*The Wind in the Willows* 1908), 버넷(Frances Hodgson Burnett)의 『비밀의 화원』(*The Secret Garden* 1911) 등은 이 시기를 대표하는 작품들이다. 이 작품들은 한 결같이 현실세계의 굴레에서 벗어나 꿈과 전원의 세계로 향하는 환상적 모험을 담고 있지만, 다른 작품들이 기본적으로 인간이 주인공인 반면, 『버드나무 사이로 부는 바람』의 경우 작품의 플롯을 이끌어가는 몰(Mole), 랫(Water Rat), 토드(Toad), 배저(Badger) 등의 중심인물이 모두 동물이라는 점에서 초자연적 요소가 훨씬 더 두드러진다.

『버드나무 사이로 부는 바람』에 등장하는 동물 인물들은 인간처럼 말하고 생각하고 행동한다. 예컨대, 작품 첫 장면에서 지하에 있는 자기 집에서 봄 청소를 하다가 땅속 깊은 곳까지 들어온 봄기운의 '부름'을 받고 무작정 지상으로 올라와 넘실거리는 강물의 멋진 자태에 홀리고 강둑에 사는 물쥐 랫을 만나 친구가 되는 인물은 두더지인 몰이다. 이후 몰과 랫이 오소리 배저, 수달 오터(Otter), 그리고 무엇보다 두꺼비 토드와 함께 벌이는 다양한 사건이 이 작품을 구성하는 근간이 된다.

그러나 인간화된 동물들 사이의 이야기나 인간들 사이의 일화 중 어느 하나로 구성되어 있는 이솝우화와는 달리, 이 작품에서는 동물과 인간이 상호작용을 통해 플롯 전개에 함께 참여하는 경우가 적지 않게 발견된다. 몰, 랫, 토드가 마차 여행을 하던 중 먼지를 풍기며 무서운 속도로 돌진해오던 자동차나 토드가 탈취한 자동차의 주인들은 특정 동물로 지정되는 대신 인간으로 전제되어 있다. 마찬가지로, 자동차 탈취, 난폭운전, 경찰관에 대한 공무집행방해죄로 기소된 토드에게 징역 20년 형을 선고하는 판사나 토드가 수감된 감옥의 간수도 인간으로 되어 있다. 식음을 전폐한 채 좌절해 있는 토드에 대한 연민과 관심으로 음식을 가져다주는 간수의 딸도 당연히 인간이며, 은화의 대가로 토드에게 자신의 복장을 빌려주어 탈옥을 돕는 세탁아줌마, 탈옥한 토드가 기차를 타기 위해 부탁하는 창구의 직원과 기관사, 자신의 배에 세탁아줌마로 변장한 토드를 태웠다가 사실을 알게 된 후 토드를 사정없이 강물에 던져버리는 여자뱃사공, 토드가 여자뱃사공으로부터 훔친

말을 샀던 집시, 토드를 뒤쫓는 경찰 등도 모두 인간이다.

이처럼 『버드나무 사이로 부는 바람』의 인간과 동물은 양자 사이에 본질적 종차(種差)가 없는 듯이 함께 어우러지도록 설정되어 있다. 토드가 간수 딸이 자신에 대해 품는 관심을 자신에 대한 애정의 발로로 생각하며 "둘 사이의 너무나 큰 사회적 신분 차이"를 아쉬워하는 장면(171)은 이를 뚜렷이 확인시키는 실례라고 할 수 있다. 토드가 간수의 딸과 자신이 맺어질 수 없다고 생각하는 것은 인간과 동물의 차이 때문이 아니라 둘 사이의 신분 차이 때문인 셈이다. 신분의 차이가 아니라면 인간과 동물이 얼마든지 연인 사이가 될 수 있는 세계가 바로 『버드나무 사이로 부는 바람』에서 구현된 상상의 공간인 것이다.

간수 딸과의 관계뿐 아니라 토드가 자유의 몸이 되기 위해 세탁아줌마, 기차역 직원과 기관사, 여자뱃사공, 집시 등의 인간과 벌이는 다양한 행각은 동물과 인간이 동일한 차원에서 생각하고, 말하고, 행동하고 있음을 보여주는 것일 수 있다. 그러나 다른 한편, 동물과 인간이 함께 생각하고, 말하고, 행동하는 이러한 차원이 진정한 상호작용의 결과라기보다는 양자 사이에 엄연히 존재하는 "차이의 제거"(Marshall 62)를 통해 이루어진 일방적인 인간중심적 투사의 소산으로 이해될 소지도 없지 않다. 몰, 랫, 토드가 초원에서 자신보다 훨씬 커다란 말을 잡아 마차를 끌게 하고 "말

머리 옆에서 이야기하며" 걸어가는 것으로 묘사되어 있는 장면(35-40), 두꺼비의 몸집밖에 되지 않는 토드가 인간들이 모는 자동차를 운전하는 장면(140-141; 240-246), 그리고 자신보다 훨씬 큰 세탁아줌마의 옷을 입은 토드가 "아줌마와 똑같다"고 묘사되는 장면(175)은 이 작품에서 과연 동물의 실체가 얼마나 받아들여지고 있는지 의심하지 않을 수 없게 만든다. 결국, 토드의 정체성에 세탁아줌마의 옷이 덧씌워짐으로써 이 작품의 중심 플롯이 작동되고 있듯이, 동물 등장인물들에 인간중심적 투사를 덧씌움으로써 비로소 작품의 플롯이 시작되는 것인지 모른다.

이런 점에서, 이 작품은 동물의 이야기라기보다 동물로부터 빌려온 인간 이야기로 이해될 소지도 없지 않다. 주된 관심은 인간의 이야기지만, 구체적인 시간과 장소에서 인간이 직접 발화하기보다는 추상적·보편적 배경에서 동물을 통해 이야기함으로써 명백한 판단과 평가의 위험성에서 벗어날 수 있는 이점이 도모되고 있다고 할 수 있다. 실제로, 이 작품은 동물 등장인물과 초자연적 배경을 통해 명시적 차원으로부터 은닉 되면서도, 변화의 에너지가 넘쳐흐르던 당대 영국의 다양한 시대상을 심층적으로 반영하는 "여러 겹으로 촘촘하게 짜여진 텍스트"(Phillip 104)로 읽힐 수 있다.

이처럼 『버드나무 사이로 부는 바람』이 동물인물들이 엮어가는 일련의 사건을 기록한 텍스트로 그치지 않고 그 이면에 숨어있는 또 다른 의미까지 포괄하는 복합적 양상을 띠는 것이 사실이라고 해도, 표면적 메시지(동물들의 이야기)와 이면의 의미(인간 세상에 대한 조망)가 수미일관하게 대응되는 우화의 수준에 머무는 것은 아니다. 예컨대, "아무리 날씨가 험해도 아이들을 학교에 보내려"(80)다가 폭설 속에서 길 잃게 만드는 고슴도치 엄마의 어리석음은 눈앞에 보이는 것에만 골몰하여 정작 아이들에게 중요한 것을 놓치는 인간 엄마의 우행과 한 치의 어긋남 없이 일대일로 대응된다. 인간 사회의 이야기가 동물에 그대로 투사되어, 액면으로는 동물의 이야기이되 실제로는 인간의 이야기를 은유하고 있는 것이다. 그러나 다른 한 편, 간수의 딸이 토드의 동물 친구들에 대해 알고 싶다고 하면서도, 동물인 토드가 기분 상할까봐 동물 친구들을 "애완동물로서" 좋아하는 자신의 솔직한 심정을 감추려는 대목(171)은 양자 간의 교류가 막힘없이 이루어지는 동물과 인간의 관계 속에서도, "애완동물로서의" 엄연한 현실, 즉 인위적 투사로 온전히 뒤덮일 수 없는 동물의 리얼리티가 여전히 남아있음을 여실히 보여준다. 인위적으로 온전히 감춰질 수 없는 이러한 동물의 리얼리티는 표면적 동물 이야기를 통해 이면의 인간 이야기를 은유해가는 이원적 서술 구조 내에 숨길 수 없이 도드라져 있는 균열의 양상을 상징적으로 드러내는 셈이다.

몰이 봄기운에 이끌려 버리고 떠났던 자신의 집을 다시 찾을 수 있었던 것은 동물 특유의 후각 때문이었다. 동물에게만 부여된 특별한 후각 능력에 대한 다음과 같은 묘사는 인간화될 수 없는 동물 고유의 영역을 생생하게 보여준다.

> 동물과 달리 더 미묘한 신체 감각을 잃은 지 오래된 우리들은 주위의 생명체 또는 비 생명체와 교류하는 동물들의 상호의사소통을 표현할 수 있는 적절한 용어를 가지고 있지 못하다. 예컨대, 밤낮으로 불러들이고, 경고하며, 부추기고, 쫓아 버리며 동물의 코 안에서 웅얼거리는 섬세한 진동의 전 영역을 우리는 단지 '냄새'라는 단어로만 표현하고 있는 것이다.

> We others, who have long lost the more subtle of the physical senses, have not even proper terms to express an animal's intercommunications with his surroundings, living or otherwise, and have only the word 'smell,' for instance, to include the whole range of delicate thrills which murmur in the nose of the animal night and day, summoning, warning, inciting, repelling. (98)

또한, 몰과 랫으로부터 토드가 자동차에 빠져 있다는 소식을 듣게 된 배저가 토드를 바른 길로 인도하는 것이 자신들의 책임이지만 겨울에는 활동하기에 적합한 시기가 아니므로 다음 봄까지

미루자고 말하는 장면(78)이나, 땅속에 있는 배저의 집에서 지하 생활에 익숙한 몰은 편안해 하는 반면, 강둑 생활을 하는 랫의 경우 좀처럼 적응하지 못하는 대목(79; 86)은 동물의 생체리듬에 관련된 자연의 원리를 재현하고 있는 셈이다. 더욱이, 현재의 '야생숲'(The Wild Wood)이 있는 곳에 세워졌던 인간들의 도시는 이제 사라진 상태이지만, 오소리는 그 도시가 있기 오래 전부터 현재까지 있어왔고, 앞으로도 계속 될 것이라는 다음과 같은 배저의 지적(88)은 인간 역사보다 장구한 동물들의 역사를 일깨워주기에 부족함이 없다.

> 인간들은 이곳으로 왔다가 — 잠시 머무르며 번성하고 집 짓고는 — 다시 떠나간다. 인간들은 이런 식이다. 그러나 우리는 남아있다. 그 도시가 생기기 오래 전부터 오소리는 이곳에 있어왔으며, 지금까지도 남아 있다. 우리 오소리는 오래 지속되는 종족이다. 잠시 다른 곳으로 갔다가도 참고 기다렸다가 다시 돌아온다. 앞으로도 계속 그럴 것이다.

> People come — they stay for a while, they flourish, they build — and they go. It is their way. But we remain. There were badgers here, I've been told, long before that same city ever came to be. And now there are badgers here again. We are an enduring lot, and we may move out for a time, but we wait, and are patient, and back we come. And so it will ever

be. (89)

인간보다 훨씬 장구한 오소리의 역사와 미래에 대한 위와 같은 통찰은 인간의 속단과는 달리, 땅의 진정한 주인이 한시적인 문명을 일굴 뿐인 인간이라기보다 그 이전부터 오래 살아왔고 또 그 이후에도 오래 살아갈 오소리 같은 동물의 몫일 수 있다는 깨달음을 던져준다. 이러한 자각은 이 작품에서 이루어지는, 인간이 따라갈 수 없을 동물 고유의 후각, 겨울잠이나 지하 생활에 관련된 동물의 생체 메커니즘 등에 대한 조명과 함께, 인간에 의해 가려질 수 없는 동물의 리얼리티를 부각시켜 주기에 부족함이 없다. 동물의 리얼리티가 이렇게 포착되고 있다는 점에서 이 작품의 동물 형상화를 인간적 관점이 일방적으로 투사된 결과로만 단정 짓기 어렵게 된다.

이러한 맥락에서, 토드가 감옥에서 탈출하기 위해 자신보다 훨씬 큰 세탁아줌마의 옷을 입었을 때 간수의 딸이 세탁아줌마의 옷을 입은 토드를 바라보며 "아줌마와 똑같다"고 논평하는 대목(175)도 다시 검토될만하다. 물론, 두꺼비인 토드는 인간인 세탁아줌마와 덩치에 있어서만도 엄청난 차이가 나는데 세탁아줌마의 옷을 입은 토드가 본래의 세탁아줌마 모습과 "똑같다"는 것은 양자 사이에 엄연히 존재하는 간극을 일방적으로 배제하고 인간적 기준에 맞춘 것일 수 있다. 그러나 몸의 크기 등 물리적 차이는 분명히 존재하지만, 쭈글쭈글한 주름으로 뒤덮인 두꺼비와 노년의 주름살투성이인 세탁아줌마의 연결이 억지인 것만은 아니다. 오히려, 온 얼굴에 주름이 무성한 세탁아줌마의 옷을 주름투성이 토드가 대신 입는 장면을 통해, 언뜻 눈에 들어오는 덩치의 차이 때문에 발견되기 힘들었던 양자 사이의 연결고리가 극적으로 제시될 수 있다.

토드와 세탁아줌마의 연결은 동물인 토드를 세탁아줌마의 옷, 즉 인위적 틀에 막무가내로 끼어 맞춘 억지 춘향의 소산만은 아니다. 동물로서의 토드의 리얼리티가 발견되어 인간으로서의 세탁아줌마의 리얼리티에 연결된 측면도 무시할 수 없기 때문이다. 동물이 인간처럼 말하고 행동하며, 인간의 옷을 입고 있는 등, 동물에게 인위적 틀을 부여함으로써 이야기가 시작되고 있는 것은 사실이지만, 동물에 대한 인위적 관점의 투사가 수밀일관하게 적용될 수 없다는 점이야말로 이 작품이 일반적인 우화로 그치지 않고, 생명력이 넘치는 아동문학의 고전으로 지금까지 이어져 내려오고 있는 이유 중의 하나일 것이다.

많은 아동문학 작품이 그러하듯이, 『버드나무 사이로 부는 바람』의 플롯도 권선징악의 방향으로 진행된다. 권선징악이란 인간 사회를 위해 인간에 의해 만들어진 인위적인 기준이라는 점에서, 동물 등장인물들이 '강둑(The River Bank),' '야생 숲,' '넓은 세상(The Wide World)'에서 엮어가는 이 이야기가 동물 자체의 이야기라기보다 그것이 은유하는 인간 세상사의 투사로 이해될 소지가 크다. 그래이엄 자신은 미국 대통령 씨어도르 루즈벨트(Theodore Roosevelt)에 보내는 편지를 통해 이 작품이 사회적 문제에서 벗어나 "가장 소박한 생명체들이 영위하는 가장 소박한 기쁨을 표현한 것"이라고 말한 적이 있다(Green 274). 그러나 이러한 표면적으로 소박한 이야기 이면에 "여러 겹으로 촘촘하게" 배여 있는 함축적 디테일들을 통해, 엄청난 사회적 격변을 겪고 있던 당대 영국의 시대 상황을 읽어낼 수 있는 단서를 찾아내는 것은 그렇게 어렵지 않다.

그레이엄은 빅토리아 시대 대영제국의 절정기에 태어났다. 그가 태어나기 2년 전에 개최된 런던 대박람회(1851년)는 눈부신 과학기술의 발전과 이를 토대로 하는 물질적 번영, 그리고 진보에 대한 낙관적 신념을 만천하에 알리는 상징이 되었다. 토지 중심의 생활방식이 상업과 제조업을 기반으로 하는 도시적 삶의 양상으로 변모하여 빅토리아 여왕 즉위 당시 2만 명에 불과하던 런던의 인구가 여왕의 사망 시 6백 50만으로 늘어났으며, 여왕 탄생 이후의 발전이 그 이전까지의 모든 세월에 이루어졌던 발전을 능가할 정도로 엄청난 진보와 팽창이 이루어졌다(Greenblatt 979-985).

이처럼 거대한 발전과 진보의 물결이 빅토리아 시대 전역에 걸쳐 도도하게 흘러내리고 있었지만, 그 저류에는 불안과 갈등의 회오리가 잠복해 있었다. 1867년 2차 선거법개정으로 정치적 발언권을 얻은 노동계급의 거듭되는 요구에 의해 수차례에 걸쳐 개정되면서 노동의 시간과 조건을 완화시켰던 공장법, 차티스트 운동 이후 1878년 노동조합의 단체교섭권 합법화에 이르기까지 지속적으로 개정된 노동조합법 등은 영국 사회내의 계급적 갈등의 궤적을 단적으로 보여준다. 또한 1860년대 이후 지속적으로 요구되다가 1897년 여성참정권협회전국연합을 중심으로 조직적으로 전개되어 1918년 30세 이상의 여성에게 허용되었던 여성의 참정권 획득 과정은 남성중심 사회에 대한 여성의 도전이 간단치 않았음을 입증한다.

그레이엄은 『버드나무 사이로 부는 바람』이 당대 영국을 휩쓸었던 계급적 갈등이 야기하는 "사회적 문제들과 양성간의 갈등에서 자유로운"(Kuznets 175) 이상적 전원(Arcadia)의 세계를 구현하고 있다고 믿었다. 그러나 작가의 이러한 믿음에도 불구하고, 사회적 책무와 과업에서 면제된 채, 후한 손님 접대, 풍부한 음식, 뱃놀이, 피크닉 등 순수한 즐거움이 지속되는 꿈의 세계 이면에 계급적 차이와 성차에서 기인하는 갈등의 조짐이 맹아처럼 잠복되어 있는 것이 사실이다.

토드가 간수의 딸, 세탁아줌마, 여자뱃사공에 대한 자신의 신분적 우위를 명시적으로 드러내는 대목들(171; 172; 230)이나, 변두리 '야생 숲'에 사는 족제비와 담비들이 '강둑' 마을 중심부의 "토드 저택"(255)을 탈취하는 사건 등은 『버드나무 사이로 부는 바람』의 세계가 순수한 전원적 이상의 구현만이 아니라 계급 갈등이 잠재되어 있는 거친 현실의 반영으로 이해될 소지가 없지 않음을 보여준다. 또한, 동물 주인공들이 꾸려나가는 이상적 전원의 세계에서는 인간 사회에서 작동하는 성차의 문제로부터 자유로울 것이라는 예상이 가능하지만, 실제로 발견되는 것은, 양성 간 차이의 제거에 의한 상호평등 대신, 한 쪽이 배제되면서 다른 한 쪽이 전체를 대표하는 불균형의 양상이다. 오랜 지하생활에서 벗어나 지상으로 올라온 몰이 마주치게 되는 황홀한 강물소리가 엄마가 아니라 아빠가 들려주는 흥미진진한 이야기로 비유되고 있으며(4-5), 수달 오터 네 아들 포트리(Portly)가 행방불명되었을 때 텍스트에서 만나게 되는 것은 아들을 걱정하는 아빠 오터 뿐이며 엄마인 오터 부인에 대한 묘사는 찾아볼 수 없다(148-49). 여성 인물들은 험한 '넓은 세상'에서만 등장하는데, 마샬(Cynthia Marshall)이 지적하고 있듯이, 곤경에 처한 토드가 이를 벗어나기 위해 의존하는 것이 간수의 딸, 세탁아줌마, 여자뱃사공 등의 여성이라는 점에서(64), 여성 인물의 등장이 남성의 필요를 충족시키기 위한 수단으로 사용되고 있다는 인상을 지울 수 없게 된다. 이런 면에서, 세탁아줌마로 변장한 토드의 정체를 알아낸 여자뱃사공이 토드를 있는 힘껏 강물에 내팽개치는 장면(230)은 남성적 필요의 해갈 수단으로만 여겨지는 기존의 남성적 여성상에 대한 분노와 저항을 압축적으로 제시하고 있는 셈이다.

이야기의 중심 무대는 '강둑' 마을로 대변되는, 시공을 초월한 전원생활이지만, '야생 숲'의 족제비와 담비 그리고 '넓은 세상'의 여성인물들과 자동차가 환기시키는, 당대의 유례없는 새로운 변화 역시 이 작품의 또 다른 핵심적 면모라고 할만하다. 그러나 이러한 변화가 이 작품에서 긍정적으로 조망되고 있는 것은 아니다. 족제비와 담비가 '강둑' 세계의 질서를 어지럽히는 "타자들"(Hunt 161)로 받아들여지고, 여성인물들이 토드가 봉착한 난관에서 벗어나기 위한 수단으로만 여겨지며, 자동차는 토드의 이성을 빼앗아 험한 세상에서 고초를 겪게 만드는 원흉으로 묘사될뿐더러, '야생 숲'의 야생성은 결국 문명화에 의해 순치되도록 예정되어 있기 때문이다. 무엇보다, '야생의 숲'과 험한 '넓은 세상'의 경험이 가져오는 유혹과 위협으로부터 '강둑'의 이상적 전원 세계로 돌아오는 이 작품의 플롯 자체가 당대의 "유례없는 엄청난 변화의 과정"이 불러일으키는 "불안정과 불안으로부터 도피"(Darcy 211-12)하여 전통적인 이상적 공동체로의 회귀를 꿈꾸는 향수의 반영으로 이해될 소지가 충분하다.

랫과의 '강둑' 생활에 만족하면서도 또 다른 새로운 세계와 친구에 대한 호기심을 품고 있는 몰은 랫의 권고에도 불구하고 배저를 만나기 위해 단신으로 '야생의 숲'으로 들어간다. 몰은 환각과 환청의 형태로 등장하는 야생의 위협에 기진맥진해지며 위기에 몰리지만, 친구를 구하기 위해 뒤쫓아 온 랫과 우연히 찾아간 배저의 도움으로 간신히 '야생의 숲'에서 벗어나게 된다. 이 경험을 통해 생소하고 거친 야생지가 아니라 주변에서 흔히 볼 수 있는 경작지가 자신의 성향에 어울린다는 점을 깨닫게 된 몰은 자신의 모험이 평생 익숙하고 편안한 영역을 벗어나지 않게 하겠다는 결심을 하게 된다(93).

이후 익숙하고 편한한 '강둑'의 영역을 떠나지 않는 몰과는 달리, '넓은 세상'에서 펼쳐지는 토드의 모험은 작품 내내 지속된다. "빵빵" 소리와 한바탕 먼지를 동반하며 무서운 속도로 돌진하는 자동차에 의해 자신의 마차가 내동댕이쳐지는 사건을 계기로 토드는 길이 있는 곳이라면 어디든 거침없이 달려갈 수 있는 자동차의 마력에 빠져들게 된다(40-47). 자동차의 마력에 홀리게 된 토드는 "자신도 의식하지 못하는 사이에"(141) 남의 차에 올라타 가공할 난폭운전으로 무고한 사람들에게 엄청난 재산·인명 상의 피해를 끼칠뿐더러 단속하는 경찰에 맞서다가 급기야 깊은 감옥에 갇히는 신세가 되고 만다. 세탁아줌마 옷을 빌려 탈옥한 이후에도 변장과 속임수 등으로 점철된 토드의 모험은 자동차의 마력에 의해 도달하게 되는 '넓은 세상'이 '강둑'의 이상적 전원 세계와는 달리 얼마나 많은 악행들로 가득 차 있는 거친 공간인지를 보여주기에 충분한 것처럼 보인다.

토드의 모험은 위법, 난폭, 변장, 속임수, 자만의 양상을 띠며 작품 내내 지속되지만 마지막 단계에서 "새로운 장"(298)으로 전환되어, 이전과는 다른, 새로운 토드로 변모하게 된다. 그러나 지금까지 여러 번의 기회가 주어졌지만 그 때마다 결실로 연결되지 않았던 것을 감안한다면, 마지막 단계에서 벌어지는 이러한 변화가 이전까지와 어떤 면에서 어떻게 얼마나 다르길래 최종적인 개과천선이 가능했던 것인지 의문이 들지 않을 수 없다. 어떤 면에서, 내적 필연성에 의해 개과천선이 이루어졌다기보다는 작품의 결말 부분에 가까웠으니 기다리고 있던 권선징악의 결과가 등장했던 것으로 이해될 소지가 더 크다고 하겠다.

이처럼 플롯에 인위적인 권선징악의 방향을 투사함으로써 토드의 개과천선이라는 결론을 유도해갔지만 텍스트 자체의 내적 필연성과 불일치·균열됨으로써 야기되는 "텍스트의 불안정성"(Hunt 160)은 주목할 만하다. 근대문명의 총아라고 해야 할 자동차를 매개로 입문하게 되는 '넓은 세상'의 짜릿한 모험에 위험과 위협의 고리표를 달아 '강둑'이라는 안정적 공동체로 회귀하도록 만드는 것이 텍스트 위에 인위적으로 덧씌워진 권선징악적 지향성이라면, '넓은 세상'에서 벌어지는 그 짜릿한 모험에서 뿜어 나오는 강한 흡입력은 인위적인 방향 설정에 의해 온전히 가려질 수 없을 텍스트의 내적 역동성의 결과라고 하겠다.

이런 점에서, '넓은 세상'에서 짜릿한 모험을 감행하는 토드는 권선징악의 교훈을 전달하기 위해 마련된 '돌아온 탕자'에 불과한 것이 아니다. 오히려 토드와 그의 짜릿한 경험은 독자를 텍스트 안으로 끌어들이는 강력한 원천이 되어왔다(Mendelson 127). 사실, 토드가 아니었다면 이 작품이 지금처럼 독자들의 열광적인 관심을 받는 일은 쉽지 않았을 것이다. 토드가 '넓은 세상'에서 벌이는 짜릿한 모험의 위험성과 위협을 경계하는 표면적 차원에도 불구하고, 의식하지도 못하는 사이에 그 모험의 짜릿함에 다 같이 빠져 들게 하는 역동적 에너지가 텍스트 내에서 분명히 발견된다면, 이 에너지야말로 이 작품이 동물을 빌어 인간에게 교훈을 전달하는 우화에 머물지 않고, 살아 움직이며 흘러내리는 강물이 지상으로 처음 올라온 몰에게 들려주었던 짜릿한 이야기(4-5)의 차원으로 고양될 수 있게 하는 원동력이라고 할 수 있다.

『버드나무 사이로 부는 바람』에서 동물들은 인간과 다름없이 말하고 행동하지만, 그것은 인간과 동물이 동등하게 하나가 되는 것이라기보다 동물에 인간적 틀을 일방적으로 투사한 결과라고 할 수 있다. 실제로, 이 작품은 동물에 인간의 말과 행동을 덧씌우고 동물 이야기에 인위적 선악의 방향을 투사함으로써 텍스트의 커다란 골격이 수립된다고 할 수 있다. 그러나 텍스트를 지탱하는 이러한 골격 하에서도 때때로 틀 사이로 비집고 나오는 동물의 리얼리티에 대한 포착과 그것에서 야기되는 "텍스트의 불안정성"과 균열은 일방적인 인간화로 환원되지 않을 '동물 그 자체'의 조우 가능성을 시사한다.

작품 전체의 흐름에 비추어 볼 때, 인위적 틀로 환원되지 않을 동물 그 자체의 형상화가 『버드나무 사이로 부는 바람』을 통해 완벽하게 제시되어 있다고 단정할 수는 없지만, 이 작품에서 시사된 가능성은 『샬롯의 거미줄』(Charlotte's Web, 1952)로 이어져, 인간중심적 관점을 벗어나 동물이 동물 그 자체로 파악될 가능성이 보다 뚜렷하게 제시되기 시작한다. 『버드나무 사이로 부는 바람』에서 떠나온 집 근처를 지나며 만감이 교차하던 친구 몰의 심정을 인지하지 못했음을 자책하는 랫이 자신을 돼지에 비유하는 장면(100)은 오랫동안 지속되어 온 돼지의 부정적 이미지를 확인시켜준다. 그러나 『샬롯의 거미줄』의 돼지 주인공은 '윌버'라는 우아한 이름으로 불리며 정성을 다해 보살펴질뿐더러, 자신이 크리스마스 시즌에 햄이 될 것이라는 주위의 전망에 대해 “나는 죽고 싶지 않다”(51)고 버티는 예민한 자의식의 소유자이기도 하다.

손쉬운 일반화로 환원되지 않을 “살아 있는 생명체”로서의 동물에 대한 깊은 관심에 입각해, ‘동물’이라는 단수적인 인위적 관점에 의해 일방적으로 덧씌워지기 이전의 “살아있는 생명체”로서의 복수적 동물들을 만날 가능성(Derrida, “The Animal” 292; 400-1)이 『샬롯의 거미줄』에서 진지하게 검토되고 있는 셈이라면, 이러한 성취는 텍스트 전반을 덮고 있는 인간중심적 관점의 투사에도 불구하고 『버드나무 사이로 부는 바람』 전편을 통해 면면히 이어지는 동물 자체의 리얼리티를 향한 지향과 동일한 궤도의 연속선상에서 이해될 수 있다. 동물들의 활력이 살아 숨 쉬고 상호간의 교감이 생생하게 소통되는 헛간의 세계에서 돼지 윌버(Wilbur)를 향하는 펀(Fern)의 시선(15)은 자신의 고양이를 향한 데리다의 시선과 흥미 있는 대조를 이룬다. 데리다가 자신의 알몸에 던지는 고양이의 응시를 확인하며 동물과 인간의 차이에서 유래하는 창피함을 느꼈다면, 윌버를 향한 애정 어린 펀의 시선에는 아동 특유의 상상력으로 인간과 동물의 구획을 뛰어넘을 수 있는 가능성이 시사되어 있다.

II

『샬롯의 거미줄은 펀(Fern)이 아빠의 도끼로부터 무녀리(runt) 돼지를 구하는 장면으로 시작된다. 아빠는 밤새 나온 새끼 돼지 중 작고 약해 어미 돼지 젖을 빨지 못하고 그렇다고 어른 돼지처럼 인간 음식 찌꺼기를 먹을 수도 없어 “말썽만 일으킬”(3) 무녀리 돼지를 제거하려 하지만, 펀은 “내가 작게 태어났어도 날 죽였을 것이냐”(3)며 아빠에게 매달려 그 돼지를 살려내고, 윌버라는 “자기가 생각할 수 있는 가장 아름다운 이름”(7)으로 부르며 직접 우유병을 물리며 키운다. 이렇게 가까스로 목숨을 건졌지만, 5주 후 펀의 아버지가 윌버의 식욕이 자신이 감당할 수 있는 정도를 벗어났다고 선언할 때 다시 위기가 찾아온다. 펀 엄마의 제안에 의해 인근 저커먼(Zuckerman)네 농장으로 옮겨짐으로써 위기가 봉합되지만, 저커먼 농장의 헛간에서 지내게 된 윌버는 다른 동물로부터 자신을 “훈제 베이컨과 햄”(49)으로 만드는 “가장 더러운 계략”(51)에 대해 듣게 되고, 이후 “훈제 베이컨과 햄”의 운명으로부터 어떻게 윌버의 목숨이 건져질 수 있을 것인지가 플롯 전개의 중심축을 이룬다.

『샬롯의 거미줄』은 이렇듯 시종일관 윌버 구하기와 관련된 생명과 죽음의 주제를 중심으로 이야기가 전개될뿐더러, 작품의 곳곳에 배치된 새끼 거위의 부화, 새끼 양의 탄생, 샬롯의 알주머니 관련 장면 등을 통해서도 생명과 죽음의 모티프가 반복적으로 변주된다. 예컨대, 여러 대목에서 제시되었던 대로 어미 거위가 "네 주간 지속적으로 노력하고 인내하며"(44) 알을 품어준 이후 비로소 세상에 나온 새끼 거위가 엄마 아빠 거위와 함께 나들이에 참여하는 대목은 일련의 생명 탄생과정을 압축적으로 예시하고 있다. 또한, 시간이 갈수록 샬롯은 점점 쇠약해지지만 알주머니는 그만큼 영글어가고, 결국 샬롯은 죽음을 맞이하지만 샬롯이 남긴 "최고 걸작품"(144)으로서의 알주머니에서 새로운 거미 새끼가 태어나게 되는 일련의 과정은 생명과 죽음의 순환을 전형적으로 극화한다.

생명과 죽음의 순환뿐 아니라 텍스트의 큰 골격을 이루는 계절적 순환의 구조 역시 『샬롯의 거미줄』에 형상화되어 있는 자연의 원리를 제시한다. 작품의 플롯을 가동시키는 윌버의 탄생이 봄에 이루어지는 것은 이런 점에서 상징적이다. 생명의 탄생으로서의 봄을 지나, "도처에 생명이 널려 있는"(43) 풍성한 여름(6장 "여름날"), 귀뚜라미 소리를 통해 "슬픔과 변화"(113)의 이야기가 널리 퍼지는 가을(15장 "귀뚜라미"), 장터(fair)의 철수와 샬롯의 죽음이 겹쳐지면서 배가되는 생명 종착으로서의 겨울(21장 "최후의 날") 그리고 새로운 거미의 탄생과 함께 도래하는 또 다른 봄(22

장 "훈풍")의 단계로 이어지는 계절 순환 과정은 생명의 탄생-성장-죽음-재탄생 과정과 맞물리며 생태계에서 작동하는 생명의 원리를 뚜렷이 부각시킨다.

생태계에 작동하는 또 다른 핵심 원리 중의 하나가 생명 공동체를 이루는 각 개체의 다양성이라고 할 때, 윌버를 통해 돼지인 자기와 거미인 샬롯의 생물학적 차별성이 확인되는 과정 역시 주목할 만한 생명 원리의 극화를 예시한다. 샬롯이 꽁무니에서 뽑은 실로 거미줄 만드는 과정을 신기하게 바라본 윌버는 자신도 해보면 할 수 있을 것이라며 꽁무니에 실을 묶고 높은 곳에서 뛰어내리지만 실패할 뿐이다. 낙담한 윌버에게 샬롯은 저커먼이 주는 먹이로 살아갈 수 있는 윌버와 거미줄을 통해 먹이를 얻어야 하는 자신은 서로 "다르다"(56)는 점을 강조한다. 이런 점에서, 거미줄에 쓰인 글 때문에 유명해진 이후 윌버의 자리에 늘 있던 거름 대신 "깨끗한 짚더미"(97)가 놓여 지지만, 윌버가 "깨끗한 짚더미"를 오히려 불편해 하는 장면도 예사롭지 않다. 윌버의 주인 저커먼은 유명세를 얻게 된 윌버에게 최고의 깨끗한 자리를 마련해주려고 하지만 그 "깨끗함"이 윌버에게는 단지 불편을 초래할 뿐인 것이다. 또한, 장터의 가축 품평회 출전에 앞서 저커먼 부인이 윌버를 우유로 목욕시키는 대목도 흥미롭다. 윌버는 돼지로서는 과분하기 짝이 없는 이러한 호사에도 불구하고 우유 목욕 그 자체

대신 입으로 흘러들어오는 우유에 흡족해 한다. “깨끗한 짚더미”와 우유 목욕은 인간중심적 관점에서는 돼지에 대한 최고의 배려일지 몰라도 당사자인 윌버에게는 오히려 불편과 무관심의 대상에 불과하다.

III

생태계에서 실제로 작동하는 동물 리얼리티와 인간중심적 관점 사이의 간극은 윌버가 새로운 친구 샬롯이 흡혈귀처럼 벌레 피를 빨아먹는 것을 목격하고 절망하는 장면에서도 확인된다. 새로운 헛간 생활의 외로움에 지친 윌버는 마침내 찾아온 새 친구의 목소리를 듣고 밤잠을 설치지만, 막상 만나 보니 그 친구가 벌레를 잡아먹는 흡혈귀 같은 상대임을 확인하고 “도박처럼 위험한 우정”(41)에 낙담하게 된다. 이러한 낙담에는 벌레의 피를 빨아 먹는 것을 부정적으로 바라보는 인간중심적 관점이 내포되어 있다는 점에서, 샬롯과의 만남이 본격적으로 진행되기 이전의 윌버는 기존의 인간중심적 선입관을 대변하고 있는 것으로 이해될 소지가 충분하다. 물론, 이러한 낙담에도 불구하고, 윌버는 거미가 벌레 피를 빨아먹지 않는다면 “벌레가 무한히 증식해 세상을 파괴하고 모든 것을 없애버릴 것"(40)을 깨달아가는 동시에, 이렇듯 징그럽고 무시무시한 거미가 결국 끝까지 신의를 다해 자신의 목숨을 구해주는 가장 아름답고 믿음직스러운 친구임을 확인하게 된다. 윌버가 도달하는 이러한 인식의 성장이야말로 이 작품의 가장 큰 의미 중의 하나라고 할 수 있다면, 이 성장의 궤적은 징그럽고 무서운 벌레라는 통상적인 인간중심적 관점이 리얼리티와 얼마나 동떨어져 있는 일방적인 편견일 수 있는지가 확인되는 과정이라고도 할 수 있다.

샬롯이 "훈제 베이컨과 햄"의 운명으로부터 윌버를 구할 수 있는 방법을 강구해내는 것도 인간이 "벌레보다도 똑똑하지 않음"(67)을 알고 있었기 때문이다. 거미줄에 포획되는 벌레를 속여 살아가는 샬롯은 인간을 속이는 것은 더 용이한 일이라고 믿으며 윌버의 법적 주인인 저커먼을 속이는 방법을 찾아낸다. 샬롯이 거미줄에 "대단한 돼지"(77)라고 썼을 때 실제로 대단한 것은 이런 글을 쓴 샬롯이겠지만, 윌버의 주인 저커먼은 "대단한" 것이 자신의 소유인 돼지라고 받아들인다. 이러한 생각에는 야생의 거미가 자신에게 어떠한 이익도 가져다주지 않는 반면, 자신의 소유인 돼지가 대단하면 자신에게도 그만한 대가가 돌아올 것이라는 인간중심적 계산이 깔려있다. 장터가 열리기 전날 밤 저커먼의 꿈속에서 윌버의 목에 가축 품평회 일등상 메달이 걸려 있고, 장터까지 운반할 상자에 "저커먼의 유명한 돼지"(96)라는 명패가 붙어있다는 데서도 알 수 있듯이, 품평회에서 상을 받는 것은 일차적으로는 윌버이지만 실제로는 그 소유주인 저커먼이라고 할 수 있다. 품평회의 금메달은 엄청난 크기의 다른 돼지에게 돌아가 잠시 실망하게 되지만 윌버도 특별상을 수상하게 되자, 저커먼은 윌버를 살리기로 결정하게 된다. 이러한 결정은 윌버로부터 식용고기를 얻는 만족보다 그것의 주인인 자신에게 돌아올 명성이 더 크다는 판단에 입각해 있다고 할 수 있다. 결국 인간을 속여 윌버의 목숨을 건지려는 샬롯의 지략은 성공을 거두게 되는데, 이렇듯 샬롯의 과업이 성공할 수 있었던 것은 여느 가축 소유주처럼 저커먼에게도 동물을 리얼리티 그 자체보다는 재산의 일부로만 바라보는 인간중심적 관점이 지배적임을 알고 이를 적절하게 이용했기 때문이었다.

샬롯이 거미줄에 글을 계속 써내려감에 따라 "대단한 돼지" 윌버에 대한 경이로움이 지속되고 장터 품평회에서 시상식과 함께 요란스러운 축제가 진행되지만, 이 모든 것이 눈에 띠지 않는 "잿빛 거미"(171)의 지략과 관련이 깊다는 것을 아는 이가 없었다고 기술되어 있는 대목은 현상에 머물 뿐 핵심에 도달하지 못하는 인간중심적 관점의 한계를 상징적으로 보여주는 또 다른 실례라고 할 수 있다. 샬롯은 단 하루 밤 만에 거미줄을 만들지만 인간의 "퀸즈버로 다리"(60)는 완성되는 데만 8년이 걸리고, 샬롯이 제자리에서 뜻깊은 결과물을 얻어내지만 인간은 늘 다리의 다른 쪽에 더 좋은 것이 있을 것이라는 근거 없는 기대로 정신없이 다리를 왕복할 뿐이라는 것도 인간의 허점을 풍자적으로 제시한다. 또한, 거미줄에 "대단한 돼지"라고 쓰인 메시지가 신이 내린 "경이로움"(85)으로 받아들여지고, 더욱이 그것을 당분간 비밀에 붙이라는 목사님의 당부에도 불구하고 곧바로 그 "대단한 돼지"를 보러온 수많은 인파와 자동차로 저커먼 농장의 평범한 일상이 불가능해지는 것 역시 중심 없이 부유하는 인간사의 단면을 코믹하게 보여준다.

헛간은 인간이 만든 곳이면서도 동물들의 상호작용이 이루어지는 공간이라는 점에서 흥미롭다. 윌버를 살릴 거미줄 문구를 위해 쓰레기장에서 참고가 될 만한 것들을 가져와 달라는 부탁을 거절하는 쥐 템플튼(Templeton)에게 양이 전하는, "윌버의 음식은 너의 음식이기도 하므로 윌버의 운명과 너의 운명은 긴밀히 연결되어 있다"(90)는 메시지는 생태계에 작동하는 구성원들 간의 상호의존성 원리를 상징적으로 극화하고 있는 것으로 이해될 소지가 적지 않다. 윌버가 살아 있어야 여물이 있고, 여물이 있어야 윌버 밑에 기거하는 템플튼에게 먹을 것이 확보되는 연결 고리는 생명공동체로서의 생태계의 원리를 한 장의 그림으로 상기시킨다. "어떠한 도덕심도, 양심도, 양심의 가책도, 배려심도, 점잖음도 결여된"(46) 채 자신의 이익에 의해서만 움직일 뿐인 템플튼마저도 공동체에 "긴밀하게 연결되어 있는" 것은 특히 주목할 만하다. 실제로, 템플튼은 공동체의 한 구성원일 뿐 아니라, 부화되지 않는 거위 알로 샬롯의 목숨을 구하고, 윌버를 살릴 거미줄 문구를 위한 자료를 가져다줄뿐더러, 샬롯의 알주머니를 천장에서 떼어내어 집으로 가져올 수 있도록 도와주는 당사자이다. 이렇듯 인간적 도덕과 양심의 기준으로는 비판을 받아 마땅한 템플튼이 생명 원리가 작동되는 헛간 공동체에서는 없어서는 안 될 핵심 구성원의 역할을 수행하고 있는 셈이다. 인간중심적 잣대로는 공동체에서 제외되어야겠지만 생명과 동물의 리얼리티에 입각할 때는 그것에 필요한 중요한 역할을 담당하고 있다는 것은 인간중심으로 제한될 수 없는 더 큰 차원의 원리를 시사하는 것으로 이해될 수 있다.

물론 아동을 독자로 상정하는 아동문학에는 기본적으로 아동에게 전달될 교훈이 전제되어 있고 그 교훈이 주로 인간적 차원과 관련이 깊을 수밖에 없다고 할 때, 『샬롯의 거미줄』에서도 이러한 교훈이 부각되어 있는 것은 자연스럽다. 죽음을 맞이하기 직전 샬롯이 윌버에게 건네는 최후의 메시지야말로 이러한 교훈을 가장 핵심적으로 전달한다. 샬롯은 자신의 삶을 뒤돌아보며 벌레를 잡아먹고 사는 "진창"(164)의 연속에서도 윌버에게 도움을 줌으로써 자신의 삶이 고양될 수 있었다고 말한다. 이 메시지는 작품의 전편에 관류하는 샬롯과 윌버의 우정을 최종적으로 마무리하며 작품의 도덕적 교훈을 선명하게 제시하고 있는 듯하다. 그러나 다른 한 편, 애초에 "샬롯은 냄새나는 우리와 퀴퀴한 여물이 자신에게 필요한 벌레를 꼬이게 했던 윌버를 정말로 좋아했다"(57)는 대목은 다분히 도덕적인 최후의 진술에도 불구하고 윌버에 대한 샬롯의 친근성이 실제로는 먹이사슬의 리얼리티에 근거하고 있을 가능성을 시사한다. 이런 점에서, 삶을 고양시키는 도덕적 가치를 선언하는 샬롯은 "어떠한 도덕심도, 양심도, 양심의 가책도, 배려심도, 점잖음도" 배제하는 템플튼과 대척점에 놓여 있는 듯해도, 실상은 같은 원리의 지배를 받고 있는 것으로 볼 수 있다.

샬롯의 흡혈귀적 면모에 낙담했던 윌버는 바로 이러한 면모가 세상을 벌레로부터 구하는 동물의 리얼리티를 깨달아갈 뿐 아니라, 기존의 도덕에 입각해서는 결코 후한 평가를 받을 수 없을 템플튼이 실제 헛간 공동체에서는 없어서는 안 될 구성원임을 직접 체험한 후 템플튼에게 자신의 여물을 먼저 먹을 수 있는 우선권을 준다. 고양된 자신의 삶의 의미에 대한 최후 진술 직후 샬롯이 하루 이틀 내로 찾아 올 자신의 죽음을 예고하자, 윌버가 커다란 "고통과 슬픔"(165)을 견디기 힘들어 하는 것은 당연한 반응으로 여겨질 수 있지만, 윌버가 실제로 경험하는 것은 샬롯을 잃은 "고통과 슬픔"만이 아니다. 이듬해 봄의 훈풍과 함께 알주머니로부터 찾아온 샬롯의 새끼 거미들을 통해 윌버는 샬롯의 죽음이 그 자체로 종착이 아니라 새로운 생명으로 연결되는 연결고리일 수 있음을 직접 경험하고 있기 때문이다. 이러한 윌버의 깨달음과 성장이 작품의 가장 큰 의미 중의 하나에 해당된다면 이러한 깨달음과 성장은 윌버의 이야기를 읽어가는 어린이 독자들의 몫이기도 할 것이다.

IV

『샬롯의 거미줄』 텍스트는 사실적으로 시작되지만, 이야기의 무대가 헛간으로 이동한 이후부터는 말하는 동물들이 등장하는 동물 판타지적 성격을 띤다. 동물 판타지에는 인간의 개입 없이 동물끼리 이야기 하는 경우와 동물이 동물끼리 만이 아니라 인간과도 접촉하여 이야기 나누는 경우로 나뉠 수 있다. 동물끼리 만들어가는 이야기일 경우, 겉모습만 동물일 뿐 동물 자체의 형상화는 멀어지고 사실상 인간적 자질이 투사되어 실제로는 인간사에 대한 우의로 사용되는 일이 적지 않다. 동물인물이 등장하지만 이를 통해 오히려 특정 부류의 인물들만이 아니라 인간 전반에 일반적으로 적용될 수 있을 교훈을 효과적으로 전달하게 되는 이솝의 동물 우화가 대표적인 예라고 할 수 있다. 반면, 동물과 인간이 상호작용하는 이야기는 인간과 동물의 차별화를 전제한다는 점에서, 인간과 동물 사이에 엄연히 존재하는 "차이의 제거" (Marshall 62)를 통해 동물을 일방적으로 인간화하는 대신, 인간화 과정 이전의 동물 그 자체에 주목하며 인간과 동물 양자의 차이에 천착함으로써 동물의 이해와 인간과 동물의 관계, 더 나아가 문명과 자연의 관계를 깊이 있게 조망할 가능성을 열어 놓는다 (Griffith 60).

물론, 『샬롯의 거미줄』은 동물인물만이 아니라 인간인물도 함께 등장하는 이야기에 속한다. 실제로, 동물인물들로 이루어지는 판타지의 세계가 이 작품에 큰 의미를 부여하는 것은 사실이지만, 이러한 판타지의 세계는 어디까지나 인간인물들이 엮어가는 사실적인 세계와 긴밀하게 관련 맺으며 제시된다. 특히 더 이상 자신의 집에서 기를 수 없게 된 윌버가 주커먼의 헛간으로 옮겨가자 펀이 거의 매일 헛간으로 찾아가 오랫동안 윌버 바라보기에 빠지게 되는 대목은 독자를 헛간의 동물 세계로 안내하는 직접적인 계기가 된다. 윌버와 샬롯 중심의 동물 판타지를 처음부터 전제하며 이야기가 시작되는 대신, 헛간을 방문한 펀의 눈을 통해 그곳의 동물들이 소개됨으로써 동물들의 비사실적 이야기가 일반적인 사실적 차원과의 관련 하에 전개될 수 있을 가능성이 열리게 되는 것이다.

동물인물의 생각과 대화를 직접 들을 수 있게 되는 것이 3장의 윌버 헛간 탈출 일화부터라고 할 때, 이 사건이 묘사되기 직전에, 양의 우리 안에 있는 의자에 앉아 바로 옆 돼지우리의 윌버를 응시하는 펀의 애정 어린 시선이 묘사되어 있다는 점은 주목할 만하다. 어떤 면에서, 텍스트에 묘사된, 헛간을 탈출하게 된 배경, 탈출 중 윌버가 경험한 일이나 느낌 등은 모두 "생각"(15)에 잠기며 그를 지켜보았던 펀의 "생생한 상상력"(54)이 풀어놓은 결과로 이해될 소지가 없지 않다. 또한, 윌버의 탈출 일화뿐 아니라 이후 헛간에서 벌어지는 동물들 간의 여느 사건들도 모두 이를 지켜보는 펀의 응시를 통해 제시된 것으로 이해될 가능성도 적지 않다. 예컨대, 나이 든 양이 윌버에게 크리스마스 시즌이 되면 윌버가 "훈제 베이컨과 햄"이 될 수 있다고 말하자, "의자에 앉아 있던 펀이 움찔해졌다"(49)는 것은 펀이 양과 윌버의 대화에 귀 기울이고 있었다는 점을 알려준다. 윌버가 자신도 샬롯처럼 실짜기를 해보겠다고 꼬리에 줄을 묶고 위에 뛰어내리는 일화를 묘사하기에 앞서 "펀이 매우 흥미 있는 대화를 들었고 이상한 사건을 목격하였다"(55)고 기술되어 있는 것이나, 샬롯이 이야기도 해주고 자장가도 불러주고 난 후 윌버가 잠에 들고서야 "펀이 자리에서 일어나 집으로 향했다"(104)는 것 역시, 헛간의 동물들에 귀 기울이며 이들을 지켜보는 펀의 존재를 읽어낼 수 있게 한다.

『샬롯의 거미줄』의 펀이 애러블 부인이 걱정할 정도로 오랫동안 헛간에서 윌버를 바라보며 보냈던 시간은 작가의 전기적 사실이 입증하듯이, 화이트(E. B White)가 어린 시절 농장에서 동물들을 바라보며 보냈던 헤아릴 수 없이 긴 시간(Griffith 54-5)에 대응된다. 즉, 어린 화이트가 동물들을 바라보며 경험한 기쁨은 이후 윌버를 응시하는 펀의 희열로 작품화되는 셈이다. 어린 화이트와 펀이 그렇게 오랜 시간 동물을 유심히 응시하며 희열을 느낄 수 있었던 것은 그들의 응시가 실체로서의 동물 위에 '동물'이라는 인위적 개념을 투사하기보다는, 인간과 차별화되는 동물성을 찾아 "살아 있는 생명체"로서의 동물을 그 자체로 만나려는 과정의 일환이기 때문이다. 이처럼 손쉬운 일반화로 환원되는 대신, '동물'이라는 인위적 개념이 덧씌워지기 이전의 살아 있는 실체로서의 동물을 만날 가능성이야말로 어린 화이트와 펀의 응시에 함축된 가장 커다란 의미라고 할 수 있다.

따라서 어린 화이트와 펀의 동물 응시가 이루어지는 농장과 헛간은 단지 제비들이 둥지 틀기 좋아하고 어린이들이 놀기 좋아하는 곳(14)으로 그치는 것은 아니다. 그곳은 어린 화이트와 펀의 응시를 매개로 동물 사이의 소통이 이루어지는 마법의 공간인 동시에, 펀의 안내로 우리 모두 서로 다른 종들 사이의 연결을 경험하는 신비의 영역이기도 하다(Wake 112).

어린 화이트의 농장처럼, 『샬롯의 거미줄』의 헛간이 동물과의 교감과 소통이 이루어지는 신비의 영역이라면, 이러한 신비의 경험이 애러블 부부나 저커먼 부부 등의 어른 대신, 펀-어린이를 매개로 가능하게 된다는 점이 주목될 필요가 있다. 이렇듯 어린이를 통한 동물과의 교감과 소통이 『샬롯의 거미줄』에 내포된 핵심적 의미 중의 하나라고 할 때, 무엇보다, 작품의 중심인물인 어린이-펀과 동물-윌버의 관계를 추적함으로써 그 의미에 다가갈 수 있을 것이다.

아빠의 도끼로부터 윌버를 구하게 된 펀은 자신의 아기라도 되는 양 어린 윌버에 젖병을 물리고 자신의 인형과 함께 유모차에 태워주기도 한다. 독자가 접하게 되는 것은 펀 중심의 인간인물들일 뿐, 태어난 지 아직 얼마 되지 않은 윌버의 대화나 생각은 제시되어 있지 않다. 이 단계의 윌버는 젖먹이 아기와 인형의 수준, 그리피쓰의 표현을 빌리자면, “애완동물”(55)의 차원에서 벗어나지 못하는 셈이다. 그러나 주 무대가 애러블(Arable) 네로부터 저커먼의 헛간으로 이동함에 따라 윌버에 대한 펀의 일방적 관계로부터 윌버와 샬롯 등 동물들 사이의 관계로 무게 중심이 바뀌게 된다. 확실히, 헛간 이후 장면에서 펀은 헛간의 동물들에게 귀 기울이고 지켜볼 뿐, 적극적으로 대화하는 일은 없다.

그러나 윌버를 향한 펀의 애정 어린 시선은 애러블과 저커먼으로 대변되는 일반적인 인간중심적 관점에 포함될 수 없을, 동물을 향한 또 다른 관점을 시사한다. 윌버를 향한 펀의 응시에는 가축으로서의 동물과 그 재산을 소유하는 인간 사이의 구획 대신 동물과 인간의 교감 가능성이 암시된다. 펀은 윌버 뿐 아니라 헛간의 다른 동물들로부터 "조용하고 친근하다"(15)고 받아들여지며 동물들의 활력이 살아 숨 쉬고 상호간의 교감이 생생하게 소통되는 헛간 공동체의 일원으로 참여하게 된다. 헛간의 법적인 소유주는 저커먼이지만 헛간 공동체의 진정한 참여자는 동물들과 펀이라고 할 수 있다. 동물의 세계와 나누는 펀의 교감은 동물을 인간 소유와의 관련 하에서 파악하는 인간/어른의 일반적인 관점으로 굳어지기 이전, 말하자면 '자연 상태'로서의 어린이가 살아 숨 쉬는 동물을 '있는 그대로'의 '자연 상태'로 만날 수 있을 가능성을 시사한다.

어린이-펀이 경험하는 헛간 공동체와의 소통은 어른-애러블부인에게는 이해될 수 없는 미지의 영역이다. 펀이 들려주는 이야기에 등장하는 템플튼이 헛간의 쥐임을 알았을 때, 더욱이 펀이 "우리는 누구도 템플튼을 좋아하지 않는다"(52)고 말하며 자신을 헛간 동물들과 함께 "우리"의 일부로 표현하는 것을 들었을 때 애러블 부인은 자기 딸이 “이상하고 비정상적인” 것이 아닌가 하는 걱정에 빠지게 된다(54). 애러블 부인이 펀을 이해할 수 없었던 것은 “동물은 말할 수 없다”고 굳게 믿으며, 어른들의 귀가 “펀의 귀만큼 예리하지 않을” 가능성이나 실상은 동물이 말하고 있는데 인간/어른이 너무 자신의 말만 많이 하여 정작 동물들의 말은 듣지 못하고 있을 가능성(110)을 애초에 배제하고 있었다는 점과 관련이 깊다고 할 수 있다.

이처럼 인간/어른에 일방적으로 동화되지 않을 동물과의 교감과 인간/어른 관점의 제한성에 구획되지 않는 자연의 생명원리가 어린이의 관점을 통해 제시되고 있다는 점에 주목할 때 기존의 인간중심적 선입관으로부터 자연과 생명의 리얼리티로 확대되는 깨달음과 성장의 과정이 『샬롯의 거미줄』 이해의 중심축으로 받아들여 질 수 있는 반면, 애초에 윌버의 목숨을 살려준 것은 펀이지만, 이후 펀의 관심은 윌버보다는 남자 친구 헨리(Henry)를 향해 있다는 관찰은 작품에서 차지하는 펀의 비중에 관해 의문을 가지게 한다. 윌버와 동물 세계에 깊이 빠져있던 펀은 장터 장면 전후하여 급속히 인간/어른 세계로 옮겨가게 된다. 품평회의 금메달이 다른 돼지에게 돌아가 윌버의 운명이 위기에 처해졌을 때에도 펀은 엄마에게 헨리와 놀이기구 타기 위한 돈을 요구하며, 윌버가 특별상을 받는 시상식에서도 줄곧 헨리와 함께 탈 놀이기구를 응시한다.

이러한 펀의 변모는 물론 일차적으로 윌버를 위시한 동물 세계와의 소통 가능성의 상실로 이해될 소지도 없지 않지만, 이 작품에서는 기본적으로 인간/어른으로 성장해가는 과정의 일환으로 받아들여지는 측면도 강하다. 도리안(Dorian)이 자신을 찾아온 펀 엄마의 걱정에 대해, 아이들은 변하게 마련이어서 지금은 헛간 동물을 향해 있는 펀의 관심이 언제든 남자 친구로 옮겨갈 수 있다고 예측하는 장면은 펀의 변화 역시 작품 전체를 통해 형상화되고 있는 생명 과정의 자연스러운 일부로 수용될 수 있음을 보여준다. 이러한 맥락에서, 펀의 변모는 윌버와 동물 세계에 대한 배반이라기보다 어른으로 성장해가는 자연스러운 과정의 일환으로 받아들여질 가능성이 적지 않다. 물론, 위에서도 살펴보았듯이, 작품에서 보다 더 의미 있게 구현되는 성장의 면모는 펀보다는 윌버를 통해 제시되고 있다.

V

『돼지가 한 마리도 죽지 않을 날』(*A Day No Pigs Would Die*)과 『샬롯의 거미줄』은 어린이 주인공이 어린 돼지새끼 키우기 시작하는 것을 플롯 전개의 출발점으로 삼고 있다는 유사성뿐 아니라, 이렇게 하여 더 없이 가까워진 친구로서의 돼지가 과연 식용고기로서의 일반적인 돼지의 운명을 벗어날 수 있을 것인지를 플롯의 중심축으로 삼고 있다는 점에서도 유사하다. 그러나 『돼지가 한 마리도 죽지 않을 날』의 핑키가 로버트의 노심초사에도 불구하고 일반적인 돼지의 운명에서 벗어나지 못하는 반면, 『샬롯의 거미줄』에서는 샬롯의 도움으로 살아남은 윌버가 해마다 샬롯의 새끼들을 새로운 친구로 맞이하게 된다. 이러한 차이는 어디서 나오는 것일까. 『돼지가 한 마리도 죽지 않을 날』에서는 인간/어린이인 로버트가 핑키를 키우고 도와주지만, 로버트가 어른으로 성장해감에 따라, 돼지는 친구이기 이전에 식용고기라는 인간/어른의 현실이 수용되면서, 핑키의 운명은 현실적인 결정에서 벗어날 수 없게 된다. 다른 한 편, 『샬롯의 거미줄』에서 "때 이른 죽음"으로부터 윌버를 구하고 우유병을 물리며 키운 것은 인간/어린이 펀이지만, 이후 펀이 남자 친구 헨리와 가까워지면서 급격히 인간/어른의 세계로 옮아가는 것과는 달리, 마지막까지 신의를 지키며 윌버의 생명을 지키는 것은 동물 샬롯이다.

이런 점에서, 『돼지가 한 마리도 죽지 않을 날』의 핑키가 식용고기로서의 통상적인 돼지의 운명에서 벗어나지 못한 반면, 『샬롯의 거미줄』의 윌버가 그 운명을 벗어날 수 있었던 양자 간의 차이는 전자가 어린 로버트가 아버지를 대신해 가정과 농장이라는 현실의 중심으로 성장해 가는 과정을 리얼리즘에 입각해 극화하고 있는 것에 비해, 후자에서 애초에 윌버를 구한 것은 펀이었지만 이후 윌버 구하기 과업이 펀 대신 펀에 의해 독자들에게 소개된 헛간의 동물들 특히 샬롯에 의해 주도되며 판타지 성격이 강화되었던 것과 관련이 깊다고 할 수 있다. 리얼리즘과 판타지가 아동문학의 대표적인 두 양상이라고 할 수 있다면, 『돼지가 한 마리도 죽지 않을 날』과 『샬롯의 거미줄』은 유사한 소재에 대한 서로 다른 아동문학적 접근의 결과물인 셈이다.

『돼지가 한 마리도 죽지 않을 날』에서처럼 어린이로부터 성장한 인간/어른의 관점이 견지되는 한, 인간 사회에서 일반적으로 받아들여지는 통상적 동물의 운명을 벗어나는 일은 그만큼 쉽지 않을 반면, 『샬롯의 거미줄』이 보여주듯이, 어린이에 의한 동물과의 소통에서 시작되어 동물의 리얼리티를 포착하는 노력이 깊어지면 질수록 인간중심으로부터는 그만큼 더 멀어지게 되어 판타지 성격이 짙어질 수밖에 없다고 할 수 있다. 다른 한 편, 『돼지가 한 마리도 죽지 않을 날』이 더할 나위 없이 가까운 친구이면서도 식량 없는 겨울을 나기 위해 그 친구를 도살하는 현장에 눈물 흘리며 참여해야 했던 로버트의 지나간 시절 이야기를 통해 산업화 이후 가려지게 된 동물의 리얼리티를 리얼하게 형상화하고 있다면, 인간중심으로는 도달하기 어려운 동물의 리얼리티를 찾아 나서는 『샬롯의 거미줄』에서 판타지 양상이 더 뚜렷이 부각되는 것은 어쩌면 당연한 귀결이라고 할만하다.

3 『양들의 침묵』: 해리스의 인간 욕망의 희생양

I

『돼지가 한 마리도 죽지 않을 날』(*A Day No Pigs Would Die*)과 『샬롯의 거미줄』(*Charlotte's Web*)에서 아동문학 텍스트의 형태로 제기된 식용고기를 위한 동물 생명박탈 즉 도살의 문제는 『양들의 침묵』(*The Silence of the Lambs*)에서 범죄 스릴러 소설의 형태로 심화된다. 흥미로운 것은, 제목과는 달리 『양들의 침묵』에서 긴박하게 진행되는 다양한 사건들 중에 양이 등장하거나 더욱이 동물의 도살과 직접 관련되는 장면은 없다는 점이다. 주인공 클래리스(Clarice Starling)가 렉터(Hannibal Lecter)에게 자신의 어린 시절을 이야기 하는 과정에서 간접적으로 언급될 뿐이다. 이렇게 간접적으로 제시될 뿐이지만, 어른이 된 클래리스에게 여전히 남아 있던, 어린 시절 도살되었던 양들의 울부짖음이 소리를 멈추고 클래리스가 평화를 찾게 되는 과정이야말로 이 작품에 담긴 핵심적 의미 중의 하나라고 할 수 있다.

이런 점에서, 작품의 마지막 장면 "양들의 침묵"과 함께 "깊은 잠을 자고 있는"(338) 클래리스의 평화가 어디서 발원하는지를 추적하는 것은 작품 이해의 핵심에 접근해 가는 첩경이 될 수 있다. 도살장 양의 울부짖음을 듣고 자신의 친구인 말 해너(Hannah)와 함께 도망감으로써 해너를 도살의 운명에서 벗어나게 하려는 어린 클래리스는[9] 동물 희생을 당연시 하는 어른/인간 중심적 관점이 아직 온전히 수용되지 않은 상태, 즉 희생당하는 동물과 그 희생을 당연시 하는 어른/인간의 경계가 아직 확고하지 않은 상태임을 보여준다. "쉽게 겁먹지"(4) 않는 예비 FBI 요원이 되어 있는 현재 상태에서도 밤마다 양들의 울부짖음에 시달리고 있다는 것은 클래리스가 동물의 희생을 인간의 희생과 사실상 같은 차원에서 받아들이며 동물의 희생을 막지 못했던 어린 시절의 악몽으로부터 여전히 벗어나지 못하고 있음을 확인시킨다.

클래리스가 양이 울부짖는 악몽에서 벗어나게 되는 것은 "자신을 괴롭히는 과거로부터 벗어나"(Kilgour 251) 자신의 새로운 정

9) 영화에서는 도살되는 양들의 울부짖음에 잠에서 깬 어린 클래리스가 도살 현장으로 들어가 양들을 풀어주고 그 중 한 마리를 안고 달아나지만 몇 마일 가지 못해 경찰에 잡혀 고아원에 보내지는 것으로 제시된다. 이러한 각색을 통해 도살로부터 양을 구하지 못한 트라우마가 강조되어 이후 캐서린의 구출로 긴밀하게 연결되는 효과가 있는 것은 사실이지만, 클래리스가 눈먼 해너를 타거나 끌고 다니며 형성된 둘 사이의 우정이 부각되는 원작의 장점이 살아나지 못하는 측면도 있다.

체성을 찾아내는 과정과 병행된다. 클래리스가 최고의 지능을 가진 연쇄살인범 렉터와 마주하는 기회가 주어지고 이후 버팔로 빌(Buffalo Bill) 사건 수사를 위한 험난한 상황에서도 움츠려들지 않고 적극적으로 문제 해결에 나서는 것은 렉터의 분석대로 "자신의 어머니처럼 되지 않으려는"(20) 즉 자신을 만들었던 과거의 여성과는 다른 새로운 자아를 만들어가는 노력의 일환이라고 할 수 있다. 이러한 노력은 그녀가 빠져나오지 않는다면 그녀 역시 포획되어 있을 수 있을 감금으로부터 다른 여성 희생자를 구출하는 행위로 구체화된다. 즉, 클래리스를 괴롭히는 양들의 울부짖음은 살인마에 의해 고통을 받는 곤경에 처한 여성으로 대체된다. 클래리스가 버팔로 빌의 위협에서 캐서린(Catherine Martin)을 구하는 것은 도살의 위협으로부터 양을 구하는 것인 동시에 곧 자신을 괴롭히는 악몽으로부터 자기 자신을 구하는 것이 된다. 버팔로 빌이 입을 수 있는 껍질을 벗기기 위해 살찌워진 캐서린은 식용고기를 위해 사육되고 도살될 양들인 셈이고, 캐서린의 고통에 무감각한 버팔로 빌은 양들의 울부짖음을 당연시하는 목장 주인 친척과 상동관계에 있다. 캐서린을 구함으로써 클래리스는 어린 시절 실패했던 어린 양의 구출에 드디어 성공하게 되는 셈이며, 이제 클래리스는 자신을 괴롭히는 양들의 울부짖음으로부터 벗어나 평화에 이르게 되는 것이다.

이처럼 클래리스가 악몽에서 벗어나 평화를 찾게 되는 과정은 일정 부분 버팔로 빌의 희생자인 캐서린의 구출과 긴밀히 관련되어 있는 것이 사실이지만, 렉터와의 만남에 의해 촉발되고 발전되어 온 측면도 크다. 클래리스는 상부에 의해 렉터의 심리를 조사하는 역할을 부여받지만, 만남이 지속될수록 렉터의 심리를 분석하는 조사자보다 자신의 내면에 감추어져 있던 비밀을 털어놓는 피조사자에 더 가까워진다. 이렇듯 클래리스는 렉터와의 만남을 통해 자신의 내면에 갇혀 있는 과거의 상처를 드러냄으로써 그 악몽으로부터 정화되는 경험을 하게 된다.

사건을 해결하려는 클래리스에게 렉터가 전달하는 메시지, 즉 "부수적인 것"(208)에 매달리지 말고 그것의 "본질"을 보라는 전언은 클래리스의 과거 상처 정화 과정에서 결정적인 방향 제시의 역할을 한다. "부수적인 것" 대신 "본질"을 보라는 메시지는 작품의 플롯에서 연쇄살인범 버팔로 빌을 잡기 위해 렉터가 클래리스에게 주는 조언으로 등장한다. 렉터는 클래리스에게 버팔로 빌의 범행 동기를 "갈망"(208)이라는 "본질"로 파악하라며, 그 "갈망"은 "매일 보는 일상적인 것의 갈망"으로 시작된다고 제시함으로써 버팔로 빌에 의해 살해된 첫 번째 피해자가 그와 아는 사이였을 가능성을 암시한다.

이렇듯 "본질"에 대한 언급은 사건의 플롯에서는 버팔로 빌의 검거 관련하여 이루어지고 있다. 그러나 여기서 렉터가 주인공 클래리스 더 나아가 독자에게 주는 메시지는 버팔로 빌 검거에 관련된 맥락으로 국한되지 않는다. 이런 점에서, 렉터의 감방에 걸려 있는 "유월절 어린 양"(16)으로서의 예수의 처형 그림은 주목된다. 예수의 처형 그리고 이어지는 부활의 장면은 '속죄양'인 예수의 피와 살이 희생됨으로써 예수를 따르는 신도에게 부여되는 구원의 가능성을 현시한다. 즉 구원은 '속죄양' 예수의 희생을 통해서만 도달할 수 있는 셈이다. 그러나 예수의 피와 살이 포도주와 빵으로 대체되는 영성체 의식은 '속죄양' 예수의 실제 몸 대신 그것의 대체물을 먹도록 함으로써, 구원을 위해 '식인종'이 되어야 하는 아이러니에서에서 벗어날 수 있게 한다.

포도주와 빵이 "속죄양"으로서의 예수의 피와 살을 대체하듯이, 인간 내면 깊은 곳에 자리 잡은 "동족 살해와 식육의 욕망"도 "속죄양"으로서의 동물의 희생으로 대체된다. 말하자면, 인간을 위해 희생되는 것은 예수의 피와 살만이 아니다. "속죄양"으로서 예수의 희생만큼이나 인간에 의해 식육되는 동물의 희생도 자연스럽게 받아들여진다. 실제로, 동물의 도살은 인간 문명의 전제 조건으로 여겨져 왔는데,[10] 이런 점에서 도살되는 모든 동물은 인간

10) 예컨대 조셉 콘래드(Joseph Conrad)는 그의 대표작 『암흑의 핵심』(*Heart of Darkness*)에서 경찰과 함께 도살이 인간 문명의 조건이라고 설파하고

문명 존립을 위한 일종의 "속죄양"이라고 할 수 있다.

Ⅱ

동물의 도살이 문명의 조건으로 당연시되는 듯하지만, 어린 클래리스는 도살되는 양들의 울부짖음에 괴로워한다. 어린 클래리스에게는 '영성체의 마력'이 작동하지 않았던 셈이다. 구약성서의 제물 양과 예수가 기꺼이 속죄양으로 받쳐졌던 것과는 달리, 어린 클래리스가 목격한 양들은 거칠게 울부짖는 소리를 낸다.

그런데 여기서 중요한 것은 실제로 동물이 도살될 때 가장 비참한 소리를 내게 마련이라는 점이다. 산업사회 이후 도살되는 동물의 공포와 고통을 우리가 느끼지 못하도록 도살장이 우리 주변으로부터 멀리 떨어져있어 단지 우리가 그 공포와 고통을 잊고 있을 뿐인 것이다. 동물의 공포와 고통을 잊은 채 그것의 단백질을 섭취할 뿐인 산업화 이후의 현재 상황에서 그러한 동물의 리얼리티를 작품의 핵심 사안으로 설정한 것이야말로 『양들의 침묵』에 함축된 또 다른 핵심 의미 중의 하나이다.

있다.

가축 노동력의 불필요에 의해 목축이 일반인들의 삶으로부터 분리되고, 제도화된 도살 체계에 의해 식용고기 생산이 일상생활에서 사라진 산업화 이후 사냥감 또는 친구로서의 동물의 리얼리티가 사라지게 된다. 식용고기가 대량으로 소비되는 소비중심사회로의 변모는 동물에 대한 호감과 그것을 인간의 식량으로 삼는 일을 함께 받아들일 수 있었던 이전 시대의 통합적 감수성이 소실되는 과정과 맞물려 있다.

동물에 대한 호감과 그것의 도살이 불러들이는 양자 간의 충돌과 긴장은 아직 어른/인간의 현실성으로 진입하기 이전인 어린이의 내면에서 더욱 생생하게 극화되게 마련이다. 『돼지가 한 마리도 죽지 않을 날』(*A Day No Pigs Would Die*)의 펙과 핑키, 『샬롯의 거미줄』의 펀과 윌버의 관계에서 확인되었듯이, 동물 친구를 식용고기로 바꾸어버리는 어른/인간의 현실에 직면하여 문제해결을 모색하며 성장을 도모해가는 과정이 동물의 리얼리티를 제거한 채 그것의 소비만 가속화시키는 우리 시대의 이면에 은닉되었던 문제가 전면으로 부각되는 과정이기도 하다면, 친구 해너의 운명일 수 있을 도살되는 양의 울부짖음에 대한 어린 시절부터의 악몽으로부터 벗어나는 클래리스의 성장 과정 역시 동물을 식량공급원으로만 치부하는 편협한 인간중심의 이면으로 사라졌던 동물의 리얼리티가 입체적인 실물성을 띠며 가시화되는 과정이기도

하다.

렉터는 고전음악을 감상하며 인간을 식육한다는 점에서 양극단이 함께 공존하는 인물로 이해되기 쉽다. 그러나 다른 한 편, 인간을 대신해 동물생명박탈을 담당해주는 도살장에 의해 대부분의 인간은 양극단의 한쪽만을 경험하게 되는 것일 수도 있다. 어린 시절 도살장을 통해 문명의 이면에 숨어 있던 처참한 리얼리티를 경험함으로써 악몽에 시달려야 했던 클래리스가 양극단이 공존하는 렉터에 의해 심리적 안정을 되찾게 되는 것은 흥미롭다. "부수적인 것"에 매달리지 말고 그것의 "본질"을 보라는 렉터의 메시지는 곧 문명과 야만이라는 양극단의 뿌리는 사실상 동일하며, 문명의 기저에 야만이 있다는 의미를 내포한다.

어떤 점에서, 본능적인 육식의 욕망이 리얼리티이고 문명은 그것을 가리며 세워진 신화일 수 있다면, 문명의 존립은 동족을 먹으려는 금기의 욕망이 희생양의 도살과 소비로 대체되는 것을 전제로 한다. 그러나 렉터의 말대로, 대체의 메커니즘에 타있기는 하지만, "부수적인 것"만 다를 뿐 그 "본질"은 같은 것일 수 있다. 즉 도살을 통한 동물 식육의 욕망으로 전이되는 메커니즘이 작동하는듯하지만 그 이면에 도사리고 있는 금기의 식인 욕망과 표면으로 드러난 동물 식육의 욕망은 그 뿌리가 사실상 같으며, 과연 전이의 메커니즘에 의해 전자가 후자로 온전히 대체될 수 없는가의 의문이 여전히 남게 된다고 할 수 있다. 아무리 가두려 해도 감금을 벗어나는 렉터가 극화하듯이, 인간의 욕망은 언제든 금기의 감금을 뚫고 문명 밖으로 비집고 나올지 모른다. 이런 점에서는, 긴 악몽에서 벗어나 평화의 숙면에 빠져드는 클래리스로 대미를 장식하는 원작보다 감금을 벗어난 렉터에 의해 칠튼이 식육될 것임이 암시되는 장면으로 마무리되는 영화버전이 더 문제적일 수 있다.

실제로, 작품에서 누가 악한인지의 문제가 제기되는 듯하다. 독자와 공감대를 형성하는 클래리스가 렉터와의 만남을 통해 내면의 상처를 치유하는 과정은 렉터를 단순히 악의 구현으로 치부할 수 없게 한다. 최소한, 악이라고 해도 인간 내면의 어두운 심연을 형상화하는 매우 복잡한 악이라고 할 수 있다. 더욱이, 작품의 내적 구조는 렉터가 칠튼(Frederick Chilton)을 죽이는 것이 작품의 시적 정의(poetic justice)로 여겨지도록 구성되어 있다. 칠튼은 사회적으로 수용되는 욕망으로 움직이지만 전혀 정의롭지 않은 반면, 렉터는 사회적으로 용인될 수 없는 욕망을 지녔지만 작품 내의 시적정의를 구현하는 것으로 형상화된다는 점에서, 사회적으로 용인되는 욕망은 무엇이고 그 의미는 무엇인지, 이러한 욕망의 구분은 어떠한 의미를 띠는지, 법과 질서라는 사회적 규약 내에만 있으면 무한한 욕망 충족은 합당한 것인지의 문제가 제기되는 셈이다.

III

영화버전이 마지막 장면을 통해 렉터에 의한 칠튼의 살해를 강하게 암시함으로써 기존 문명의 조건에 대한 문제 제기의 효과를 높이고 있지만, 원작 『양들의 침묵』에서 제시된 클래리스의 평화도 인간의 이익을 위해 동물의 희생을 당연시 하는 기존 인간중심으로의 단순 회귀를 의미하는 것이 아님은 분명하다. 이제 클래리스는 연수원 졸업과 더불어 연수생 대신 정식 수사관으로 발돋움하는 한 편, 오랫동안 자신을 괴롭히던 악몽으로부터도 벗어나게 되지만, 이러한 '성장'이 렉터를 통해 "부수적인 것" 이면의 "본질"을 경험함으로써 도달하게 되었다는 것이 새삼 기억될 필요가 있다.

이런 점에서, 감금을 벗어난 렉터가 클래리스에게 전달하는 다음의 최종 메시지는 주목할 만하다. 클래리스의 양들이 울부짖는 악몽은 멈출 수 있지만, 그것이 모든 문제의 종식이 아닐 수 있음을 시사 한다는 점에서 그 의미가 적지 않다.

> 클래리스, 양들의 울부짖음은 멈추었는지요?
>
> …
>
> 답이 긍정이든 부정이든 난 놀라지 않을 것이요. 지금쯤 양은 울부짖음을 멈추었을 것이니. 그러나 클래리스 당신은 … 몇

번이고 축복받은 침묵을 구하려해야 할 것이요. 당신이 쫓는 것은 곤경이고, 곤경은 결코 끝나지 않은 것이기에.

Well, Clarice, have the lambs stopped screaming?

...

I won't be surprised if the answer is yes and no.... But Clarice...you'll have to earn it again and again, the blessed silence. Because it's the plight that drives you, seeing the plight, and the plight will not end, ever. (337)

동물의 희생에 의한 인간 희생의 대체가 자연의 질서가 아니라 어디까지나 인간이 만들어 놓은 인위적 질서에 불과할 수 있음이 작품을 통해 시사되고 있다면, 작품의 처음부터 마지막까지 자신 앞에 벌어지는 다양한 사건에 치열하게 임했던 클래리스가 체험을 통해 도달하게 된 깨달음도 이러한 경지에 맞닿아 있을 것으로 충분히 예상할 수 있다. 자신의 강아지 프레셔스(Precious)가 겪는 약간의 불편에 대해서도 마음 아파하면서도, 자신이 잡아 온 인간/여성을 자신이 입을 옷을 제공할 재료로만 여길 뿐 그들의 고통에 전혀 무감각한 버팔로 빌(Buffalo Bill)이나, 클래리스에게 행패를 부린 옆방의 미그스(Miggs)을 자살하게 만들 정도로 예의 없는 것을 참지 못해 하면서도, 아무런 심장 박동의 차이도 없이 인간을 뜯어먹는 렉터의 형상화는 잔인무도할 뿐인 악인을 전형적으로 제시하는 것으로 국한되기보다, 인간과 동물 그리고 문명과 야만의 이분법이 어떤 근원적인 자연 질서 대신 다분히 인간중심적인 인위의 소산으로 이해될 소지가 적지 않을 수 있음을 환기시키는 것이라고 할만하다. 여성의 피부를 입고자 하는 버팔로 빌과 인간고기를 먹고자 하는 렉터의 욕망은 밖과 안의 서로 다른 방향이긴 하지만 인간 문명의 금기를 넘어서는 것이라는 점에서는 동일하다. 이들의 금기적 욕망은 칠튼 박사의 합법적 욕망과 대비되며 기존 문명의 조건에 대한 전복적 조망을 암시한다는 점에서 문제적일 수 있다. 결국 클래리스가 성장을 도모할 수 있었던 것도 이러한 통상적인 인간중심의 이면을 경험함으로써 자신 내면의 어두움으로부터 벗어나게 되는 과정과 맞물려 있다고 할 수 있다.

결어

동물생명박탈의 생태비평적 조망

결어: 동물생명박탈의 생태비평적 조망

소로우에서 맥클린에 이르는 미국문학 작품들은 사냥과 낚시를 통한 동물 생명의 박탈은 자연 합일의 가능성과 함께 잔인한 살상 행위로서의 위험성으로부터 자유롭지 않음을 생생하게 기록한다.

소로우는 자연의 원리가 온전히 작동되는 황야에서는 사냥이 그 자연의 원리에 부합하는 자연스러운 행위일 수 있음을 시사한다. 이와 동시에, 소로우는 인류가 수렵단계를 거쳐 현재의 문명단계에 이르렀듯이 한 개인으로 볼 때도 사냥꾼이었던 젊은 시절 이후에는 '보다 높은 법칙'에 의한 성숙을 이루어 사냥의 단계에서 벗어나야 한다고 주장한다. 자연 원리로서의 가능성에도 불구하고 사냥이 절제되어야 하는 이유는 황야를 송두리째 파괴하고 말 산업화와 과학기술의 인위적 위력에서 찾아질 수 있다. 막강한 산업화와 과학기술이 황야에 투입될 때, 먹고 먹히는 관계망으로서의 생태계의 원리는 심각히 교란될 수 있다. 즉 사냥을 통한 동물의 살해가 기본적으로는 먹이사슬에 입각한 자연의 행위일 수 있어도, 전적으로 인위적일 수밖에 없는 산업화와 과학기술의 막강한 위력으로 무장해 있는 경우 이러한 막대한 힘을 바탕으로 자신의 욕망이 시키는 대로 다른 비인간 존재들의 생명을 빼앗는다는 것은 생태계의 균형을 심각하게 훼손하는 일이 될 것이기 때문이다.

사냥이 자연 원리에 부합하는 자연스러운 행위로 받아들여질 가능성을 타진하면서도, 과학기술의 위력이 코앞까지 밀려들어와 있는 상황에서 자신의 사냥 본능을 억제하는 소로우의 '인위적인' 노력은 반자연적인 행위라기보다는 대자연의 원리에 다가가기 위한 귀중한 실천적 미덕으로 이해될 수 있다.

포크너 텍스트에서 인디언의 후예답게 야생 상태 그대로의 숲에 기거하는 샘이 수행하는 사냥이야말로 숲의 내적 질서에 입각해 있는 진정한 의미의 사냥에 가깝다고 할만하다. 아이크의 사냥꾼 성인식은 샘이 대변하는 사냥의 의미를 생생하게 극화한다. 명실상부한 사냥꾼의 표지로 처음 잡은 사슴의 뜨거운 피를 이마에 바르는 의식은 사냥하는 개체와 사냥 당하는 개체 간의 본질적 연결에 대한 인식이 진정한 사냥꾼의 전제 조건임을 암시한다. 사냥꾼의 덕목으로 인내와 겸허가 반복적으로 강조되는 것 역시 이 작품에서 조명되는 사냥이 개체간의 살해 행위로 국한되지 않고 개체와 개체를 이어주는 자연적 행위로 부각되고 있음을 재확인시켜준다. 반면, 올든 벤이 사냥개 라이언과 인디언 후예 분과 뒤엉켜 사투를 벌이다 쓰러지는 장면은 종말에 다다른 "야생 정신"(146)의 운명을 한 장의 그림으로 압축적으로 제시한다. 거대한 곰의 불가사의한 정체가 라이언의 이빨과 분의 칼에 의해 포착되고 고정되었을 때 그것의 신비함이 거세될 수밖에 없는 것이며, 벤의 죽음과 더불어 황야의 불가항력적인 야생성은 역사의 이면으로 사라지고, 살아 있는 야생성 대신 인위적 통제와 지배하에 놓인 자연의 현 상태를 상징적으로 대변한다.

리어폴드에 따르면, 늑대를 사슴의 적으로만 생각하는 사냥꾼의 편협한 시각과 늑대의 울부짖음을 객관적으로 듣는 '산처럼 생각하기'의 차이는 편협한 인간중심적 관점과 생명공동체 전체의 관점의 차이에 해당된다. "산처럼 생각하기"에 의해인간/사냥꾼은 늑대/사냥감을 사슴 파괴자라는 좁은 영역에서 벗어나 생명공동체를 공유하는 동료라는 커다란 맥락 하에서 이해할 수 있게 되며, 이렇게 형성된 새로운 사냥꾼/사냥감 관계에 의해 자연의 생명원리에 입각한 사냥이 가능하게 되어 그 결과 "복원에 수십 년 걸리는"(130) 생태계 파괴를 피해 갈 수 있을 것이다. 사냥꾼들이 사슴을 친구, 그것을 잡아먹는 늑대를 적으로 간주하는 인간중심적 관점을 견지하고 늑대를 볼 때마다 사냥을 한다면, 늑대의 감소에 따라 증가하게 된 사슴의 수만큼 사슴의 먹이인 나무 잎과 풀이 감소하게 되고, 결국 산 전체의 생태학적 균형이 파괴되어, 급기야 애초의 의도와는 달리 먹이가 고갈된 사슴마저 앙상한 해골로 남게 될 것이다. 이렇듯 천적의 감소에 따른 사슴의 급격한 증가로 사슴 높이까지의 모든 목초가 고갈되고, 산등성이가 온통 사슴들이 만들어 놓은 미로로 뒤덮이게 될 때 편협한 인간중심 관점의 위험성이 부각된다.

헤밍웨이의 「두 마음을 가진 커다란 강」에서 닉은 자연과의 풍요로운 긴밀한 유대를 되찾으며 전쟁으로 찢겨진 내면의 상처를 치유하는 회복의 여정을 떠나는데, 그가 성취해가는 치유와 회복은 자연을 '대상'으로 관조함으로써 얻어지는 것이라기보다는 실제로 그것에 '참여'함으로써 이룩된다. 이런 점에서, 닉의 송어 낚시는 송어의 생명을 박탈하는 일방적인 인위적 행위라기보다, 생명의 메커니즘에 입각한 자연적 행위로 이해될 소지가 크다. 그러나 낚시가 비극적 모험일 가능성에 대한 언급은 자연과의 여정이 상처와 상실의 비극적 모험일 수 있음을 암시한다. 이러한 비극은 『노인과 바다』에서 시사 되듯이, 자연이 정한 범위를 벗어나 "너무 멀리"(151) 나아갔기 때문에 봉착할 수밖에 없는 결과일 수 있으며, 따라서 자연의 원리에 내포된 범위를 넘어서는 '반자연적인' 인간 행위에 잠복되어 있는 위험성에 대한 형상화로 이해될 소지가 충분하다.

헤밍웨이 텍스트가 자연에서 이루어진 닉과 산티아고의 여정 그 자체의 의미만이 아니라 거기에 드리워져 있는 상실의 조짐까지 담아내고 있다면, 『미국 송어낚시』에 그려진 것은 상실의 단계를 넘어 반복적으로 거듭되는 좌절의 기록이라고 할 수 있다. 자연과 어우러지는 송어낚시의 형상화가 발견되지 않는 것은 아니지만, 이미 지나간 과거에 있었던 일로 기록될 뿐이다. 작중 화자가 기쁜 마음으로 기억하는, '미국의 송어낚시'로부터 들었던 초창기 미국의 풍성한 송어낚시와는 달리, 『미국의 송어낚시』에 실제로 담겨있는 것은 송어낚시의 성취가 아니라 그것의 실패와 좌절에 대한 기록뿐이라고 할 수 있다. 고기잡이가 자연의 영역과 생명의 질서에서 유리된 채 단지 개체 동물의 살상 수준으로 전락하게 되는 가공할 위험성을 생생하게 증언한다. 이제 고기잡이는 더 이상 생명의 리듬에 따라 자연 안에서 이루어지는 자연적인 행위가 아니라, 자연처럼 만들어 놓은 세트장에서 송어의 목숨을 낚아채는 철저히 인위적인 행위로 변질된다.

『흐르는 강물처럼』의 송어낚시 강가에서 자연의 리듬을 포착하며 자연과 하나로 어우러졌던 폴이 미국 목가적 이상의 가능성을 구현하면서도 현실에서는 술꾼/싸움꾼/노름꾼으로 비극적인 최후를 맞이할 수밖에 없었다는 것은 목가적 이상이 현실에 적용될 때의 한계 또는 목가적 이상에 내재한 모순의 가능성을 시사한다.

「두 마음을 가진 커다란 강」에서 암시되었고 『미국의 송어낚시』에서 확대되었듯이 『흐르는 강물처럼』에서 실제로 형상화된 것도 송어낚시를 통한 미국 목가적 이상의 구현 그 자체라기보다 그것의 지난함과 불가해성일 수 있다.

친구로서의 동물과 식용고기로서의 동물 사이의 충돌과 긴장은 펙에서처럼 청소년성장서술을 통해 현실적인 동물/인간 관계를 받아들이는 어른/인간으로 입문하거나, 화이트에서처럼 아동 판타지를 통해 주어진 동물의 운명을 벗어나거나, 해리스에서처럼 스릴러 범죄수사 서사를 통해 어린 시절부터 지속되어 온 악몽에서 벗어나게 되는 등 다양한 양상의 문제해결 및 성장의 과정으로 이어질 수 있지만, 이러한 다양성에도 불구하고 이 과정을 통해, 이면으로 사라졌던 동물의 리얼리티가 입체적인 실물성을 띠며 가시화된다는 점에서는 크게 다르지 않다.

『돼지가 한 마리도 죽지 않을 날』에서 핑키가 죽어가던 날 팩은 핑키의 살을 자르는 아빠가, "수많은 돼지를 죽인 아빠가 미웠다"(137)고 기록한다. 그러나 아빠의 장례식을 마치고 도살 작업에 사용되었던, "금빛으로 빛나는"(144) 아빠의 연장들을 어루만진다. 이 작품은 로버트의 아빠 헤이븐이 평생 동안 해 온 돼지 잡는 일이 자연의 원리에 입각한 것인지, 인간의 이익에만 봉사하는 편협한 인위적 행위에 해당되는지를 묻고 있는 것일 수 있다. 로버트가 목격하는 헤이븐의 도살의 의미가 어떠하든, 확실한 것은 그 현장에는 살아있는 개체로서의 동물이 있다는 점이다. 아빠가 핑키를 자르는 사이 그것을 들고 있어야했던 로버트의 눈에서 하염없이 흐르는 눈물과 팩이 일을 마친 아빠의 눈에서 난생 처음 보게 되는 눈물은 죽음을 당하는 동물과 죽이는 인간 사이의 교감을 확인시켜주기에 충분하다.

『돼지가 한 마리도 죽지 않을 날』의 핑키에게 '봄 돼지' 운명을 벗어나는 '기적'은 일어나지 않는 반면, 『샬롯의 거미줄』의 윌버는 아동 판타지를 통해 도살을 모면할 수 있게 된다. 작품 전반에 걸쳐있는 판타지적 성격에도 불구하고 인간적 편견으로부터 자유로운 동물의 리얼리티를 담고 있다. 야말로 『샬롯의 거미줄』을 의미 있게 주목해야 하는 이유 중의 하나이다. 예컨대, 외로움에 지친 윌버는 마침내 찾아온 친구의 목소리로 밤잠을 설치지만, 막상 만나 본 거미가 벌레의 피를 빨아먹는 "흡혈귀"(41)임을 알고 낙담한다. 그러나 이 흡혈귀가 벌레를 잡아먹지 않는다면 세상은 온통 벌레로 들끓게 될 것이라는 예측, 그리고 이 무시무시한 거미가 결국 윌버의 목숨을 구하기 위해 끝까지 신의를 지키는 '아름다운' 친구임이 입증되는 과정은 거미에 덧씌워진 통상적인 부정적 이미지가 얼마나 일방적인 선입관일 수 있을지를 단적으로 대변한다.

『양들의 침묵』은 FBI 견습 수사관 클래리스(Clarice Starling)가 어린 시절 어린 양의 도살장면 목격의 악몽에서 벗어나 양들의 울부짖음이 더 이상 들리지 않는 심리적 안정을 찾는 과정에 초점이 맞추며 플롯이 전개된다. 『돼지가 한 마리도 죽지 않을 날』의 펙과 핑키, 『샬롯의 거미줄』의 펀과 윌버의 이야기처럼, 친구 해너의 운명일 수 있을 도살되는 양의 울부짖음에 대한 어린 시절부터의 악몽으로부터 벗어나는 클래리스의 성장 과정 역시 동물을 식량공급원으로만 치부하는 편협한 인간중심의 이면으로 사라졌던 동물의 리얼리티가 입체적인 실물성을 띠며 가시화되는 과정이기도 하다. 양들의 울부짖음이 침묵됨으로써 클래리스는 안정을 찾았고, 그것을 통해 문명도 유지될 수 있을 것이지만, 감금을 벗어난 렉터가 클래리스에게 전하는 마지막 전언은 침묵을 강요당한 울부짖음이 온전히 사라진 것이 아니라 단지 잠복해있을 뿐이라는 경고를 전달하고 있는 것일 수 있다.

동물의 리얼리티가 일상에서 제거된 상태에서도 그것의 고기를 지속적으로, 아니 더욱 풍부하게 소비할 수 있게 하는 공장제 집단사육의 문제를 상기시키는 것 또한 이 텍스트들에 함축된 핵심 의미 중의 하나이다. 실제로, 끊임없이 들려오는 집단사육 현장의 전염성 질병과 그것에 이어지는 반복적인 집단 소각과 매립의 이야기는 인간의 인위적 통제를 벗어나 무한히 퍼져나가는 불길함(Garrard 149)을 전달하며, 『돼지가 한 마리도 죽지 않을 날』, 『샬롯의 거미줄』, 『양들의 침묵』의 어린이 주인공들이 공유했던 실제 동물의 경험이 생략되고, 동물들의 실제 목소리가 침묵된 채 그것의 식용고기만 소비하는 일상의 앞날에 어두운 그림자를 드리운다.

「곰」에서 아이크가 경험하는 사냥꾼 의식에는 사냥되는 동물에 대한 경의와 겸손이 배어있다. 「곰」에서 벌어지는 사냥과 캘리콧이 제시하는 원주민 또는 원시시대의 사냥에서는 일용할 양식을 동물로부터 얻으려면 그 몸에 깃든 생명에 대한 최대한의 예우를 갖추고 그 생명을 취한다. 사냥이 사냥꾼에 의한 사냥감의 일방적인 생명박탈행위가 아니라, 먹이사슬이 작동하는 자연 순환의 생명 원리에 의해 양자가 본질적으로 연결되어 있음을 보여주는 자연적 행위로 이해될 수 있다.

반면, 자본집약적 공장식 집단사육은 최소한의 시간과 자원을 투입하여 최대한의 살코기를 얻는 사육 방법이다. 자연 속에서 먹이를 먹고 어미와 형제들과 교감을 하면서 자라나는 자연적 본성이 완전히 억압당한 채, 꼼짝도 할 수 없는 비좁은 우리에 갇혀

사육당하다가 적정 체중에 이르면 곧바로 육류가공업체로 직행하게 된다. 최대한 빨리 몸집을 불릴 수 있도록 고단백질 성분의 사료와 항생제, 성장촉진제 등이 투입되기도 한다.

이러한 반생명적 사육이 더 문제가 되는 것은 구제역이나 고병원균 조류 인플루엔자로 양성으로 판정되면 반경 수 킬로미터 이내의 동물들을 모두 살처분 되기 때문에 멀쩡한 가축들도 모조리 죽임을 당하게 된다는 점이다. 애꿎은 동물들이 덩달아 죽어 소각되어야할 뿐 아니라, 땅 속에 파묻은 동물의 사체에서 흘러나온 썩은 피가 지하수를 오염시키고, 심지어 어떤 지역에서는 지표면으로 흘러나와 그 역한 냄새와 끔찍한 모습으로 인해 주민들이 차마 숨을 쉬지 못할 정도가 된다.

이러한 집단사육의 문제는 동물을 살아있는 생명체의 리얼리티 대신 인간중심적 욕망이 투사된 식량공급원만으로 받아들이는 인간 문명의 전제, 즉 동물 타자의 희생에 토대하는 문명의 존립이 위태로울 수 있음을 상징적으로 경고한다. 이러한 상황의 배후에는 인간 주체에 의한 동물의 타자화라는 근원적인 문제가 자리잡고 있으며, 통제 불능의 병원균과 집단 소각과 매립에 관련해서 구체적 접근이 필요한 것도 사실이다. 이러한 문제의식은 생태비평적 동물 연구의 향후 진행 방향을 제시하는 시금석이 될 것이다.

참고문헌

김원중. 「샌드 카운티의 선지자: 엘도우 리어폴드의 생태학적 비전」. 『영어영문학』. 47.3 (2001): 775-92.

김진석. 「동물해방과 환경보호는 동지인가 아니면 적인가?」. 『문학과 환경』 5.1 (2006): 115-144.

신문수, 「소로우의 『월든』에 나타난 생태주의적 사유」. 『영어영문학』 48.1 (2002): 169-190.

이보형 편. 『미국 역사의 재발견』. 서울: 소나무, 1991.

Anderson, Lorraine and Scott Slovic, et al. eds. *Literature and the Environment: A Reader on Nature and Culture.* New York: Longman, 1999.

Ariès, Philippe. *Centuries of Childhood: A Social History of Family Life*. Trans. Robert Baldick. New York: Vintage, 1962.

Bales, Kent. "Fishing the Ambivalence, or A Reading of *Trout Fishing in America*." *Western Humanities Review* 29 (1975): 29-42.

Nina Baym, ed. *The Norton Anthology of American Literature.*

New York: W, W. Norton & Company, 1979.

Berry, Wendell. "Style and Grace." *Norman Maclean* eds. Ron McFarland and Hugh Nichols. Lewiston: Confluence, 1988. 213-19.

Branch, Michael P. and Association for the Study of Literature and Environment. *Reading the Earth: New Directions in the Study of Literature and Environment*. Moscow, Idaho: U. of Idaho Press, 1998.

Brautigan, Richard. *Trout Fishing in America.* New York: Dell, 1967.

Brittan, Gordon G. "Common Texts." *Norman Maclean* eds. Ron McFarland and Hugh Nichols. Lewiston: Confluence, 1988. 182-89.

Buell, Lawrene. *The Environmental Imagination: Thoreau, Nature Writing, and the Formation of American Culture.* Cambridge: The Belknap Press of Harvard U, 1995.

____________. "Faulkner and the Claims of the Natural World." *Faulkner and the Natural World: Faulkner and Yoknapatawpha.* Eds. Donald M. Kartiganer and Ann J. Abadie. Jackson: U P of Mississippi, 1999. 1-18.

Callicott, J. Baird. *Earth's Insights: A Survey of Ecological Ethics from the Mediterranean Basin to the Australian Outback.* Berkeley: U of California P, 1994.

Campbell, Sueellen. "The Land and Language of Desire." *The Ecocriticism Reader: Landmarks in Literary Ecology.* Eds. Cheryll Glotfelty and Harold Fromm. Athens: The U of Georgia P, 1996. 124-136.

Chun, Sehjae. "The Animal's Gaze and Shame of Humanity in Derrida." *Theorics Journal* 9.1 (2004): 307-324.

Commoner, Barry. *The Closing Circle: Nature, Man and Technology.* New York: Alfred A. Knopf, 1971.

Conley, Verena Andermatt. *Ecopolitics: The Environment in Poststructuralist Thought.* New York: Routledge, 1997.

Cowley, Malcolm. *The Portable Faulkner.* Harmondsworth: Penguin, 1967.

Cronon, William. *Changes in the Land: Indians, Colonists and the Ecology of New England.* New York: Hill and Wang, 1983.

Darcy, Jane. *The Representation of Nature in* The Wind in the Willows *and* The Secret Garden. *The Lion and the Unicorn* 19.2 (1995): 211-222.

Deitering, Cynthia. "The Postnatural Novel: Toxic Consciousness in Fiction of the 1980s." *The Ecocriticism Reader: Landmarks in Literary Ecology.* Eds. Cheryll Glotfelty and Harold Fromm. Athens: The U of Georgia P, 1996. 196-203.

Derrida, Jaques. "The Animal That Therefore I Am (More to Follow)." Trans. David Wills. *Critical Inquiry* 28.2 (2002): 369-418.

____________. "'Eating Well,' or the Calculation of the Subject: An Interview with Jacques Derrida." *Who Comes after the Subject?* Eds. Eduardo Cadava, Peter Connor and Jean-Luc Nancy. New York: Routledge, 1991. 96-119.

Devall, Bill and Geroge Sessions. *Deep Ecology.* Salt Lake City: Peregrine Smith Book, 1985.

Dobson, Adrew. *Green Political Thought.* 1990; New York: Routledge, 1991.

Elledge, Scott. *E. B. White: A Biography.* New York: Norton, 1984.

Evans, David. "Taking the Place of Nature: "The Bear" and the Incarnation of America." *Faulkner and the Natural World: Faulkner and Yoknapatawpha.* Eds. Donald M. Kartiganer and Ann J. Abadie. Jackson: U P of Mississippi, 1999. 179-197.

Evernden, Neil. "Beyond Ecology: Self, Place, and the Pathetic

Fallacy." *The Ecocriticism Reader: Landmarks in Literary Ecology.* Eds. Cheryll Glotfelty and Harold Fromm. Athens: The U of Georgia P, 1996. 92-104.

Faulkner, William. *Go Down, Moses*. Harmondsworth: Penguin, 1942.

Fleming, Robert E. ed. *Hemingway and the Natural World.* Moscow, ID: U of Idaho P, 1999.

Florczyk, Steven. "Hemingway's 'Tragic Adventure': Angling for Peace in the Natural Landscape of the Fisherman." *North Dakota Quarterly* 68.2-3 (2001): 156-165.

Fromm, Harold. "From Transcendence to Obsolescence." *The Ecocriticism Reader: Landmarks in Literary Ecology.* Eds. Cheryll Glotfelty and Harold Fromm. Athens: The U of Georgia P, 1996. 30-39.

Gaard, Greta, ed. *Ecofeminism: Women, Animals, Nature.* Philadelphia: Temple UP, 1993.

Garrard, Greg. *Ecocriticism.* New York: Routledge, 2004.

Gilmore, Michael T. "*Walden* and the 'Curse of Trade." *Henry David Thoreau's* Walden. ed. Harold Bloom. New York: Chelsea House Publishers, 1987.

Glotfelty, Cheryll and Harold Fromm, eds. *The Ecocriticism*

Reader: Landmarks in Literary Ecology. Athens: The U of Georgia P, 1996.

Grahame, Kenneth. *The Wind in the Willows*. 1908. New York: Aladdin, 1999.

Grattan, George E. "Climbing Back into the Tree: Art, Nature, and Theology in *A River Runs Through It*." *Reading Under the Sign of Nature*. Salt Lake City: U of Utah P, 2000. 231-42.

Green, Peter. *Kenneth Grahame: A Biography*. New York: World, 1959.

Greenblatt, Stephen, et al. eds. *The Norton Anthology of English Literature*. 8th Edition. Vol. 2. 1962. New York: W. W. Norton & Company, 2006.

Griffith, John. *Charlotte's Web: A Pig's Salvation*. New York: Twayne Publishers, 1980.

Harris, Thomas. *The Silence of the Lambs*. New York: St. Martin's Press, 1988.

Hemingway, Ernest. *The Old Man and the Sea*. Seoul: Shinasa, 1977.

Hesford, Walter. "Fishing for the Words of Life: *A River Runs Through It*." *Rocky Mountain Review of Language and*

Literature 34.1 (1980): 33-45.

Hochman, Jhan. “The Silence of the Lambs: A Quiet Bestiary.” *Isle: Interdisciplinary Studies in Literature and Environment.* 1.2 (1993): 57-80.

Hunt, Peter. "Dialogue and Dialectic: Language and Class in *The Wind in the Willows*." *Children's Literature* 16 (1988): 159-168.

Janik, Del Ivan, “Environmental Consciousness in Modern Literature: Four Representative Examples,” *Deep Ecology for the 21st Century,* Ed. Geroge Sessions. Boston: Shambhala, 1995.

King, Ynestra. “The Ecology of Feminism and the Feminism of Ecology.” *Healing the Wounds: The Promise of Ecofeminsm.* Ed. Judith Plant. Philadelphia: New Society Publishers, 1989.

Kinghorn, Norton. “The Real Miracle of Charlotte's Web.” *Children's Literature Association Quarterly* 11.1 (1986): 4-9.

Kilgour, Maggie. “The Function of Cannibalism at the Present Time.” *Cannibalism and the Colonial World.* Eds. Francis Barker. Cambridge, England: Cambridge UP, 1998. 238-59.

Kolodny, Annette. *The Lay of the Land: Metaphor as Experience and History in American Life and Letters.* Chape Hill: U of North Carolina P, 1975.

________________. *The Land Before Her: Fantasy and Experience of the American Frontiers, 1630-1860.* Chape Hill: U of North Carolina P, 1984.

Kroeber, Karl *Ecological Literary Criticism: Romantic Imagining and the Biology of Mind* New York: Columbia UP, 1994.

Kuznets, Lois R. "Kenneth Grahame and Father Nature, or Whither Blows *The Wind in the Willows*?" *Children's Literature* 16 (1988): 175-181.

Harries, Elizabeth Wanning. "The Violence of the Lambs." *Marvels & Tales: Journal of Fairy-Tale Studies.* 19.1 (2005): 54-66.

Hemingway, Ernest. *The Old Man and the Sea.* New York: Scribner's, 1952.

__________________. *In Our Time.* New York: Charles Scribner's Sons, 1958.

Hochman, Jhan. "The Silence of the Lambs: A Quiet Bestiary." ISLE 1.2 (1993): 57-80

Irmscher, Christopher. "Reading Faulkner Ecocritically." *The Mississippi Quarterly* 52.3 (1999): 511-523.

Lampropoulos, Apostolos. “Eating Bodies or Eating Them Well? The Almost Impossible Task of Cannibalism.” Eds. Lascaratou, Chryssoula. *Reconstructing Pain and Joy: Linguistic, Literary and Cultural Perspectives.* Newcastle, England: Cambridge Scholars, 2008. 415-430.

Leopold, Aldo. *A Sand County Almanac, with Other Essays on Conservation from Round River.* New York: Oxford UP, 1996.

Lesnik-Oberstein, Karin. *Children's Literature: Criticism and the Fictional Child.* Oxford: Clarendon P, 1994.

Lewis, R. W. B. “The Hero in the New World: William Faulkner's 'The Bear.” *Bear, Man, & God.* Eds. Francis Lee Utley. New York: Random House, 1964. 305-325.

Lindsay, Creighton. “Hemingway's Nexus of Pastoral and Tragedy.” *CLA Journal* 43.4 (2000): 454-78.

Love, Glen A. *Practical Ecocriticism: Literature, Biology, and the Environment.* Charlottesville: U of Virginia P, 2003.

__________. “On the Sublime and the Beautiful: Montana, Longinus, and Professor Norman Maclean.” *Norman Maclean* eds. Ron McFarland and Hugh Nichols. Lewiston: Confluence, 1988. 201-12.

Lovelock, James. *Gaia: A New Look at Life on Earth.* 1979; Oxford: Oxford UP, 1995.

______________. *Ages of Ggia: A Biography of Our Living Earth.* New York: W. W. Norton & Company, 1988.

Lowenthal, David. "Introduction." *Man and Nature.* George Perkins Marsh. Seattle: U of Washington P, 1864, 1965: xv-xxxviii.

Maclean, Norman. *A River Runs Through It and Other Stories.* Chicago: U of Chicago P, 1976.

Marx, Leo. *The Machine in the Garden: Technology and the Pastoral Ideal in America.* New York: Oxford UP, 1964.

Marshall, Cynthia. "Bodies and Pleasures in *The Wind in the Willows*." *Children's Literature* 22 (1994): 58-69.

Masson, Jeffrey and Susan McCarthy. *When Elephants Weep: the Emotional Lives of Animals*. London: Vintage, 1996.

Meeker, Joseph. *The Comedy of Survival: Studies in Literary Ecology.* Los Angeles, Guide of Tutors Press, 1972.

Meisner, Mark S. "Metaphors of Nature: Old Vinegar in New Bottles?" *Trumpeter* 12:1 (1995): 11-18.

Mendelson, Michael. "*The Wind in the Willows* and the Plotting of Contrast." *Children's Literature* 16 (1988): 127-144.

Merchant, Carolyn. *The Death of Nature: Women, Ecology and the Scientific Revolution.* New York: Harper San Francisco, 1980.

Midgley, Mary. *Animals and Why They Matter: a Journey Around the Species Barrier.* Harmondsworth, Middx.: Penguin, 1983.

Mies, Maria and Vandana Shiva, *Ecofeminism.* New Jersey: Fernwood, 1993.

Millgate, Michael. *Faulkner's Place.* Athens: U of Georgia P, 1997.

Morrell, Judy. "Pinky's Tale: An Appreciative Response to *A Day No Pigs Would Die.*"*Virginia English Bulletin* 36.2 (1986): 21-26.

Mulvey, Jim. "A Defense of *A Day No Pigs Would Die.*" *Censored Books: Critical Viewpoints, 1985-2000.* Ed. Karolides, Nicholas J. Lanham, MD: Scarecrow, 2002. 153-58.

Nash, Roderick. *Wilderness and the American Mind.* 1967; New Haven: Yale UP, 1982.

________________. *The Rights of Nature: A History of Environmental Ethics*. Madison: U of Wisconsin P, 1989.

Nelson, Barney. *The Wild and the Domestic: Animal Representation, Ecocriticism Western American Literature.* U of Nevada Press, 2000.

Neumeyer, Peter. "What Makes a Good Children's Book? The Texture of Charlotte's Web." *South Atlantic Bulletin.* 44.2(1979): 66-75.

Nikolajeva, Maria, ed. *Aspects and Issues in the History of Children's Literature.* Wesport: Greenwood, 1995.

Nodleman, Perry. "Text as Teacher: The Beginning of *Charlotte's Web.*" *Children's Literature* 13 (1985): 109-27.

______________ and Mavis Reimer. *The Pleasures of Children's Literature.* New York: Allyn and Bacon, 1992.

Oelschlaeger, Max. *The Idea of Wilderness: From Prehistory to the Age of Ecology.* New Haven: Yale UP, 1991.

Orwell, George. *Animal Farm.* Orlando: Harcourt Brace & Company, 1945.

Peck, Robert Newton. *A Day No Pigs Would Die.* New York: Laurel-Leaf, 1972.

Phillip, Neil. "*The Wind in the Willows*: The Vitality of a Classic." *Children and Their Books: A Celebration of the Work of Iona and Peter Opie.* Ed. Gillian Avery and Julia

Briggs. Oxford: Clarendon, 1989. 299-316.

Plant, Judith, ed. *Healing the Wounds: The Promise of Ecofeminism.* Philadelphia: New Society Publishers, 1989.

Regan, Tom. *The Case for Animal Rights.* Berkeley: U of California P, 1983.

Rifkin, Jeremy. *Entropy: A New World View.* New York: Viking, 1980.

Rose, Jacqueline. *The Case of Peter Pan or The Impossibility of Children's Fiction.* 1984. Philadelphia: U of Pennsylvania P, 1992.

Rueckert, William. "Literature and Ecology: An Experimental in Ecocriticism." *The Ecocriticism Reader: Landmarks in Literary Ecology.* Eds. Cheryll Glotfelty and Harold Fromm. Athens: U of Georgia P, 1996. 105-123.

Ryder, Richard D. *Animal Revolution: Changing Attitudes towards Specicesm.* Oxford: Basil Blackwell, 1989.

Sanders, Scott Russell. "Speaking a Word for Nature." *The Ecocriticism Reader: Landmarks in Literary Ecology.* Eds. Cheryll Glotfelty and Harold Fromm.

Schmidt, Susan. "Ecological Renewal Images in 'Big Two-Hearted River': Jack Pines and Fisher King." *The Hemingway Review*

9.2 (1990): 142-144.

Seib, Kenneth. "*Trout Fishing in America*: Brautigan's Funky Fishing Yarn." *Critique: Studies in Modern Fiction* 16.1 (1974): 63-71.

Sessions, George, ed. *Deep Ecology for the 21st Century.* Boston: Shambhala, 1995.

Schmacher, E. F. *Small is Beautiful: Economics as if People Mattered.* New York: Harper Perenial, 1973.

Simonson, Harold P. "Norman Maclean's Two-Hearted River." *Norman Maclean* eds. Ron McFarland and Hugh Nichols. Lewiston: Confluence, 1988. 161-68.

Singer, Peter. *Animal Liberation: A New Ethics for our Treatment of Animals*. New York: Random House, 1975.

Snyder, Lucinda K. "Is God Dead?." *Virginia English Bulletin* 36.2 (1986): 9-12.

Staiger, Janet. "Taboos and Totems: Cultural Meanings of *The Silence of the Lambs*." Machor, James L. and Philip Goldstein eds. *Reception Study: From Literary Theory to Cultural Studies*. New York: Routledge; 2001.

Stegner, Wallace. "Haunted by Waters." *Norman Maclean* eds. Ron McFarland and Hugh Nichols. Lewiston: Confluence,

1988. 153-60.

Plant, Judith, ed. *Healing the Wounds: The Promise of Ecofeminism.* Philadelphia: New Society Publishers, 1989.

Townsend, John Rowe. *Written for Children: an Outline of English-Language Children's Literature.* 1965. London: Bodley Head, 1990.

Tolkien, J. R. R. *Tree and Leaf.* London: George Allen & Unwin, 1964.

Thoreau, Henry David. *Walden and Resistance to Civil Government*. 1954: New York: Norton, 1992, 1966.

Wake, Lynn Overholt. "E. B. White's Paean to Life: The Environmental Imgination of Charlotte's Web." *Wild Things: Children's Culture and Ecocriticism.* Eds. Sidney Dobrin and Kenneth Kidd. Detroit: Wanye State UP, 2004.

Wardrop, Stephanie. "They Don't Have a Name for It Yet: Patriarchy, Gender and Meat-Eating in Jonathan Demme's *The Silence of the Lambs*." *Literature Interpretation Theory* 5.1 (1994): 95-105.

Weltzien, O. Alan. "Norman Maclean and Tragedy." *Western American Literature* 30.2 (1995): 139-49.

White, E. B. *Charlotte's Web.* New York: Harpercollins, 1952.

Wolfe, Cary. Animal Rites: American Culture, the Discourse of Species and Posthumanist Theory. Chicago: U of Chicago P, 2003.

Wordsworth, William. *The Prelude 1799, 1805, 1850.* Ed. Jonathan Wordsworth. New York: W. W. Norton & Company, 1979.

Worster, Donald. *Nature's Economy: A History of Ecological Ideas.* Cambridge: Cambridge UP, 1985.

Zimmermann, Michael E. "Feminism, Deep Ecology, and Environmental Ethics." *Environmental Philosophy: From Animal Rights to Radical Ecology.* Ed. J. Baird Callicot, George Sessions et al. Eaglewood Cliffs, N.J.: Prentice-Hall, 1993.

사냥하기, 친구 되기, 고기 먹기

미국문학에 형상화된 동물/인간 관계의 생태비평적 조망

초판인쇄 | 2019년 6월 19일
초판발행 | 2019년 6월 19일

저　　자 | 강 규 한
발 행 인 | 유 지 수
발 행 처 | 국민대학교 출판부
주　　소 | 서울시 성북구 정릉로 77
전　　화 | 02-910-4242
팩　　스 | 02-910-4240
등록년월일 | 1975년 6월 17일
등록번호 | 제6-33호
인　　쇄 | (주)상지피앤아이　Tel. 02-2275-2500

ISBN 978-89-7812-444-7 93840

값 18,000원